| 光明社科文库 |

贵州锦屏张氏家族文书校释

安尊华　张继渊◎校释

光明日报出版社

图书在版编目（CIP）数据

贵州锦屏张氏家族文书校释 ／ 安尊华，张继渊校释
. -- 北京：光明日报出版社，2023.4
ISBN 978 - 7 - 5194 - 7213 - 9

Ⅰ.①贵… Ⅱ.①安…②张… Ⅲ.①家族—文书—
研究—锦屏县 Ⅳ.①K820.9

中国国家版本馆 CIP 数据核字（2023）第 086379 号

贵州锦屏张氏家族文书校释
GUIZHOU JINPING ZHANGSHI JIAZU WENSHU JIAOSHI

校　　释：安尊华　张继渊		
责任编辑：刘兴华	责任校对：宋　悦　李海慧	
封面设计：中联华文	责任印制：曹　诤	

出版发行：光明日报出版社

地　　址：北京市西城区永安路 106 号，100050

电　　话：010 - 63169890（咨询），010 - 63131930（邮购）

传　　真：010 - 63131930

网　　址：http：// book. gmw. cn

E - mail：gmrbcbs@ gmw. cn

法律顾问：北京市兰台律师事务所龚柳方律师

印　　刷：三河市华东印刷有限公司

装　　订：三河市华东印刷有限公司

本书如有破损、缺页、装订错误，请与本社联系调换，电话：010-63131930

开　　本：170mm×240mm		
字　　数：597 千字	印　　张：49.5	
版　　次：2024 年 1 月第 1 版	印　　次：2024 年 1 月第 1 次印刷	
书　　号：ISBN 978 - 7 - 5194 - 7213 - 9		
定　　价：188.00 元		

代前言①
解读边缘：苗埂村落张氏家族文书调查及初步研究

一、引言

　　锦屏文书，学术界常称为清水江文书，主要是指如实地记录了清水江流域（扩及都柳江流域和舞阳河流域部分地区）苗、侗、汉等民族长期从事以混农林生产为主体的社会实践活动以及所产生的各种社会关系历史面貌的活态史料与原始记录。在这个区域内集中地保存了明代中叶以降的 50 余万件弥足珍贵的民间文献②。其内容涉及土地制度、林贸方式、商业运输、租佃关系、借贷关系、典当关系、族群定位、民族认同、宗法制度、赋役制度、官方文告、司法诉讼、民间协调、文化教育、风土民俗、地方习惯法、少数民族的信仰与崇拜等诸多方面，几乎涵盖了社会政治经济文化生活的各个领域。自二十世纪六十年代发现以来，国内外的前贤们已经从历史学、人类学、民族学、法学、林学、经济学、生态学、语言学、

① 本前言来自张继渊、孟学华、王孟懿：《族群边缘地带的清水江文书调查与研究——以锦屏县苗埂村落为考察对象》，载《原生态民族文化学刊》2013 年第 1 期，第 37-48 页。略有改动，特此说明，并表谢忱。

② 张新民：《走进清水江文书与清水江文明的世界——再论建构清水江学的题域旨趣与研究发展方向》，《贵州大学学报（社会科学版）》2012 年第 1 期，第 41 页。

文字学等多学科多视角进行了富有深度且饶有成效的研究工作，试图勾勒出一幅混农林生产模式下清水江文明的世界。这其中不乏诸多学者不畏艰辛劳苦的田野调查，缜密而且逻辑严谨的科学论证，一批又一批较高质量的成果不断公诸于世，出现了一股锦屏文书研究"热"的浪潮。但是，同时也存在一些不可回避的问题。一方面，就当前研究的侧重点来说，主要侧重于对山林契约文书的研究，土地契约文书及其他文书研究还比较薄弱，处在刚刚起步的阶段。当然，其他类型契约或文书的重要性也是不可小视的，都是反映当时乡民社会生活的主要依据之一。另一方面，从研究的地域上看，由于锦屏文书的地缘分布广泛，从宏观的视域对清水江流域的"文书社会"作整体性的考察，产生了较有影响的成果①；但对于微观个案的探讨多是局限于"内外三江"②、文斗、平鳌、加池、魁胆等较大的中心聚落。正如有学者云，锦屏文书的研究要大力开展微观个案的探讨和积极从事宏观架构的分析③，二者同时并举。然而，对于一些边围之地的研究很少，关乎族群边缘地带的研究也没能引起足够的重视。这些边缘的乡民社会的存在和发展对清水江流域社会经济文化的历史变迁有着不可忽视的影响，同时也是清水江文明的重

① 这方面具有代表性的研究成果有：杨有耕等《侗族社会历史调查》（贵阳：贵州民族出版社 1988 年版），该书为锦屏文书研究的较早之作，对于林业生产与林业贸易、林业契约文书、清江"四案"、"山客水客与木行排工"等问题首先做了介绍；张应强《木材之流动：清代清水江下游地区的市场、权力与社会》（北京：生活·读书·新知三联书店 2006 年版），该书是在多次田野调查的基础上对清水江流域乡民社会生活的历史素描，从中梳理出清水江流域的木材贸易状况及乡村社会经济生活的变迁；徐晓光《清水江流域林业经济法制的历史回溯》（贵阳：贵州人民出版社 2006 年版），此书是从法制的视角出发对清代民国时期出现的清水江流域林业经济问题进行回顾与评价，并探讨了清水江流域国家法与习惯法的互动关系及社会秩序的构建。
② "内外三江"是"内三江"和"外三江"的合称，其中"内三江"包括锦屏县卦治、王寨、茅坪等三地，而"外三江"为天柱县清浪、岔处、三门塘等三地，以上六处均是清水江流域木材交易的重要场所。
③ 张新民、朱荫贵、阿风、冯祖贻：《共同推动古文书学与乡土文献学的发展——清水江文书整理与研究四人谈》，《贵州大学学报（社会科学版）》2012 年第 3 期，第 77 页。

要组成部分。处于边缘地带的区域往往很容易被中心地带的辐射所同化，或表现出独树一帜，自强不息，形成新的中心地带。毋庸置疑，这类区域常常处于一种极为不稳定的状态。在历史长河的不断整合过程中，这样的地域空间里保留下来的资料相对较少。笔者在考察贵州清水江流域的苗埂村落时，发现村中庋藏着清代中叶以降的许多锦屏文书，以这些重要的田野资料为基础，进行简单分类整理，试图对"族群边缘地带"的区域社会中所表现的某些社会关系做一点初步探讨，拟展示出边缘族群生活的另一个侧面，期求丰富清水江学的研究。

二、村落及家族概况

"苗埂"是周边侗族同胞对该地的称呼，意为苗族人居住的深山。现今行政意义上的苗埂村包括苗埂、扣黑、鄙几、乌友、亚黄等五个自然寨，每寨相距两公里左右，习惯上这一区域通常都叫苗埂。地处贵州省锦屏县的西部山地，清水江下游的重要支流乌下江从村境西南侧缓缓淌过。它同中国大多数村落一样历经沧桑，却一直默默无闻，名不见经传。关于苗埂是何时何人始建的，目前已很难考证，口碑文献载清康熙十四年（1675）张明先最早迁入此地居住①，沿袭至今的"新年起工""开秧门"等农业习俗也由张姓最先开始，其他姓氏才陆续开展。目前，村寨内尚存最早的墓碑的主人是张欧寿，出生于康熙十六年（1677），逝世于乾隆二十二年（1757），在现已收集到的一份契约文书中还提到"……苗埂人……

---

① 据苗埂村老支书、张氏家族老族长张昌烈老人口述，张氏原籍江西省吉安府朱氏巷第十一小巷白米街，明朝年间迁到湖南省龙溪口居住，后又迁入贵州黎平府张氏巷生活。后因难以维持生计，便携带妻子儿女及家猫一只乘船沿乌下江而下，在今小葫芦塘边家猫跳上了岸边山林，于此居住下来。先住乌友，后迁入苗埂，再后又搬至两寨中间的务翡田老屋场定居。繁衍两代人后因火灾将房屋及族谱焚毁，便迁入今苗埂坳上建屋居住。张氏家族由此繁衍开来，后逐步形成村落。

先祖张欧叔早已于乾隆十八年五月"① 与他人发生了林业方面的权属转让关系，据此可以推算苗埂先民在此安家立业至少有近四个世纪的时间。

此外，根据民间文献和口碑材料显示，在历史上，苗埂境内曾经先后居住过十多个不同姓氏、不同民族的人群，现在还有张、杨、蒲、龙、王等五个姓氏居住于此。在民族认定中除张姓为苗族外，其他姓氏均为侗族。只有苗埂寨是多个姓氏民族杂居的状况，扣黑、鄙儿、乌友三寨均是单一的民族、宗族成分，而亚黄寨为杨姓两个不同的宗族。如今村内不少年长者尚能言苗、侗、汉三种语言。

现在的苗埂村有居民139户，共计597人，以张、杨二姓居多。全村土地总面积为5730亩，其中耕地面积有272亩，十分有限，而林地面积占据了3694.5亩，森林覆盖率为64.32%②。在崇山峻岭和溪流纵横之间零星点缀了一些山间小平地，实为"九山半水半分田"之地。一直以小农经济（稻作农耕）为主，林业生产伴随着村民的一生，在其经济生活中占有重要的地位，这种混农林的生产模式依然还在延续。村民们当前的经济生活状况仍然十分困难，大多数劳动力外出务工以维持生计。该村是国家扶贫开发一类重点村。这里地理位置偏僻，地势陡峭，道路交通极不便利，直至2007年才修通村级公路，是周边最后一个通车的村级单位。文化教育发展滞后，二十世纪中期在苗埂寨设有教学点，七十年代改为完全小学，村民的学历普遍很低，文盲甚多。在这种政治、经济以及社会文化都比较落后的区域内应该折射出更为复杂多样的社会关系与特殊的社会秩序。

---

① 参见第二卷张明彬家藏之"（1809）嘉庆十四年五月二十九日张起才、张德海等清白字"。若从张欧叔算起，张氏宗族在此地繁衍生息已经有第十三代人，字派分别是"叔—九（见）—文—起—世—开—国—昌—光—明—继—先—志"。

② 王宗勋主编：《乡土锦屏》，贵阳：贵州大学出版社2008年版，第147页。

　　诚然，族群边缘地带是相对族群中心地带而言的，或是处于两个或者多个不同族群的边界，族群之间不仅有"相应的地理边界，更应该注重的是社会边界"，在族群的边缘地带有着"经常出现的、相当复杂的行为组织和社会关系"①。具体而言，这类区域的"边缘性"表现为"地理空间的边缘，或政治经济与社会的边缘，或族群及民族认同的边缘，或重大政治社会变迁的时间边缘"②。上述的苗埂村落正是处于这样的边缘地带上，其"边缘性"较为明显，主要表现在以下几个方面：

　　首先，苗埂村落处于地缘上的边缘。就地理位置而言③，其村境的东面为"古婆洞十寨"的侗款组织④，西面为"青山界四十八苗寨"的大款社会⑤，南面隔江相望的是几个外来移民且民风异样的"三锹人"⑥村落，北面同为处于边缘地带上族群杂居的操着"酸汤话"⑦口音的村庄。从地缘上，我们也能看出这一区域是处于不同族群的边缘，或者说是位于不同社会组织的过渡地带。加之自然环境地形、地貌上的差异，相对封闭的地理空间，也加深了这个地域边缘化的程度。这种自然因素或对其村落的发展有很大的影响，基

---

① ［挪威］弗里德里克·巴斯：《族群与边界》，高崇等译，《广西民族学院学报（哲学社会科学版）》1999年第1期，第18-19页。

② 王明珂：《瓦寺土司的祖源——一个对历史、神话与乡野传说的边缘研究》，《历史人类学学刊》2004年第1期，第58页。

③ 在光绪十七年（1891）的《黎平府志》卷首《黎平全图》中未见标注地名，这一片区域为较大空白区，可参见（清）俞渭修、陈瑜纂：《黎平府志》，载黄家服、段志洪主编：《中国地方志集成·贵州府县志辑》，成都：巴蜀书社2006年版，第18册。

④ 贵州省锦屏县志编纂委员会编：《锦屏县志》，贵阳：贵州人民出版社1995年版，第126页。

⑤ 王宗勋：《文斗——看得见历史的村寨》，贵阳：贵州人民出版社2009年版，第13页。

⑥ "三锹人"为20世纪80年代贵州省23个"未识别族称"的边缘族群之一，其风俗习惯与周边村落有较为明显的差异，参见黄光学、施联朱：《中国的民族识别——56个民族的来历》，北京：民族出版社2005年版，第170页。

⑦ 苗埂村北境为雄黄村，村民口音为酸汤话，是一种广泛流行于湘黔边界（天柱县东南部地区和湘西南地区）汉语与侗、苗语杂合的带有方言岛性质的特色方言，与周围村寨所操口音不同。

于这样的区位所表现出的各种社会关系复杂地交织重叠在一起，特别是族群关系也不同寻常，族群边缘地带在地缘上得到了形成的充要条件。

不仅如此，这里还是政治上的边缘地带。苗埂在二十世纪五十年代独立成行政村之前，一直是村境北面雄黄村落的属寨。属寨，顾名思义就是附属于某一较大村落的边缘小寨，表现为一种从属关系，特别在政治上是非常明显的。地少民薄或为苗埂发展的硬伤，在村寨间的事务中，始终处于游离状态，不得不寻找一个大的村寨作为政治后盾。但事实上，与之一衣带水的雄黄村落这个"避风港"在本区域也是逐渐走向边缘的村落，缺乏政治影响力，无法带领苗埂肩负起区域社会的领导重任。① 选择作为其他村落的属寨实属无奈之举，在这场持久的政治博弈中不得不面对这样的现实——沦为"边缘中的边缘"。缺少话语权，就是缺失主导权，从而无法为自身村寨的发展打好路基、谋求利益。政治边缘还表现在其他方面，例如，民间历史文献《三营记》② 中就没有明确说明苗埂村落处在咸同兵燹"三营"村落的联防自保范围之内。另外，在"青山界四十八苗寨"于同治五年（1866）聚集众多绅团头首于款约中心己得寨公议而订立《己得婚俗改革碑》③，在碑文最后有二十八个村寨署名，苗埂寨张老望名刻在靠后，政治边缘可见一斑。生于斯长于斯的笔者，记忆中苗埂村村民在与其他村落的山林土地纠纷中往往处

---

① 雄黄曾是锦屏地区最古老的村寨之一，在区域社会中影响不小，但后来遭到周边村寨"联合围攻"，人数锐减，已不再有昔日之辉煌。参见王宗勋主编：《乡土锦屏》，贵阳：贵州大学出版社 2008 年版，第 144 页。

② 《三营记》主要记述了清水江流域地方团练武装"三营"在咸同年间与张秀眉、姜映芳等领导的农民起义军斗争的事迹。系清代平鳌姜海闻草创，经文斗姜元卿光绪十九年（1893）等加增校对，后多传抄。王宗勋先生对原文进行点校，发表在《贵州档案史料》2001 年第 2 期上，后渐渐流传开来。

③ 龙令洌：《青山界古老苗寨婚俗改革的见证——己得婚俗改革碑》，《黔东南日报》2011年版 6 月 8 日，第 5 版。

于下风，这或许是历史的一面镜子。

经济基础决定上层建筑，苗埂的经济实力远远落后于中心地带，这一点可能才是使其变为边缘地带的关键所在。在一块《修建凉亭功德流芳》碑①中载"苗埂地方，因先人不知，只谓务农"，直白地道出了苗埂这里是个农本社会。而另一通保存在与之隔江相望的培亮村的石碑《拟定江规款示》中云："我等乌下江一带……，山多田少，土产者惟有木植树"②，可见农林资源在人们的经济生活中显得异常关键，是他们的衣食之根本。这或源于受到自然环境的制约，地表崎岖，土壤贫瘠，农田等耕地资源凸显出其极大的亲活力。"开坎砌田"的现象历代屡有发生，但囿于地形与水源等因素，开垦出的土地极少，故而显得极为珍贵，现今农田和旱地面积也不过为整个村庄面积的二十分之一。"挖山栽杉"的经济行为虽是苗埂人经济生活中不可或缺的部分，但人工营林（主要是杉木）的循环周期较长，一般长达20至30年，短时间内很难使之转化为灵活多变的动产形式。距离中心地带较远，交通上的不便利，农林产品的商品化程度不高，实物与货币间的转换效率低，都是这里经济水平不高的重要因素。

同时，在血缘上这里也处于被边缘的状态。明清以来，在清水江下游地区宗族文化表现较为突出，建祠修谱的现象不胜枚举，现在还保留着相当多的宗祠和族谱。这样的活动，不仅可以加强血缘上的凝聚力和归宿感，还可以起到敦宗睦族的教化作用。在田野调查中发现，苗埂人对祖先历史的记忆是很模糊的，所留记忆不外乎是表现祖先创业艰难、生存不易等方面，时间基本上停留在嘉庆道

---

① 原碑无题额，笔者命名为《修建凉亭功德流芳》碑，现竖于苗埂寨寨门凉亭前，为民国二十六年（1937）修建凉亭时所立。

② 张应强：《木材之流动：清代清水江下游地区的市场、权力与社会》，北京：生活·读书·新知三联书店2006年版，第152页。

光之后，对之前时间段的记忆大多数人集中于一个"'千家寨'的历史传说"①，这便是这一个社区最早的记忆，是祖先或英雄崇拜的具体表现，也是试图在找寻沦为边地的历史依据。现居的五个姓氏中有六个大的家族，目前只有两个家族在八十年代中期修有自己的家谱，且多由周边村落的"宗族"帮衬而完成。但是，他们在世系和字辈上与外面的"宗族"存在分歧和差异，对于宗族关系和开展宗族活动有很大的影响②。其他姓氏也曾有编修谱乘的计划，同样因为没有得到这一大区域（清水江下游地区）内其"家族"的认同，计划随之被搁置。换句话说，修有家乘或计划撰写谱牒，是否可以看作边缘族群的一种依附性，以寻自保的手段？虽有祖先崇拜的传统，但因含有过多的神秘成分和宗教色彩而失去了真实性。这是由于对祖先历史记忆的不清晰，对于"我是什么人？""我来自哪里？"这类问题的一种规避，或是如中国台湾学者王明珂所言的"结构性失忆"③。这样的边缘状态对于宗族、村落均有较大影响，当内部认同和凝聚到一定高度时，一个整体的边缘群体或说边缘族群得以构型。

　　上述对这个复杂的边围之地进行描述，是在简单的田野调查中得到的信息。在笔者的田野调查中最有价值的部分当属收集到的锦屏文书，以这些种类众多的契约或文书作为第一手资料，是否能更好地展现边缘之地的政治经济文化主要特征？是否能更好地诠释这个边缘地带的形成与变迁或是内部社会秩序的有效运转，社会关系

①　此传说大致讲述：苗埂曾经是一个有千家寨的大寨子（一说为八百家），居住着一群善武的"牵牛盗马者"，寨中房屋成排分布，热闹繁华，生活富足。但在后来，遭到周边村寨的嫉妒，他们联合官军并采用风水法术攻破"千家寨"，其历史记忆也随之终结。关于"千家寨"的历史传说在清水江流域也较为普遍，这或源于该地"苗民"在宋元以降的多次叛乱，官兵也多次深入"苗地"剿杀的史实。

②　2011年7月30日，笔者在苗埂调查时一位王姓村民讲述。

③　王明珂：《华夏边缘：历史记忆与族群认同》，台北：允晨文化有限公司1997年版，第11-45页。

的灵活处理，以及社会控制的机制？

三、文书分类

笔者于 2011 年 7 月下旬到 8 月初在苗埂村内进行了为期半个月的田野调查，之后又在回家过春节期间做了多次补充调查，获得了许多的民间文献资料和口碑资料。通过对这些资料的初步分类整理可知，一共收集到 366 件锦屏文书（含四块石刻），这仅是一小部分，保守估计这里至少藏有 1500 件以上的文书①。本书共收录张氏家族文书 339 件，其中张明锡户 40 件、张明彬户 183 件、张昌朝户92 件、张明榜户 16 件、张继高户 8 件，其余 27 件因纸张漫漶破损严重等故不收录。

按照文书类型分类。锦屏文书类型多样，以契约文书为主，占据文书总数的大部分。此外还包括一些诉讼词稿、山林清册、礼单账簿、官方文告、私人信函、宗教事务文书、山歌唱本、摩崖石刻等等（详见表1）。

表1 苗埂村落张氏家族文书分类表

类型		数量	内容及所涉事项
契约文书	买卖文书	212	主要涉及山林、田产、阴地、地基房屋、菜园荒地和栽手权属等不动产的经济交易活动。均以卖或断卖字形式表述。
	租佃文书	7	主要是反映山林和田产方面的租佃关系。以佃字、招字形式出现。
	借贷文书	16	主要是货物与货币的民间借贷，以借字、抵押字、限字等几种形式立契。

---

① 据多位村民的回忆，苗埂村至清末以来就没有发生较大的火灾（房屋为木质建筑），"晒契"活动至今还有开展，是以毛边纸为书写材料的大多数锦屏文书得以保存下来的现实条件。

续表

类型		数量	内容及所涉事项
契约文书	典当文书	8	主要是田产、山林等重要不动产的典当活动。以典字形式立契。
	讨字文书	1	介于租赁与借贷之间的一种民间事项，属于无偿赠送。以讨字形式出现。
	对换文书	6	主要是田产间的对换形式。以拨换字立契。
	合同文书	21	一般是双契或多契，内容广泛，包括山林、田产、阴地以及分单分银协议。
	家庭事务文书	11	主要是关于家产析分的分关文书，遗产继承的接宗继承文书等。
	民间协调文书	6	主要是村寨内部纠纷调解资料，以戒约、清白、担保、错悔、革除等形式表述。
诉讼词稿		17	内容言及山林纠纷、财产纠纷和偷盗等民事。
官方文告		16	涉及赋税的催征和其他事务。
私人信函		2	主要包含山林与田产的信息。
礼单账簿		18	包括婚丧活动账目，日常开销统计及其他记录。
山林清册		2	记录山林基本状况。
山歌唱本		1	用方言记录的民歌，内容涉及广泛。
宗教事务文书		9	主要包括风水先生的宗教科仪书、算命单等。
摩崖石刻		4	主要是一些乡规民约和功德记事的石刻。
族谱家规		2	仅收集到草谱、谱序，不完整。
其他		7	主要是一些日用工具书、凭证和据条。

按照文书的年代归类。有明确时间记载的最早的一件文书订立于乾隆五十一年（1786），最晚的一件是中华人民共和国成立后的公元1976年的一份分单合同。大致经过了清朝、民国和中华人民共和

国这三个时段，其中清朝有 147 件，包括乾隆 4 件、嘉庆 15 件、道光 23 件、咸丰 9 件、同治 17 件、光绪 69 件、宣统 10 件，中华民国 161 件，中华人民共和国 11 件，尚有 47 件文书的时间无法确定。所收集的锦屏文书集中分布在晚清和民国前二十年，这个时段恰好也是中国社会发生巨大变革时期。

按照法律效力区分。在文书中除了大部分官方文告有官方印鉴外，其他类型的文书仅是些证书或票据有印鉴，就连在庋藏的文书中占有较大比重的契约文书也仅仅只有 6 件红契，其余大部分为白契，达 271 件，红契比例小到 2.2% 左右，白契的比例非常之高。白契是乡民逃避官府课税的方式之一，这也表明了这一区域处于"王化"边缘，经济发展水平不太高。

另外，按照收藏文书的人群来划分。现今持有文书者，主要有几类人，一类是寨老、族长，由于其特殊的地位，掌握着村寨、家族中不少的资料文件，可以在为村寨、家族处理事务时查看或动用其他人员收藏的文书；另一类是在二十世纪五十至九十年代担任村里"两委"的负责人，这主要是在"文革"时私下保留村民上缴的"破四旧"物品和山林土地纠纷中召集众人拿出的"历史证据"。前两类人中保存的文书不系统，较为凌乱。还有一类是家中的长子或幼子，这类人保存的文书比例最大。赖于这一地区的"父母从幼子居"的习俗，父母一般把遗物传承于幼子。若父母过早过世，家长子主持家庭生计，父母自然会对长子有所托付，这其中就包括他们世代保存的文书资料①。

对所收集的家族文书进行分类整理，可以更好地检索利用文书和深入研究文书，有裨于更好地了解这批文书的特点和价值所在，

---

① 苗埂寨张明锡家中所藏 40 份锦屏文书中有 11 份是来自锦屏县启蒙镇巨寨村，后由于其父随母改嫁苗埂，遂把文书等物件携带至此。

也有利于进一步分析族群边缘地带复杂的社会关系。

四、文书特点

总体上，苗埂村落的这批家族文书与木材贸易中心地域的锦屏文书无较大差别。先是在文书的书写程序上和内容上与中心区域几乎保持一致，书写民间文书或多或少都打上局部地域的烙印，仅是个别民间俚语与俗字的差异。值得一提的是，在苗埂村订立的契约文书中最后往往会加上一句"永远发达为据"，这或是地处边缘的苗埂人对于未来的美好憧憬。在时间跨度上，从清朝乾隆年间到1958年，延续了近两个世纪，具有历史长远的特点，而中心区域延续的时间更长。另一个特点是就是归户性特征十分突出，而且锦屏文书的种类也比较多，内容十分丰富，在这样狭小的地域保存的文书数量也较为可观，涉及林业方面的文书规模最为庞大。除上述这些共同点之外，这批家族文书还折射出以下两个特征，反映了边缘族群生活的某些侧面。

（一）族群关系与水资源的互动特征

《修建杨公庙碑》① 中描述苗埂一带"绿野青山"的景象在如今也实不为过，这里森林植被资源极为丰富，为目前县境内森林覆盖率较高的村寨之一。然而，地势较为陡峭，溪流湍急，至今也没有修筑调节水量的水利工程（如水库、水坝）。虽处于亚热带季风性气候区，若遇雨水不足的年份，也会受到干旱的困扰，特别是灌溉水源，农业生产的弊病暴露无疑。清朝中后期以来，随着人口的迅速增长，政府不断向偏远的地区移民，大多数移民从事垦辟荒地和农业生产，而水资源是农业生产活动的必要保障。苗埂这个村落在迎

---

① 原碑无题额，笔者根据内容将其定名为《修建杨公庙碑》，为清光绪十四年（1888）修建杨公庙时所刻，现卧置于苗埂寨锁口山处。

来送往的移民运动中，农田开垦的数量不断增多，人口数量也在增加。① 对于稻作农业生产来说，水资源又显得异常关键，在台湾地区就有移民之间经常为水利沟渠的使用而发生纠纷，甚至演变为械斗②。清中期云贵总督鄂尔泰也认为治理西南少数民族地区要"以民务为急，利民者莫过于水利"，足见水利在稳定社会方面的重要性。而在苗族的习惯法里规定水资源为共有，不得强占，即为"田水均分"。③ 用水的秩序问题必然会影响到经济活动正常运作和不同族群之间的关系。

在同治十一年（1872）的一块刻立于苗埂寨大溪旁边的摩崖石刻，文曰："以后，立为七牌取水下沟，立分岑里田户人等同立。同治十一年七月十八日，经中凭神理清，此沟古今。"

这块石质契约主要是解决水资源分配问题。岑里是介于苗埂寨与乌友寨缓坡上的一处地名，为村境重要的产粮地。这里有一大片梯田，因为附近灌溉水资源不足，便取道数里之外的大溪开渠引水。现有口碑资料显示④，乌友寨曾是外来移民先在此地佃种山林土地，渐而谋生居住，后不断发展壮大形成单个姓氏的村寨。而岑里、乌友等处田产最先为苗埂寨人所有，乌友寨人在咸同以后逐步买断岑

---

① 2011年7月28日笔者在鄙几寨调查访问时，杨姓老人讲述了他们杨氏先祖杨长庚为了谋生，于嘉庆年间从天柱冷水溪到苗埂境内的扣黑一地佃种山林，实行林粮间作的生产模式，在兢兢业业的劳作下有了一些积蓄，遂在附近买入一些山林和田地，后在此地逐步发展壮大。这一姓氏所见《谱序》也没有具体载有入居的时间信息，其他现居姓氏何时从何地移民至此就更加模糊。但是，在口碑资料上几乎都有清水江流域移民普遍的"江西省吉安府"来源说。在收集的锦屏文书中所涉事主为苗埂社区的还有吴、赵、夏、游、黄等姓氏的人群。

② 李雪梅：《试析碑刻中的水利纠纷》，载陈金全、汪世荣主编：《中国传统司法与司法传统》（下），西安：陕西师范大学出版社2009年版，第555页。

③ 徐晓光：《原生的法：黔东南苗族侗族地区的法人类学调查》，北京：中国政法大学出版社2009年版，第217页。

④ 2011年8月2日，笔者在苗埂调查时据原苗埂村村主任张育华先生讲述。另据锦屏县人民政府编写《贵州省锦屏县地名志》（内部资料1987年版）载："乌友寨地近乌下江，往来之人常憩息于此"，可能也是由于这样的契机而较快发展起来的。

里的部分田产①。地权关系改变后，区域内传统的分水模式被外来的族群打乱，如若年遇大旱，水资源纠纷便由此而来。进一步言之，即为"先来民"与"后来民"在村寨之间的博弈。如果处理不好水利纠纷，族群边缘地带内部矛盾加剧，可能导致分裂，就很难作为一个独立的个体存在。所以，两寨人为了共同耕管这为数不多的土地，经过田户等人的商议，以"经中凭神"的方式得以理清，最终把沟水分为"七牌"②，并刻下此石契为后世所凭。当今如果两寨发生水利纠纷，这块石刻所展现的用水规约依然起到调节的作用，一般在枯水季节两寨"轮班"共享水资源，共同修缮沟渠和梳理溪流。这起涉水的契约，给我们所展示的是苗埂这个边缘地带的农田灌溉水资源的相对不足，同时也引导和保障了村落境内不同族群间更有效地利用水资源，也是在约束和协调族群间在日常生活中的纠纷机制。下面一纸契约文书更加深刻地揭示了水资源对于边缘族群的重要，与此同时也在规范人们的水资源管理规则。

　　立拨换田约人扣黑杨钟元，今将旧岁得买唐姓之田，土名苗埂瓦屋左边菜田壹丘，约谷乙石半，将此田与张开盛弟兄换鄙己之田三丘，约谷八石，与石姓所共之田张姓弟兄占乙半，任从钟元修理管业。凭中议定补过钟元纹银柒两四钱八分整，其纹银交清无欠。其有菜田乙丘恁从张姓立屋居坐，修理管业，杨姓不得异言。恐后无凭，立此换约永远发达为据。

---

① 在目前所掌握的锦屏文书中，最早关于乌友寨蒲姓的记载是在咸丰十年（1860）乌友等地田产买卖文书中，蒲廷珊作为代笔人在契约中出现，张士望从其他村寨人手中买入"乌有田拾九丘"。而在光绪五年（1879）张氏三兄弟"分关拨约合同"中，张天寿（张士望子）曾分得"乌有田拾五丘"。在这二十年中，张氏所占乌友的田产减少了四丘，按照"亲邻优先权"的原则，很有可能被乌友蒲姓买断田产。又据《光绪十六年二月苗埂乌有计开田产文书》的账单，其内列出20户，共计826石，蒲廷珊、廷琏二人占129石，数量为第二位，实为一小地主，足见乌友人购买之力度。这样就很有可能使苗埂、乌友更多的田土交叉在了一起。

② 牌，为清水江流域关于农田水资源的特殊计量单位，即轮班用水。

外批：此菜田乙丘与四上田乙丘，此贰丘共半牌水。张姓将□田居坐，半牌水尽归杨姓管取。倘耕田，仍照贰丘同分水。内添壹字。言定住坐之时，临屋之田不得鸡栖遭踏禾谷。有此者，公验赔还。粮照老约完纳。

凭笔中　杨钟学

同治柒年九月二十九日　　立①

在这份"拨换田约"中，张开盛弟兄以比较苛刻的条件与杨钟元换得菜田一块，拟在菜田上立屋居坐。但立契的另一方杨钟元考虑到农田要变成地基，以前分得农田水资源"半牌水"好像要拱手送人，便在文书中批注："张姓将□田居坐，半牌水尽归杨姓管取。倘耕田，仍照贰丘同分水。"通过批注的方式，阐明了水资源配置的规则，更加详尽地道明水资源的归属权，为以后张杨两姓不必要的水源纠纷留下依据，也为这两个分属不同民族的群体在苗埂社区里能够和谐地繁衍生息注入了条件。同时不难看出，水资源在苗埂人心中的含金量。而后文"言定住坐之时，临屋之田不得鸡栖遭踏禾谷。有此者，公验赔还"的农业管理经验，也道出了农业生产过程受到人为等不确定因素的干扰后可能会有较大的经济损失，表现出了边缘地带经济力量的薄弱，也是在规范这种经济生活的秩序。

从上可知，水资源在这个边缘族群的经济生活和社会生活中占据了重要地位。世世代代的苗埂乡民们在此以"开砍砌田，挖山栽杉"为主的劳作方式，不仅养成了苗埂人勤劳奋进的情怀，更造就了苗埂区域延续至今的翠绿天堂的景色。苗埂人合理的用水秩序和农业管理经验，通过契约文书得以表达。这就约束了生存在此的不同族群之间的行为，规范了族群边缘地带的社会秩序，维护了区域

---

① 参见第二卷张明彬家藏之"（1868）同治七年九月二十九日杨钟元与张开盛弟兄拨换田约"。

社会的团结与稳定，凝聚了苗埂村落的社会力量，也促使这些边缘地带的不同族群有更多的认同感和村寨归属感，在自然环境和社会生活中达到一种和谐的状态。

（二）宗族关系与村落自治的互动特征

苗埂处在地缘和血缘上的边缘地带。"血缘是身份社会的基础，而地缘却是契约社会的基础。"① 在清水江流域，随着林木贸易不断繁荣，大批外来移民不断涌入，出现了许多移民聚集的村落②，从商业里发展出来的地缘纽带得以呈现。一拨又一拨陌生群体移入苗埂村落，他们彼此的文化底蕴和生活习惯在此碰撞，这使得本区域在地缘上的交错关系表现得更加多样和复杂。区域内新来的不同族群刚开始时有意识地与原居地的人群保持着血缘上必要的联系，随着时间的推移，血缘关系在一定程度上弱化，甚至有宗族得不到认同的情形。族群的认同又是传承性的血缘和变迁性的地缘交互的结果。对于处在族群边缘地带的苗埂人来说，走出边缘是他们几代人的历史任务。在多方努力成效不佳的情况下③，便寄希望于自身，即加强村落内部的族群认同，搞好社区内不同宗族之间的关系。把缺失的宗族关爱进行有效的改良，自我认同的宗族意识不断觉醒。下面这则文书便是较好的例子：

立分合同约人苗埂张开盛、开礼、老壹、开明、天喜、天寿、

---

① 费孝通：《乡土中国》，北京：人民出版社 2008 年版，第 94 页。

② 这些移民主要有两种入居方式，有如锦屏县中仰、岑梧、九怀等村落的祖先在此地佃种山林谋生，渐而聚族立寨定居；还有小商人、手工业者聚集到沿江地区从事商业活动，如西江街。苗埂村落应属于前一种。

③ 苗埂村落主要有两次历史机遇，一次是咸同兵燹，苗埂人参与了反对农民起义军的活动，一份契约文书中王启璋因"反乱"而获得"奖赏田"，在契约文书中多次作为"买主"或"凭中"出现的张开成，也因军功在其逝世后被赠予"六品军功"。另一次是辛亥革命，在政权更迭之际，口碑材料中苗埂人张国朝可能参与了黎平北路互卫总局的团练组织，与黎平府"分庭抗礼"，后被屈杀（中华民国壬子年（1912）十一月廿四日和民国二年（1913）二月二十一日因安葬费用而卖出山林的契约文书载："犯法无救"）。但是均没能成为区域社会话语主导者，从而更好地助力苗埂村寨发展。

天槐、天保，为因本年十月廿九日得买山场土名乌州山土一团，上凭盘路，下凭盘路，左凭开盛买夏姓茶山以冲，右凭大岭以路为界。此山分为二大股，开礼、开盛、天喜、天寿、天槐、天保叔侄柒人占一大股，老一、开明弟兄二人占一大股。议定此山内茶山、杉木、杂树永远不准分析，阴阳二宅冥分后，此任从族等使用，亦永远不准分析，此共业内誓要内外不准买卖。如有强买强卖，众族将来罚免在族内祭祖公用，不得异言。恐后无凭，立此合同发达存照。

　　凭中　杨钟学

　　　　开明　笔

　　立合同发达存照（半书）

　　光绪拾八年十一月初六日　　立①

　　上述这纸文书即为张氏家族购得一块山场，族人共同商定把这份产业定为族内公共财产。还规定该产业"永远不准分析，此共业内誓要内外不准买卖"，誓要把这份公产一直延续下去，传承子孙后代。同时对于把家族财产"强买强卖"的败家子给予"罚免"，并把处罚所得用于"族内祭祖公用"。设立家族公共财产是为了更好地加强宗族内部的联系，是强化宗法关系的经济支柱，也明晰了族产在这个族群中的重要性。诚然，边缘地带的不同宗族之间，受区域认同和地域凝聚的影响，苗埂村落的族群在遭遇外界族群的压制与排挤之后，他们的宗族意识也在发生改变，经历了从逐步向外联合到渐渐内省的过程。一方面是宗族内部对外的联合一致，另一方面则是社区内不同宗族之间的联合。在此，各举例加以阐明。

　　立分合同弟兄字人张国定、国兴等所共归靠杉山乙块，屡管无异，因去岁三月内出卖与高受杨秀荣斫伐，突被龙里司杨秀林阻止，

---

① 参见第二卷张明彬家藏之"（1892）光绪十八年十一月初六日张开盛、张开礼叔侄等分山场合同"。

二比经中理论不清，控告在府陈案下，蒙府主断结至今，讵传此事不休。复又经官，如其无事则已，倘其有事，弟兄同心照股出资上城，不得推委躲闪，人人齐心，各将立业作抵，至临用有误，众等将业发卖开销，众等俱无异言。恐后无凭，立有同心合同为据。

批：国定弟兄占乙半，国兴弟兄占乙半。

定：屋后外间田、走路田二丘，约谷六石。栋：者郎下丘田壹丘，约谷六石。兴：大田冲外间田贰间，约谷六石。姜氏：者郎阳（杨）梅树田上下三丘，约谷六石。

大汉壬子年六月初一日　杨承仲笔　立①

立借字人苗埂寨张老益，为与天柱杨玉邦控告乙事，家下缺少钱用无出，自愿上门借到堂兄张开盛、开理、天喜、天思叔侄四人名下之钱四十仟文整，亲手岭（领）回应用。此钱自借之后，言定每年还钱五千文，共限八年还清，不得违误。如有误者，自愿将本身农工归还，不得异言。恐后无凭，立有此借字是实为据。

凭中　吴秀华

代笔　胞弟张开明

光绪拾九年五月初八日　立②

宗族在社会生活中有"保护族人的作用，它是社会上的互助群体"③。前一份山林纠纷文书中苗埂张氏族人齐心协力，一致对外，遇到家族所临难题时"不得推委躲闪"，表现出了族群内部在对外斗争中的团结与稳定。后一张借贷文书在"八年"的长年限和无实物担保的情况下，族内兄弟慷慨支援"诉讼费用"，这是在表达宗族内

---

① 参见第二卷张明彬家藏之"（1912）民国元年六月初一日张国定、张国兴等兄弟杉山纠纷同心合同"。
② 参见第二卷张明彬家藏之"（1893）光绪十九年五月初八日张老益向张开盛、张天喜叔侄借钱字"。
③ 冯尔康：《中国宗族史》，上海：上海人民出版社 2009 年版，第 28 页。

的相互扶助，保护本族利益。正是通过类似这样的家族活动和交往，进一步加强了宗族内部的认同感和凝聚力。

边缘地带宗族内部的团结互助，为不同宗族、族群之间的和睦相处、相互扶持打下了基础。费孝通先生指出"在中国，地方群体之间的相互依存，是非常密切的，在经济生活中尤为如此"①，边缘地带的族群在面对来自外部的压力和挑战时，常常会表现出一致的排外性，苗埂也不例外。在一起诉讼案件中，从几份契约文书和诉讼词稿所反映的情况可见宗族或者族群关系之一斑。

告状人民杨玉邦

为刨冢开田、尸棺抛灭、阴阳两害事。缘民祖居龙里司苗埂，于道光二十九年内，因家不幸，民叔祖杨光彩与族人光本、光璠争产不清，以致将叔祖杀毙，报蒙验勘，饬令就地安埋。约十余年，忽遭叛乱，民祖携眷逃至天柱度（渡）马糊口。每至清明，往苗埂拜扫，并无异议。至去岁清明，民往拜扫，不见叔祖光彩坟墓，惨遭刨冢开田，尸棺无存，民乃骇异。当时寻访地方隐瞒，坚不肯认，莫可如何，故向牌长张迎春、龙先和、蒲遥克等□引据，牌长称云："张老益、杨明光开田。"民又经纲首张蔑子、老□向张老一、杨明光言及，虽伊等开田，尸棺抛于何处？据伊等 回 云"开田是真，并无尸棺"等语，凭纲首愿与服礼招谢。惟杨明光堂兄杨明庆于中阻挡，既伊等未有刨挖尸棺，岂肯甘心服礼招谢。分明伊等自相矛盾，不攻自露，窃此坟约数十余年。先未伤犯，人丁可保，今遭刨挖开田，家中老幼不顺，民命攸关，事不再让。为此告乞台前作主，赏准提究，追还尸棺施行。

据呈各情是否属实，候勘提讯断。②

---

① 费孝通：《江村经济：中国农民的生活》，北京：商务印书馆2001年版，第25页。
② 参见第二卷张明彬家藏之"（1893）光绪十九年杨玉邦因叔祖坟被挖控诉张老益、杨明光诉讼稿"。

立戒约字人杨秀芳，为因去岁腊月无钱动用，勾来天柱度（渡）马杨玉邦，往向苗更（埂）寨无端诈搕不进，先去龙里司衙妄告，串同司差杨，观音保寺坐索。因苗更（埂）乡团蒲遥客等不依，经请总理杨光耀等理讲，将我捆住，正要送官，自己央到总理，出立戒约，求解放索，以后不敢再行串搕。如有此事，恁凭捆绑送官究办。出立戒约为据。

凭中　张开理　龙先和

代笔　杨成理

光绪十九年三月初二日　立①

上面两则文书加上前文"光绪十九年（1893）张老益借钱字"可见这一民间纠纷的一个基本概况。村落间不同的宗族成员遭到了外部人员杨玉邦、杨秀芳等人关于"刨冢开田、尸棺抛灭"的敲诈勒索。在这样的境遇之下，村寨内部族群能够保持"坚不肯认"的一致性，同时村落中"纲首"等宗族领袖、精英人士站了出来，为村落、宗族中较为弱小的成员撑腰，肩负起了一定的社会责任。或"于中阻挡"，或对此事"不依"，更多的是慷慨解囊。通过宗族间的合作，最终同谋者被"捆住"，正要送官之时得到乡团总理的帮助，立下"戒约字"做保证而被从宽处理。整个事件的主犯杨玉邦最后是如何处置的，没有更多的资料给予解释，从张老益的借钱继续控诉上估计，他可能是被送官究治的②。类似这样的情况还有"大汉壬子年（1912）"所牵涉的一起外部势力与村落、宗族争夺山林杉木的事件，涉事双方不断向官府控诉，在村寨和宗族内部相

---

① 参见第二卷张明彬家藏之"（1893）光绪十九年三月初二日杨秀芳勒索戒约"。

② 清律规定："凡用计诈欺官私以取财物者，并计赃准窃盗论，免刺。……若冒认及诓赚、局骗、拐带人财物者，亦计赃准窃盗论，免刺。"参见张荣铮等点校：《大清律例》，天津：天津古籍出版社 1993 年版，第 412—413 页。

互支持的情况下得以维护自身利益①。

　　苗埂村落内部的族群通过精诚合作、共抵外侮，变得日益团结，为了共同的利益，边缘地带的族群更加有力地凝聚在了一起。从刚开始的"陌生社会"走向一个"熟人社会"，这个讲究人际关系的小社会需要有共同的精神社交圈和普遍价值观念来加以稳定和巩固。宗族意识和宗族、族群间的关系不断得到强化，边缘地带族群的内部认同也在不自觉地加深，他们迫切希望有一个维护社会秩序和处理社会关系的工具。在以传承性的血缘和变迁性的地缘构筑而成的边缘族群社区，要想长治久安与健康发展，更是迫切需要在宗族关系的维系下而衍生出对于村落内部的一种有效的协调机制，其实质就是"村落自治"。就此，我们来看下面这两份文书：

　　立革除贼子字人上乌有山龙武敌，所生一子名唤长春，不务正业，素行不法之徒，朝夕游手好闲，串八会匪，三五成群，二八为党。情因于光绪贰十六年十二月十一日夜偷到下乌有山蒲新元槽内猪一双，重乙百斤有余，失主追寻擒获。当时伸鸣地方，鸣罗喊寨，齐集公论。殊不知，长春是夜逃走，不知去向何方。众等一齐是问武敌，赶尔儿子归回，向众款首较议。武敌出言，忤逆不孝之子，如狼似虎，不从父教，反持器械毒殴，焉能赶得回家。自愿立出章程，交与乡正、众款首张开理、杨明庆、龙先铃、黄有岑等之手收存。如有长春不日回家，自报地方头首，捆拿办罪，送官究治。倘有藏匿不报，地方查出此人者，恁凭款首将我全家逐出境外，不准境居住，毫无争端异言。恐口无凭，立有革除贼子章程存照是实。

　　　　代书　姜时佐

---

①　这一事件在所收集到的文书中有两份契约文书和四件诉讼词稿，均藏于苗埂村苗埂寨张明彬家，内容包含宗族卖掉族产以资控诉经费，也有地方乡绅借钱助之，并帮写诉讼状等方面。

（光绪贰拾六年十二）月二十七日　立①

立耽（担）保承认字人龙先开，今因堂弟龙先进偷窃蒲姓猪一事，当即拿获，众等隔处了局。自后狼心未改，行凶报复，众等捆绑送官。现有堂兄龙先开见事不忍，哀求乡团救活生命，承认耽（担）保，自愿遵禁罚处，书立戒约与地方收执，甘心了结。自今以后，不得为此翻行滋扰，坏事多端。倘有再行凶恶地方，惩凭龙先开一面承当，致干领罪。恐后无凭，立有耽（担）承字永远为据。

凭乡团　苗埂张开理　扣黑杨钟学　雄黄罗再发

依口代书　杨应周

光绪贰拾七年六月二十日　立②

盗窃行为，是清朝法律所严厉打击的，《大清律例》规定："凡窃盗已行而不得财，笞五十，免刺。但得财，以一主为重，并赃论罪。……凡盗民间马、牛、驴、骡、猪、羊、鸡、犬、鹅、鸭者，并计赃，以窃盗论。……若计赃，重于本罪者，各加盗罪一等。"③而在清水江流域苗侗民族习惯法中，对偷盗行为的处罚也非常重，盗窃属故意犯罪，可以直接拿获送官④。当然，"熟人社会"已经根植下了一个严密的人情关系网，法律的执行力度可能也因为人情因素而减弱。上面两份涉盗窃行为的文书正是在人情纽带的指引下处理完成的，其中蕴含了边缘地带的族群调节内部关系，融合内在力量，使得"村落自治"的机制得以良好运行。前一份"革除贼子字"是为了地方社会的稳定与和谐，维持边缘地带的正常运转与社

---

① 该契约文书现存放于苗埂村苗埂寨张明彬家。其中文书中订立时间的年月已经脱落，联系上下文后，疑为"光绪贰拾六年十二月"。

② 参见第二卷张明彬家藏之"（1901）光绪二十七年六月二十日龙先开担保承认字"。

③ 张荣铮等点校：《大清律例》，天津：天津古籍出版社1993年版，第389—397页。

④ 徐晓光：《锦屏林区民间纠纷内部解决机制与与国家司法的呼应——解读〈清水江文书〉中清代民国的几类契约》，《原生态民族文化学刊》2011年第1期，第55页。

会秩序，后一份"担保承认字"则是契约社会自治的结果。文书中不难看出，龙长春与龙先进不是同一人，其偷盗本村的财物之时被当场抓获，并没有将其立马"送官究办"，而是"鸣锣喊寨，齐集公论"，这种方式是在区域自治或是宗族关系的影响下对盗贼采取的一种"宽容"政策。随着事态的改变，恐怕盗贼再次危害地方安全、破坏区域秩序，故而在乡正、款首们的逼迫下龙武敌与龙先进断绝父子关系，并以龙武敌全家在苗埂的居住权利作为毁约的代价。时隔半年后，外出逃亡的龙先进回到苗埂，而且"狼心未改，行凶报复"，又被众人抓获。对于盗贼的父亲来说，为遵守约定不可能直接与乡团们直接交涉，而是利用了宗亲关系，找到其侄子龙先开为贼子求情。"村落自治"基于各种族群、宗族势力的糅合，从保障地方社会稳定秩序角度出发，以立下担保字后了事。此外，关于某些偷盗的处理还有这样一则文书：

> 立戒约字人高受寨平为不法之杨老春，因本月廿五日偷到杨志端家财，人赃两获。经团众 等 齐集，将 我送官，幸有伊舅父央求，日后不敢再犯。如不解 此 前非再犯者，凭从地方乡团送官究办，父子族等不得异言。立此戒约为据。
>
> 胞弟成美　笔
>
> 凭□　林正兴　龙先和　张开礼　杨钟连、钟才　杨通考　杨学贵
>
> 光绪十七年十二月三十日　立[①]

现今已公布出版的锦屏文书中涉及盗窃行为的民间纠纷时也出

---

① 参见第二卷明彬家藏之"（1891）光绪十七年十二月三十日杨老春偷盗戒约"。高受寨是苗埂村东境毗邻的传统侗族社区，山林田产与苗埂临近。

现些许上述类似的情况①。并未采用送官究治之类的处罚，而是在纲首、款首、乡团、寨老、族长的主持下让盗窃者或者其担保人写下"戒约字"文书，并保证以后改恶从善，永不再犯，以后如再有盗窃行为，可凭此文书从重处罚，这样就可了事完结。偷盗行为对所有人都没好处，如果还要作为一个整体共同生活下去，就要对现有的社会秩序进行维护，于是就会对破坏者采取非难或谴责的态度，② 这对于边缘地带族群的村落来说尤为重要。这里的寨老、款首与乡团的名字在众多文书都有出现，他们是地方精英人士、宗族领袖、团甲首人，其本身就担负着村落或宗族内部自我辖制、自我管理的职责，行使着准行政的职权③。他们的意见代表了一个宗族或族群的话语，这点对于村落与宗族关系有重要的影响。上述事件正是在他们的组织和协调下，使以他们为首的"村落自治"组织④对村落社会内部高度的自治和适度调控"有了效力，而且也使它们比运用官府诉讼机制更为有效地支撑起社会规范"⑤。当然，族群边缘地带内部的民间纠纷的妥善解决，不仅是宗族关系与村落自治之间的一种良性的互动关系，当村落纳入国家视阈之后，还囿于国家法与民族习

---

① 见张应强、王宗勋主编：《清水江文书》（第一、二、三辑），桂林：广西师范大学出版社，2007、2009、2011 年版。其第一辑第 1 册"姜义宗偷盗被抓戒约"，第 357 页；第一辑第 1 册"姜作琦所立戒约"，第 381 页；第一辑第 8 册"姜启学戒偷保证约"，第 206 页；第一辑第 8 册"姜祖朝母子、寄父杨秀太立清白字"，第 273 页；第一辑第 10 册"龙文鳞等戒盗约"，第 152 页；第三辑第 1 册"罗永芳立戒约字"，第 447 页；第三辑第 7 册，"姜正高立戒约"，第 130 页，等等。

② ［英］斯普林克尔：《清代法制导论：从社会学角度加以分析》，张守东译，北京：中国政法大学出版社 2000 年版，第 127 页。

③ 梁聪：《清代清水江下游村寨社会的契约规范与秩序——以文斗苗寨契约文书为中心的研究》，北京：人民出版社 2008 年版，第 157 页。

④ "村落自治"可能是一些具体的地方社会组织的共同体，但是在收集的文书中没有看到像清水江流域其他地域出现"会"的组织形式，如渡船会、南岳会等。由地方领袖倡导苗埂人修建共同的精神信仰"杨公庙"，竣工后立碑铭记"后余庙费……十三户均管"，有了共同的运转基金和精神追求，可能形成类似的组织。

⑤ ［英］斯普林克尔：《清代法制导论：从社会学角度加以分析》，张守东译，北京：中国政法大学出版社 2000 年版，第 143 页。

惯法的互动关系。只有在协调好血缘与地缘之间关系的基础上，这样一整套机制的运作才得以正常实现。

苗埂人从对祖先的历史记忆的"机构性失忆"，到被边缘后宗族意识的不断觉醒，再到契约社会在宗族关系特有的模式下实现"村落自治"。这里展示了一个边缘地带族群不断地随社会的变化而改变，在边缘化的过程中也表现出了边缘族群的生命力与适应性。这也为边缘地带的族群能够长期生存下来的原因做了很好的诠释，如果没有内部社会结构的和谐与稳定，边缘族群的社区很容易被中心地带所同化，地域社会秩序被打乱，特定价值观念无法统一，各种社会关系的互动就无法延续下去。同时，也很容易失去自我，独有的边缘特性也将消失。换种角度说，苗埂人展现了其在社会生活中的一个重要的侧面，自我认同超过国家认同，乡村社会秩序在稳健发展的同时乡村权力也在发挥着不可估量的作用。正是在传承性的血缘和变迁性的地缘的互动下，实现了强有力的族群、村落的认同与凝聚，和睦相处、团结友爱、相互扶助的社区秩序与价值观念得以呈现出来。

五、文书价值

近年来，随着有关锦屏文书的一系列科研成果刊行出新，文书成为重要的学术研讨会的焦点议题；高层次的科研项目立项数量不断增多，其巨大的价值已为学界所知。在苗埂村落发现的这批民间文书不仅扩大了锦屏文书的分布地域，而且将弥补目前为止锦屏文书中族群边缘地带较少发现的缺憾。这些文书具有极高的历史文献价值，特别为我们研究清代中叶以降边缘族群社区的族群关系和社会经济文化的发展与变迁，以及村落混农林模式的生产关系、生态环保状况提供了宝贵的历史资料。具体而言，其价值主要有两个方面。

其一，这批文书是研究边缘族群社区社会经济文化的发展与变迁和族群关系的原始材料，对构建和谐稳定的社会秩序与民族关系有启迪参考的价值。随着清水江流域的林业经济兴起后，处在族群边缘地带的苗埂村落也被卷入其贸易体系中，铸就了村落社会300年的发展变迁史，苗埂人在历史上日常生活的基本样态，是在锦屏文书的见证下折射出来的。在这个长时段中，族群边缘地带的社会形态能够延续至今，得益于锦屏文书所附带出来的"契约型社会"①的社会规范与秩序，也是在"契约型社会"的运转之下，形成了苗埂人民诚实互信的良好社会风尚，大量白契的存在便是最好的解释。同时，边缘地带的族群也深刻地领悟"契约精神"，懂得用锦屏文书来保护自身的利益，前文所引用"革除贼子字""戒约字"等文书即为例证。不可否认，族群关系、村落内部不同宗族之间的关系是边缘族群社区团结友好、和谐进步的关键。经过宗族、族群认同和凝聚后的乡村权力得到扩大，并且制度化和规范化，逐步衍变成一种"村落自治"的模式，有效地化解了各种内部矛盾，边缘社会态势更为稳健，这诚然为一种有效的互动。更高层次则是锦屏文书所反映的国家法与民族习惯法之间的二元互动模式，这是"村落自治"得以实现的保障。这对于当今处理好民族地区的纠纷和不同民族之间的关系还存在普遍的适应性，对于多族共生、地处边缘区域的和谐社会建设、社会经济发展有着不可忽视的启示作用。

其二，这批文书体现了在混农林生产模式下苗埂人民与自然和谐相处的生态智慧结晶，对当今生态环境保护和生态文明建设具有借鉴的价值。苗埂社区较高的森林覆盖率完全得益于先民们"挖山

---

① 徐晓光：《款约法：黔东南侗族习惯法的历史人类学考察》，厦门：厦门大学出版社2012年版，第240页。

栽山，开砍砌田"的生计传统，以及"林粮间作"的生产方式。可以说从十八世纪中后期起直至今日，虽有"坎坎之声，铿訇空谷"①的繁华，但三百年来砍不败的青山，更未造成生态灾变，这样的生态环境得以维护的历史根基就是锦屏文书。林木贸易的繁荣，大量市场需求的刺激，带来的是人工营林的兴起，促进了林业生产关系的发展，这就孕育了一个关键的群体"栽手"②。当山场"木植坎尽"，需要"招人栽种"，前往应聘的"栽手"与山主达成"言定本年上山栽种，决于五年之内栽完，佃到界字之内不得荒抚（芜），合众人等心平意愿并无压逼情节，亦无翻悔异言"的协议，可在"日后木植栽成长大，日后砍伐作为二大股均分"，又有过了八年才"招栽圆满"，可能十多年才完成此次人工营林的过程。③ 由于山林的成材期较长，植树三到五年之后，杉木才进入根基扎稳、逐步生长的阶段，此时"栽手"需要及时地清除林区内的杂树和藤草，以免影响杉树生长，并要做好防火防盗的工作，④ 还要对未成活杉木给予补栽，保证单位面积的杉木数量。正是在"栽手"在养林和护林的辛勤劳作下，特别是对林地的连片经营，促使生态维护可以发挥很好的效益⑤。这种良好的生产方式的循环与衍化，无论是"借土养木

---

① （清）爱必达：《黔南识略·黔南职方纪略》，杜文铎等点校，贵阳：贵州人民出版社1992年版，第177页。
② "栽手"是清水江流域林业生产关系下的产物，大致有两类：一类可能是山场主本身，自食其力经营自己的山林；另一类就是真正意义上的"栽手"，相当于雇农或佃农，投入劳动力和生产技术于山林，以此参与分成，还可以在山林间作农作物，即"种粟栽杉"。
③ 第一份租佃契约文书系民国六年（1917）十一月初八日立契，第二份买卖契约文书为民国十五年（1926）十一月十八日订立，二者均藏于苗埂村鄙几寨张昌朝家。
④ 梁聪：《清代清水江下游村寨社会的契约规范与秩序——以文斗苗寨契约文书为中心的研究》，北京：人民出版社2008年版，第53页。
⑤ 罗康隆：《从清水江林地契约看林地利用与生态维护的关系》，《林业经济》2011年第2期，第13页。

蓄禁拾伍年"① 的封山育林方式，还是卖田契约中特别提出农田周围"杉木杂树在内"② 的批注，都可以看出重视林木资源保护生态环境的举措。不仅如此，苗埂人还将这种生态智慧波及开来，各寨广泛培育风景林，③ 现在村境内还依稀可见许多参天古树，形成了一个"绿野青山"的茫茫林海之地。在这样的人居环境中，森林不仅起到了涵养水源、美化环境的作用，也为边缘地带扩充耕田提供了一定的水源保障，实现了林业和农业的一种互动。锦屏文书作为生态智慧的载体，其所展示的维护生态环境和人类的可持续发展的视角可以为当下的生态文明建设提供历史的借鉴。

---

① 此卖杉木契约文书现存放于苗埂村苗埂寨张明锡家，为民国十年（1921）七月十三日立契。

② 此卖田契约文书现今存放在苗埂村鄙儿寨张昌朝家，于宣统元年（1909）六月廿六日立契。类似的文书还有十多件，这不仅仅是维护地权的需要，也是为农、林地间的合理利用做铺垫。

③ 苗埂村落森林植被茂密，2002 年之前，从乌下江边往上瞭望，几乎看不到有建筑物的存在，这归功于寨前村后的风景林。

凡 例

为了便于阅读和利用这批珍贵的家族文书，校释者本着忠实于文书原貌的宗旨，对文书进行了识别、录入、校对与考释，遵循的基本原则如下：

一、释文一律采用规范简体汉字，加上现行标点符号。

1. 讹字、省笔字照录，再将正字用圆括号（ ）标出置其后。如：侯（族）、忠（中）、圆（园）、却（脚）、殳（股）、艮（银）、厶（亩）、毛（毫）等。

2. 异体字及手写的草书、俗体或缺笔字、符号代表字等，径改为正字。如："乕"作"纸"、"坴"作"丘"、"悮"作"误"、"卜"作"分"、"弌"作"贰"、"圡"作"土"、"斈"作"学"等。

3. 文书中用"乙"表示数字"一"，照录。两个数量词或数目字之间的"零"，在文书中有时写作"〇"，照录。年代或数量词中的大写数目字，照录，如"乾隆伍拾壹年""壹拾七千二百八十文"等。

4. 合文组成的俗字，径释为代表其意义的正字。如："艰"释为"纹银"。"飱"，释为"火食"。

二、文书中的遗漏或脱落处，根据当地文书的书写习惯、格式及联系上下文可以确定的字，用方括号 [ ] 补出。如"名 [下] 承买为业"。但一般不随意添加文字，以尊重原文。衍字用大括号 ⦃⦄ 表示，如"三年⦃年⦄"。

三、文书中被删除的文字，原则上不录。图像残缺或漫漶时，用"□"标示所缺少的字；笔画残损但仍可辨识的字，在其外加方框，如"脚⊡谷⊡"。脱落、缺失的字数不确定时，用▭标示。

四、正文的人名中有省略第二字的，依序补出，如"张光隆、凤"录为"张光隆、光凤"；落款的人名中如有省略，则补全其姓名，如"张国珍、光忠、隆、志"依次录为"张国珍 张光忠 张光隆 张光志"。

五、文书中的"半书"（半边字），通常出现在正文的末尾，照录原文，并在其后标注"（半书）"。

六、文书中的画押符号和印章，分别用"（押）""（印）"注明。

七、原文书基本为竖写，录入时横排（个别账单、票据除外）。

八、根据原文书中的"字、契、字约、约、合同、书、据、禀"等提法来确定文书类别。文书题名采用"（公元纪年）文书订立时间+事主+主要内容+类别"的格式，以时间先后为序编排。文书中未标明具体时间且无法推断时间的，题名中标记"（时间未详）"，依大致年代范围排序，或列于同类文书末尾。

九、人名、地名、特殊用语及其他需考证说明之处，在第一次出现时出注。如："下凄寨伍，古婆洞十寨之一，即今锦屏县启蒙镇巨寨村寨伍寨。"

目　录
CONTENTS

01

第一卷

张明锡家藏卷

001.（1786）乾隆五十一年正月十八日张永贵断卖山场与马庭书约[1]

立断卖山场约人本寨张永贵，为因家下缺少银用无出，先进（尽）房侯（族），无人承买，自愿请中相（上）门问到本寨马庭书名下承买为业。坐落地名八归荣对面山壹块，上凭领（岭），下凭永吉与上[2]，上凭冲，下凭淇（溪），四至分明。当日凭中言定断价银壹两陆钱整，入手领回应用。其山场杉木自卖之后，恁从[3]买主修理，长大发（伐）卖，大少（小）不记株数，日后不许房侯（族）外人相干。如有此等，俱在卖主一面承当，不关买［主］之事。一卖一了，二卖子收（休）。今恐人信难凭，立此断约，子孙永远耕种管业存照。

内添六字。

凭中　朱登贵　二分[4]

代笔　张有相　二分

乾隆伍拾壹年正月十八日　立

注：

（1）此卷前11件文书加后《（1921）民国十年十一月二十一日杨昌梅、杨昌云等分阴地合同》共12件文书，于1930年代从今锦屏县启蒙镇巨寨村老寨位移至苗埂村苗埂寨藏存。

（2）与上，即以上，锦屏地区方言中"与"和"以"音相近，容易混用。

（3）恁从，即任从。后文中"恁凭"即任凭之意。

（4）"二分"为凭中的"中人钱"，后之"二分"为代笔的"笔银"，均指交易活动中第三方中间人的报酬。

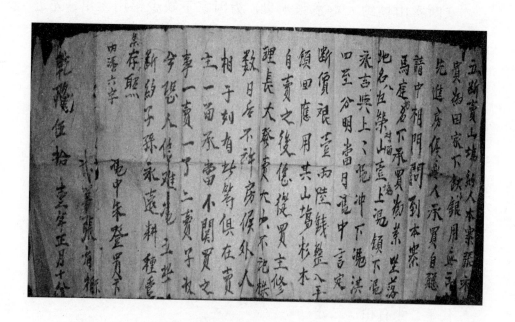

002.（1793）乾隆五十八年六月十五日杨有能断卖杉木山场与龙畴武、龙老路字［附：（1814）嘉庆十九年五月初五日杨必华断卖杉木山场与龙纯禧约］[1]

立卖杉木山场字人礼具村[2]杨有能，为因年荒无措，自愿将孟美残共山分内所占半股出卖与龙畴武、老路二人名下承买为业。凭中议定价银七钱整，入手收回。自卖之后[3]

乾隆五十八年六月十五日

龙世功　笔

凭中　杨有文

外批：此山系是二十四股，有能与有文共乙股。

立断卖杉木山场约人下婆洞[4]礼具村杨必华，为因日食不足，无所出处，自愿将土名孟每唐山半股出断卖与玉泉村[5]龙纯禧名下承买为业。当日凭中议定断价纹银八钱整，亲手领回应用。其山自卖之后[6]

嘉庆十九年五月初五日　立

凭中　杨士举　杨芳

代笔　龙惟盛

还脚禾[7]

注：

（1）一纸文书写两份契约，多是在老契纸张上直接书写新契，表明权属变更。

（2）礼具村，又名"苗具村"，即今锦屏县启蒙镇巨寨村，意为苗族人居住的寨子，距离苗埂村17公里。

（3）自卖之后，此句下无正文。

（4）婆洞，指的是古婆洞十寨，明清时为一个侗族款组织，在今锦屏县启蒙镇中部地区，侗语直译为长满白瓜的大寨子。以婆洞河寨伍寨门口的盘兴塘为界，以上者蒙、边沙、流洞、者楼等寨为上婆洞，以下为下婆洞，包括寨伍、八教、巨寨等寨。

（5）玉泉村，即今锦屏县启蒙镇玉泉村，因寨中有一口清泉而得名。明清时与丁达、三合等村寨合称为腊洞，亦为一个侗族款组织，距巨寨村5公里。

（6）其山自卖之后，此句下无正文。大致可推断，这份文书可能是草契。

（7）还脚禾，清代黔东南地区汉苗之间发生借贷关系时，因苗人没有银子进行偿还，只能"以禾准银"，俗称"脚禾"，这里是指以糯禾折算断价银。

立卖杉木山塲孚人礼昊林杨有能为因年兇无措仑顧拵壺美蕫共山分内所占半股西壺蕫吴

龙畤武志路二人纠下承買为业恳中議定價銀七錢整入手扙四有賣之後

乾隆五十八年六月十五日　龙世功筆　见中杨青文外批此山係是二十四股有能喚有文吳一股

立劯賣杉木山塲約人下凄洞礼昊村杨必華为同日食不足無政五处自恵扵土名盂每唐山

半股五断賣凌玉泉村龙純禧名下承買为业当日见中議定断價退八錢整亲手領四尻

用共山自賣之後

嘉慶十九年五月初五日立　　见中杨士華　杨芳　代业龙惟盛　　还脚禾

7

003.（1815）嘉庆二十年四月初七日杨起忠父子
卖茶山与杨万恁、杨士通字

立卖茶山⁽¹⁾约人本寨杨起忠父子，为因缺少费用无所出处，自己愿将高墨茶山乙块，上凭盘，左右凭岭，下凭田坎上，四至分明，出卖与杨万恁、士通二人名下承买为业。当日凭中议定价银壹两陆钱整，亲手受（收）回应用。其茶山自卖之后，恁凭买主管业。恐后无凭，立此卖字为据。

内批：此茶山君楚乙股卖与士通乙人管业。王化清笔。

　　　　龙朝陞

凭中

　　　　士荣

代书　在礼

嘉庆贰拾年四月初七日　立

注：

（1）茶山，此处指的是茶油树山林。

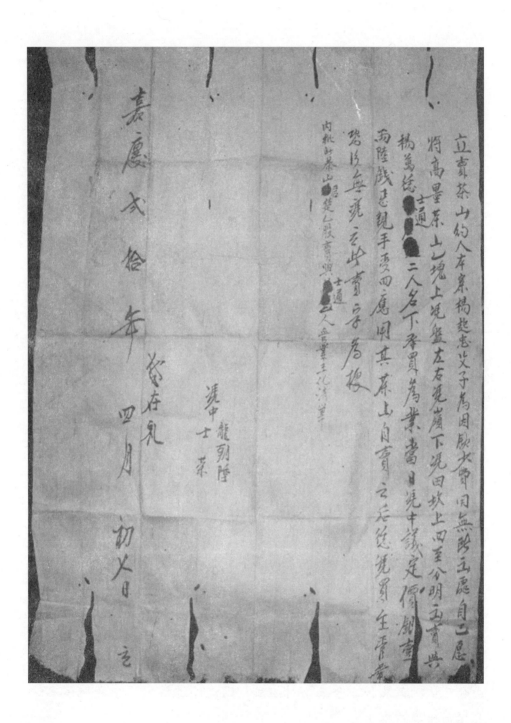

立賣茶山約人本案楊趙憲弐子為因欠乏費用無可弐處自己愿
將高量茶山壹塊上凴藍左右凴嶺下凴田坎上四至分明五賣與
楊為總 ●● 士通 ●●●● 二人名下承買為業當日凴中議定價銀壹
而陸戲是親手交四應明其茶山自賣之后憑凴買主管業
恐後無憑立此賣字為據

淒中　士菜
　龍剝隆

內批此茶山●●●●士通　人●●●●●

嘉慶弍拾年　答存氣　四月初火日　言

004.（1816）嘉庆二十一年十月初三日张有陆断卖山场杉木与龙德滨约

立断卖山场地杉木约人下婆新寨[1]张有陆，为因口粮不足无所出，情愿将自己祖山之业，坐落地名扒苦溪口山场乙块，上坪（凭）张志成之山与下为界，下坪（凭）桥头坑为界，左坪（凭）溪，右坪（凭）岭，四至分明，凭中出卖与蜡洞[2]小冲龙德滨名下承买为业。即日凭中说合，议定价银陆钱整，亲手领回应用。其山场杉木自断之后，恁凭买主耕管修理，日后不许内外人相干，此情卖主理落，不关买主之事，乙卖二了，永无异言。今欲有凭，立此断卖山场杉木永远子孙管业存照。

外批：约内杨映辉地主占大股，杨必照、张有六二人地主占大股，栽主杨映辉系贰股均分。

凭中　张有义

代书　张有元

嘉庆二十一年十月初三日　立契

注：

（1）下婆新寨，即"下婆洞苗具新寨"，为今锦屏县启蒙镇巨寨村新寨寨。

（2）蜡洞，即腊洞，侗族称为镇腊。明清时为一个侗族款组织，由今丁达、玉泉和三合三个村组成，因流淌过该地区中的腊溪河边长满白蜡树而得名。

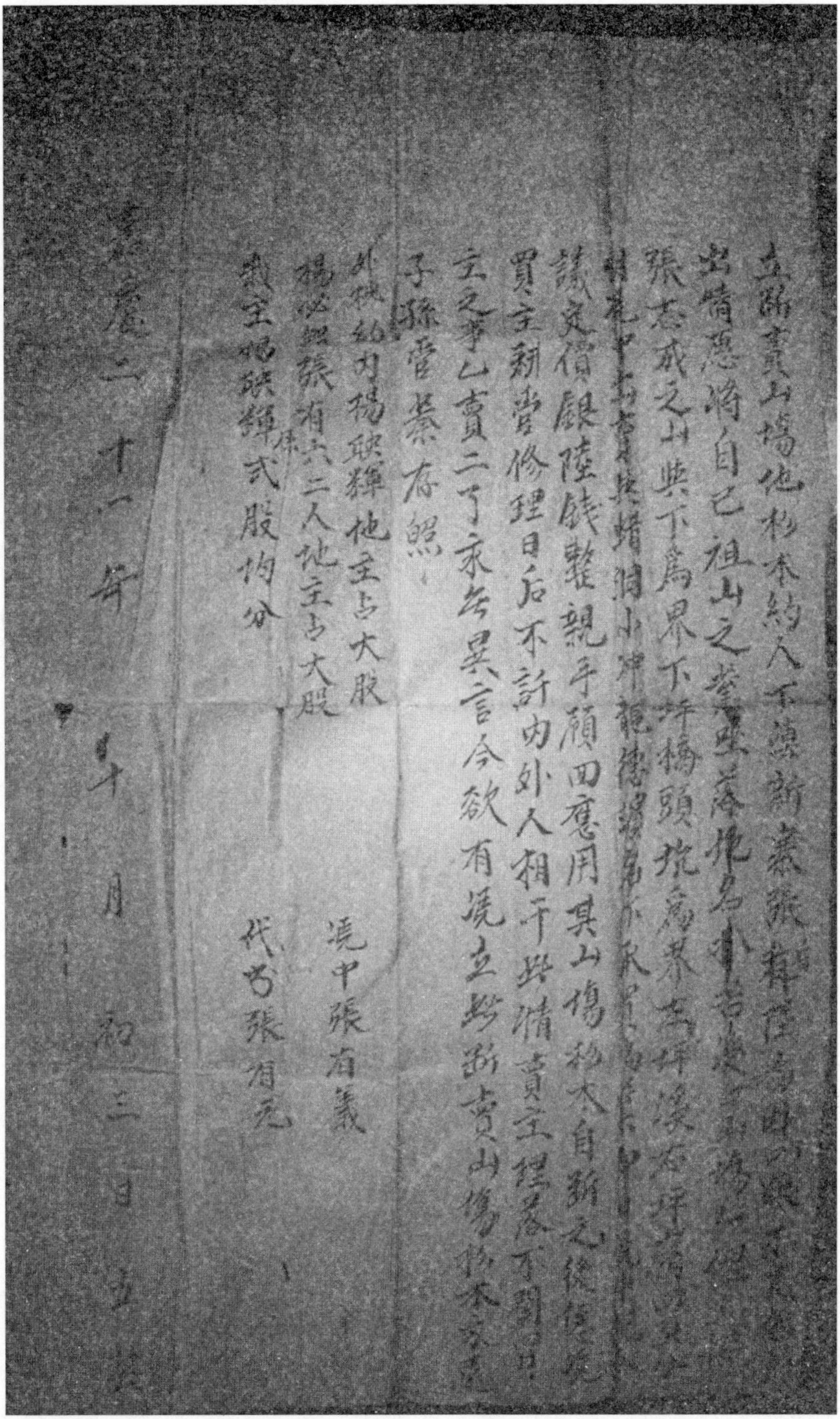

立斷賣山場地杉木約人下凉新寨張有官為因[illegible]
出情愿將自己祖山之坐落地名小[illegible]
張老成之山與下為界下抵橋頭抵為界左抵[illegible]
[illegible]
議定價銀陸錢整親手領回應用其山場杉木自斷之後任從
買主剎登修理日后不許内外人相干此清賣主理落不關買
主之事山賣二了永無異言今欲有憑立此斷賣山場杉木[illegible]
子孫管業存照
外批[illegible]
[illegible]張有六二人地主占大股
[illegible]式股均分

憑中張有義
代筆張有光

[illegible]慶二十一年十月初三日立

005. （1821）道光元年七月初十日杨起显佃栽杨万恁、 杨万葵等弟兄山场合同

立合同字人下婆（婆）寨伍[1]杨起显，佃哉（栽）到具寨杨万恁、万葵、万清弟兄山场乙块，地名巴归愁屋佩（背）后风（枫）木领（岭），为因先年所哉（栽）之木出卖与欧仕朝名下承买为业。上凭炳魁佃哉（栽）之木为界，下凭盘为界，左凭吉辶为界，右凭领（岭）起梅、口身之木，四至分明。日后长大法（伐）卖，贰股均分。恐后无凭，立此合同为据。

代笔　吴太华

立合同为据（半书）

道光元年七［月］初十日　立

巴归愁合同

注：

（1）下婆（婆）寨伍，古婆洞十寨之一，即今锦屏县启蒙镇巨寨村寨伍寨。

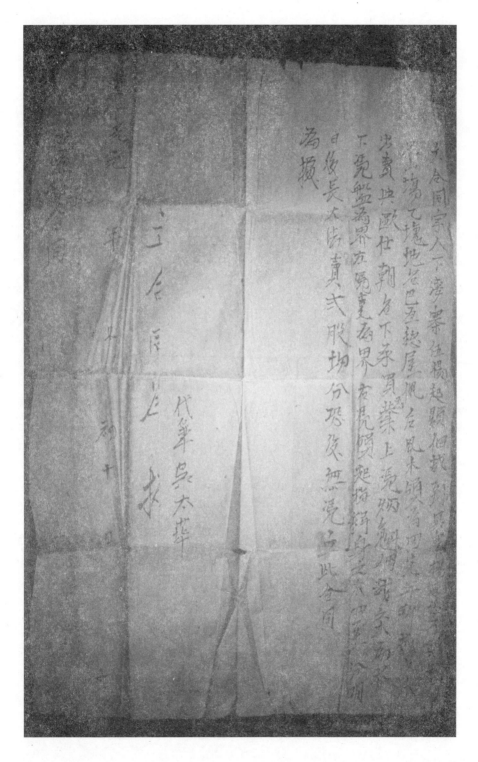

006. （1822）道光二年二月十六日杨文恒、杨文荣兄弟断卖山场杉木与杨在松、杨万任约

立断卖山场杉木约人寨恍[1]杨文恒、文荣弟兄二人，为因家下缺银用无出，自愿将地名杉木盘杉山乙股，出卖与具寨杨在松、杨万任二人名下承买为业。当日三面凭中议定价银捌钱整，亲领回家应用。其杉山自卖之后，恁从买主子孙管业，卖主不得异言。恐后无凭，立此卖山场一纸永远存照。

外批：内添六字。

凭中　万恁

文荣　亲笔

道光贰年二月十六日　立契

注：

（1）寨恍，即者晃，为古婆洞十寨之一，即今锦屏县启蒙镇巨寨村者晃寨。

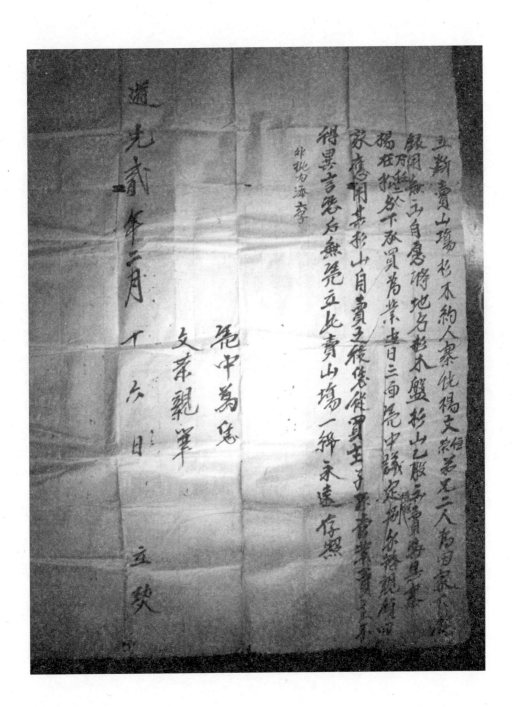

007.（1823）道光三年六月二十六日张昌元
断卖果脉山山场与龙起璋字

　　⚊山场杉木人张昌元，为因家下缺少银用无所得处（出），自愿将到坐落土名果脉山，上凭迁凤田角水路以上为界，左凭下毫（壕）为界，右凭茶油地垠（埂）为界，上凭沟头下为界，四至分明，请中上门问到玉泉村龙起璋名下承买为业。当日凭中言定价银一两整，亲手收回应用。其山场杉木自卖之后，恁从买主修理管业，卖主不得异言。日后族内兄弟不得争论，如有争论，俱在卖主理落，不干买主之事。恐后无凭，立此断卖山场存照。

　　凭中　杨在松
　　代笔　欧阳口广
　　道光三年六月二十六日　立

008. （1823）道光三年七月初九日杨再直、杨光发父子卖杉木与龙际亨、龙起章约

立卖杉木约人杨再直、子光发，为因缺少费用无所得出，自愿将到岑学园坎上杉木乙块，上凭盘路以下，左凭岭，右凭冲。又将冲罢洞杉木一块，上凭岭，下凭冲，上凭万寿之山为界，下凭龙克明之山以下为界，四至分明，请中出卖与龙际亨、起章名下承买为业。当日议定价银六两捌钱整，亲手受（收）回应用。其杉木自卖之后，恁从买主畜（蓄）禁管业，日后长大发（伐）卖，卖主不得异言。倘有此情，俱在卖主一面承当，不关买主之事，永无异言。今恐无凭，立此卖杉木为据。

外批：岑学之山二大股，杨万清一大股，在富、在直一大股，出卖本名一小股。又冲罢洞此山二大股，栽主一大股，地主五家一大股，出卖本名系小股。

        杨方

凭中

        杨在松

道光三年七月初九日　亲笔　立

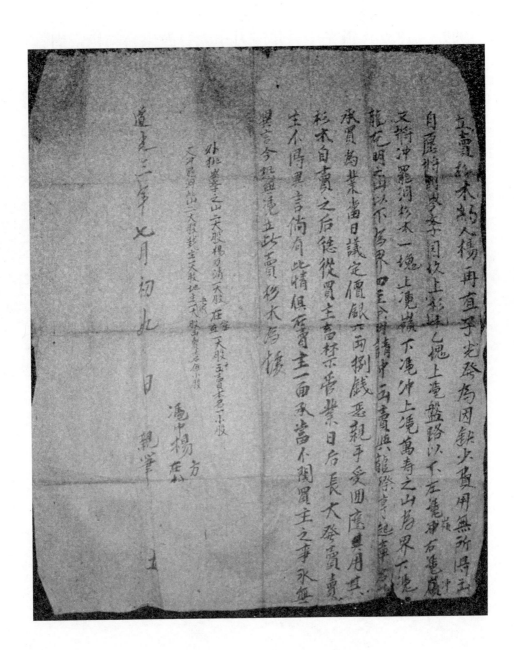

立賣杉木約人楊□再直苧光癸為因缺火貴用無所得玉
自□特刖契苧因攺上彩妹乙塊上凴盤路以下左凴申右凴□
又將沖罷洞杉木一塊上凴嶺下凴沖上凴萬寿之山為界下凴
龍在明元山以下為界□玉□請中囙賣與龍樂章起掃與
承買為業當日議定價銀六両捌戲惡親乎受囙隨卽用其
杉木自賣之后德従買主壽柈營業日后長大發賣賣
主不得異言倘有此情俱在賣主一面承當不関買主之事永無
異言今經凴立此賣杉木為據

外批塟苧之山六天股楊万潇天股　在立天股玉賣本名二示股
天苧罷洞九山二大股錢玉天股地主□聲當柈名□示股　方
　　　　　　　　　　　　　　　　　　　　凴中楊　在村
道光三年七月初九　日　親筆　　玉

009. （1831）道光十一年三月十六日龙宗言与杨宗周、杨万恁等分股合同

立合同字人龙宗言，今修倒（到）杨宗周、万恁之山土名孟围，二比双仪（商议），分于拾股，龙宗言占三股，宗周、万恁二人占七股，修理挖蒿（薅）之人不得为误。如有为误，分厘不占。恐后无凭，立此合同二纸为据。

外姚（批）：宗周弟兄占一股，宗耀、光月占一股，秀通、秀方占乙股。栽地分六股，栽占三股。

代笔中　德远

立合二纸（半书）

道光拾一年三月十六日　立

010.（1831）道光十一年四月初二日杨士通、杨士遗等卖杉木与朱君楚约

立卖杉木约人下婆老寨[1]杨士通叔侄四家，士遗、士和、在直、光尧弟兄，在礼、万兴、在奇弟兄五家，为因费用无所出处，自愿将到归荣杉木一块，上凭荒坡，下凭溪，左凭寨恍之山，右凭小毫（壕），四至分明。此山土栽共记一百六十根，今将名下之木四十根出卖与朱君楚名下承买为业。当日三面议定价银壹两〇伍钱整，亲手领回应用。其杉木自卖之后，恁凭艮（银）主嵩（薅）修畜（蓄）禁管业，卖主不得异言。倘有此情，俱在卖主一力承当，不关〔买〕主之事。日后长发（伐）卖土退。今恐无凭，立此卖杉木一纸存照。

外批：此山木一百六十根，分作四股，栽主二股。万仅、在林共土主一股，名下五家土主一股出卖。

凭中　杨万仅

亲笔

道光十一年四月初二日　立

注：

（1）下婆老寨，即"下婆洞苗具老寨"，为今锦屏县启蒙镇巨寨村老寨寨。

立賣杉木約人下溪老寨楊士通叔侄四家土邊在直

光堯弟兄在礼萬與在高弟兄五家為因費用

無所正處自願將到住荣杉木一塊上溪蔬梗下

溪在溪寨光之山若溪小高四至分明此山土我等

記一百六十根今將名下之木四平根正賣與朱君楚

名下承買為業当日三面议定價銀壹兩。伍錢憑

親手領回應用其杉木自賣之后徔溪良主崇修

高禁各管各業賣員主不得異言倘有此情俱在賣

主万承当不關主之事自后長發賣員土退今還

無溪立此賣杉木一絲存眼

外批此大侑一根分作四股我妻腹滝中楊萬伙

万伙在林其土主一股名下五家土殿一股丙賣　親筆

道光十一年　四月初二　日　立

011.（1880）光绪六年三月初四日龙恩贵对
杨光廷等承认主地方佃种字

立承认主地方佃种字人天柱县人龙恩贵，兹因自天柱以来，初至黎平所属小地名铜鼓坡居住，主家具寨杨光廷等佃栽山场拖种度日。蒙主家所让，其有坐屋前后左右尽系主家山坡。惟恐年去年来，所出不堪乱子，妄占主家山场。故因此等情端，我等所住之户（父）老自愿登门出具承认：乙不得生端借故，二不得私招外人。如有此情，恁凭众主赶除（逐）别地。今恐人信难［凭］，立此承认主佃栽字为据。

　　凭中　杨昌举

　　笔中　杨治盛

　　光绪六年三月初四日　　立

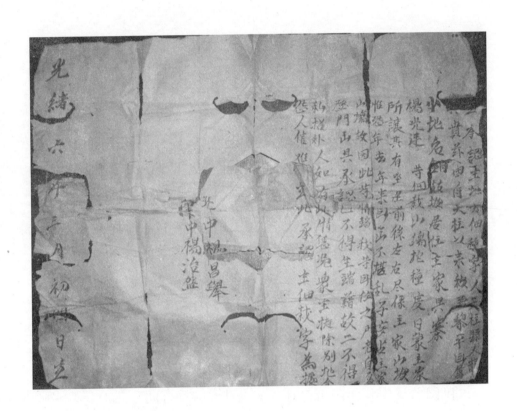

012. (1918) 民国七年正月二十二日杨明庆、
张国兴等分山合同

立分合同字人苗埂寨杨明庆、龙德盛、张国兴、蒲新才、蒲新成所共之山地名小苗光寨[1]右边总颈[2]山乙所。龙文远、龙文相、龙德和、姜吉盛四人佃到读（独）田坎 上 山乙股，上凭坊（荒）坪，下凭读（独）田，左凭冲，右凭冲，以上至丿坡所栽为界，四至分明。日后木植长大，贰大股均分，土占乙大股，栽手占乙大股。倘有栽手乙大股出卖，先向土主，二比不得异言。恐后无凭，立此分合同贰纸发达存照为据。

   吴朝陛

凭中

   赵志元

代笔 杨应琳

民国戊［午］年阴历正月二十二日[3] 立合同

立分合同贰纸，各执壹纸（半书）

注：

（1）小苗光寨，即今锦屏县固本乡瑶里村小瑶光寨，与苗埂村隔乌下江相望。

（2）颈，锦屏方言读 jiǎng，为山脉的鞍部之意。

（3）"戊"下脱一"午"字。第二卷张明彬家藏文书中有与此内容相同的一件文书。

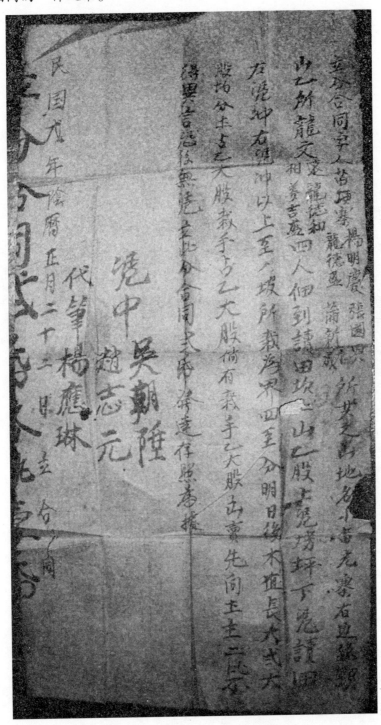

013.（1920）民国九年三月初二日
杨达林允期回帖婚书⁽¹⁾

证书

大德望杨府叩亲家老大人阁下启。

伏以奇（苟）陈德重，应符太史之占；五蒙门高，不负人伦之鉴。喜三星之在户，卜五世以其昌。恭惟亲家大人门下熙朝逸老、盛世乡云，渊停（渟）岳峙，濬哲而长发其祥；武纬文经，蕴隆而时潜其用。幸沾晖吉，遂沐□波。以令嗣吟风对月之财（才），素称璠玙⁽²⁾，媿小女浣絮针之陋，有以（忝）频（颦）繁（蘩）。乃辱高明，不遗葑菲，恭承雁锦之隆，重荷鱼书之赐，光生蓬荜，喜溢门楣。伏冀鸾［声］翙翙，齐彩翼 以 和鸣；麟趾振振，绍书香于奕业。恩深覆祷，感镂环佩，临楮曷胜庆幸瞻依之至。谨启。时

才

凭族　杨达

远

德

达

正

舅父　杨举朝

姑父　杨老贵　林老安

襟兄　杨老高

主婚　杨达林

民国庚申年三月初二日

眷姻弟　杨达林　立正

注：

（1）这份允期回帖婚书，即是允婚帖，与民国四年（1915）在商务印书馆出版的徐珂编《酬世文牍指南》一书中"女家允期回帖（繁式）"的程式相同，内容上也较为相似。

（2）璠玙，喻指美德或品德高洁的人。

014. （1921）民国十年三月初八日龙月兰
断卖田与张光明字

立断卖田字约人乌有村[1]龙氏月兰，为因缺少用费无处得出，自愿将到地名砂子田，田三丘，约谷三百贰，代粮三斤[2]，凭中出断卖与苗埂寨张光明名下承买为业。当日凭中议定价钱叁拾乙千零八百文整，亲手收回应用。其田自卖之后，恁从买主耕种管业，卖主内外人等不得异言。恐口无凭，立有断卖存照为据。

外批：内添二字。

代笔　龙先和

凭中　蒲新仁

民国辛酉年三月初八日　　立

注：

（1）乌有村，即今锦屏县启蒙镇苗埂村乌友寨。一说因距离乌下江较近，清代民国时期往来之人常常憩息于此，故称"乌友"。乌友寨距苗埂寨1.5公里，民国时二者同属于雄黄保五甲。现为苗埂村第四组，居住在此的全部为蒲姓族人。

（2）代粮三斤，指的是该处田产三斤的田赋税额转入买主手中，代为上纳。

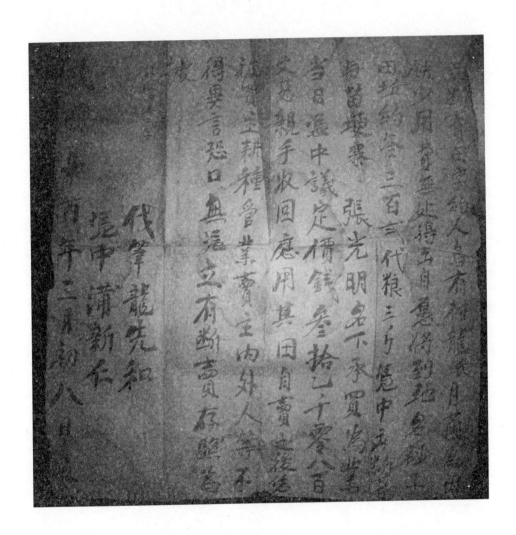

015. （1921）民国十年六月初八日姜晚福断卖山场并土与张国兴、张光明父子字

　　立断卖山场并土在内字人姜门张氏晚福，为因缺少钱用无出，自愿将到土名乌有盘路坎下山乙块，此山分为拾股，本名占乙股。又与赵辛酉连共乙块，此山分为八股，本名占乙股，凭中出卖本名之股与堂兄张国兴、子光明名下承买为业。当日凭中议定价钱叁千〇八十文整，亲手收用。其山自卖后，其有界限照依老约管业，卖主不得异言。恐后无凭，立此永远发达为据。

　　中笔　张国栋

　　民国拾年辛酉六月初八日　立

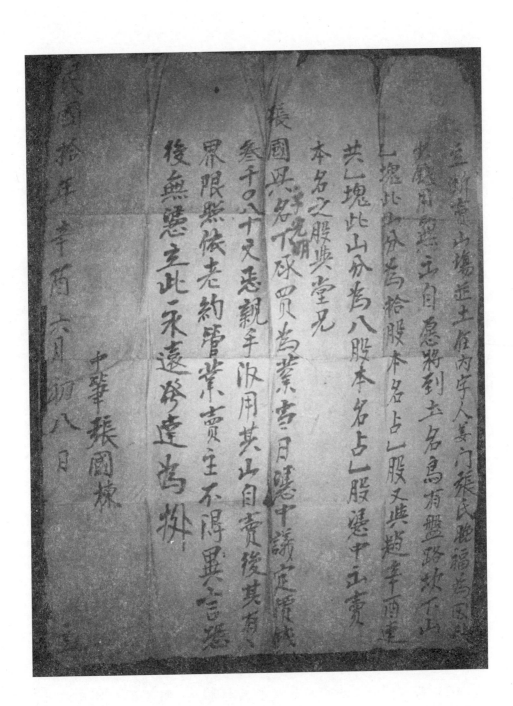

立断卖山塘连土人为字人姜门张氏胜福为因

兴废用銀立自愿将到土名鸟有盤路坎下山

一塊此山分为拾股本名占一股又兴趙辛酉連

共一塊此山分为八股本名占一股選中五卖

本名之股兴堂兄

張國興好光明承買为業当日憑中議定賣戌

叁千○八十文思親手汉用其山自賣後其有

界限照依老約管業賣主不得異言憑

後無憑立此一禾遠弢違为拌

中華張國棟

016. （1921）民国十年七月十三日杨老引、张乔生母子断卖杉木与杨应周借土养木约

　　立卖杉木约人苗埂张门杨氏老引、子乔生母子名下，因费用无出，自己愿将党都⁽¹⁾盘路上之山分占乙副（幅），上凭顶，下凭盘路，左凭冲，右凭岭，抵国兴之山，四至之内刁（挑）选头木⁽²⁾拾伍株，出卖与扣黑村⁽³⁾杨应周名下承买为业。当日凭中议定价钱二仟七百四十八文整，亲手收用。其杉木自卖之后，恁从买主修理管业，借土养木蓄禁拾伍年⁽⁴⁾，侯木砍尽，土归原主，卖主不得异言。倘有不清，俱在卖主理落，不关买［主］之事。恐口无凭，立此卖字是实。

　　中笔　张国栋

　　民国拾年辛酉七月十三日　　立

（文书背面）
买张乔生党都盘路上杉木十五株，刁（挑）选头木禁十五年。

注：

（1）党都，为苗语地名，是大山间的平地之意，该处梯田乃是苗埂寨主要产粮区，距离苗埂寨不到1公里，民国后期尚有黄姓族人到此居住。

（2）头木，即山场中又大又长的杉木，一般在圆周4尺以上，长度在6丈以上。与之相对应的称为"脚木"，一般在圆周2尺以

下，长度在 4 丈以下。

（3）扣黑村，即今锦屏县启蒙镇苗埂村扣黑寨。一说因杨氏入住时因此地植被茂盛、遮天蔽日而被"扣留"至此，故有此称；另一说扣黑为侗语地名，为多树木的山坳之意。扣黑寨距苗埂寨 2.5 公里，现为苗埂村第一组，居住在此的全部为杨姓族人。

（4）这里的"借土养木"是清水江地区一种较有特色的林业生产关系，一般就是借用他人的土地，将自己尚未成材的中幼龄林木蓄养成材，一般是 10-20 年不等，待将木材采伐出售以后，再将土地归还给原主人。

立賣杉木約人當墺張門楊氏老引子喬生母子名下因費用

無出自己愿將壳都盤路上之山分占山副上憑頂下凳盤

路左凳冲右嶺抵園與之山四至之内才遷頭木拾伍株立賣

與扣黑村楊應周名下承買為業當日憑中議定價錢二仟

七百四十八文憑親手波用其杉木自賣之後憑継買主

修理蓄業借土養木蓄藥拾伍年候木砍盡土左原生賣

主不得異言倘有不清俱在賣主理落不與買之事恐口無

憑立此賣字是實

中筆張國棟

背面：

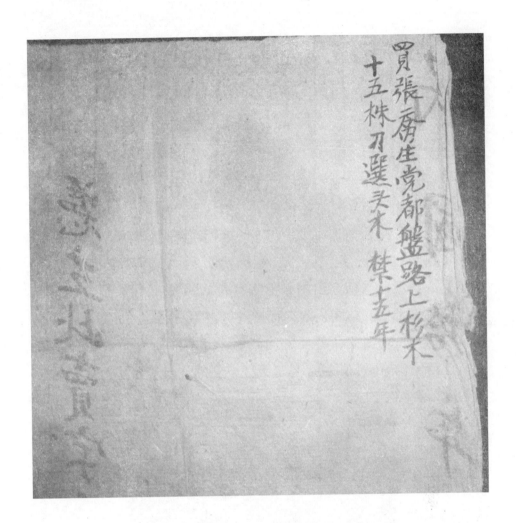

017. （1921）民国十年十一月十三日杨昌梅、
杨昌云等分阴地合同

　　立合同字人本寨杨昌梅、昌云、昌智、光富、光远、光荣、胜先、胜德、再镒等，承局长杨昌云[1]因选举公事赴王寨锦屏城，路过孟波，观看此处地形来龙[2]甚好，回家通知我等约齐登山观览，乃确实壹形上地也。语云："吉人葬吉地，岂有恶人葬吉地耶？"故我等仝心合意，当即登山阴号上牌（排）贰棺、中牌（排）三棺、下牌（排）肆棺。拈阄分落，日后安葬各照分落，不得争葬，亦不得出卖他人。若要卖，务要先问我等，并不准他人上下左右强葬。倘有此情，我等同心阻论。恐口无凭，立此合同安葬发达富贵双全，各执壹纸合同字为据。

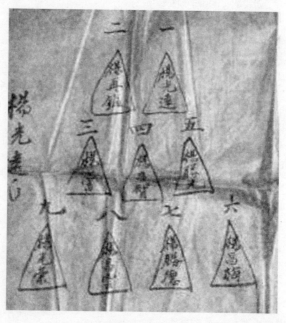

　　　　　　杨光远（押）

　　　　　　杨光富（押）

书记代笔　杨光荣（押）

局长　　　杨昌云（印）

付　　　　杨昌梅（押）执照

　　　　　　杨昌智（押）

　　　　　　杨胜先（押）

　　　　　　杨胜德（押）

　　　　　　杨再镪（押）

民国拾年拾壹月拾叁日　立

注：

（1）杨昌云，字庆武，锦屏县启蒙镇巨寨村老寨人，人称"水牛精"。早年在云南当兵，因战功升任营级军官。1917年返乡后任边沙团防分局局长，任上创设巨寨市场，并注重公益事业，组织修通巨寨、边沙、腊洞三处连通的花街道路。因推行政令与边沙强人杨胜刚兄弟等人结怨，于1924年底在巨寨与边沙大规模枪支械斗中惨败，被迫自缢身亡。

（2）来龙，旧时堪舆家以山势为龙，称其起伏绵亘的姿态为龙脉，而来龙即指的是龙脉的来源。

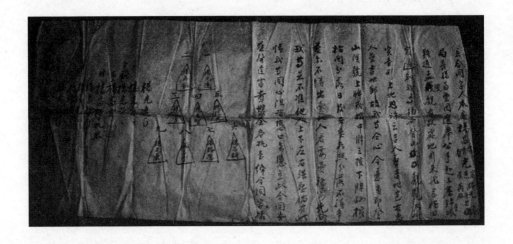

018.（1925）民国十四年二月二十一日杨华林典田与张国兴字

　　立典田字人高两寨[1]杨华林，为因缺少钱用无出，自愿将到乌有过路田坎上田四丘，共约谷三石，出典与苗埂张国兴名下承典为业。当日凭中议定典价钱捌千乙百八十文整，亲手收用。其田自典后，恁从钱主耕种管业，典主不得异言。恐口无凭，立此典是实。

中笔　张国栋

民国拾肆年乙丑二月廿一日　　立

注：

（1）高两寨，即今锦屏县启蒙镇八受村果两寨，为侗族村寨，是高山坡岭之意，距离苗埂寨2公里。

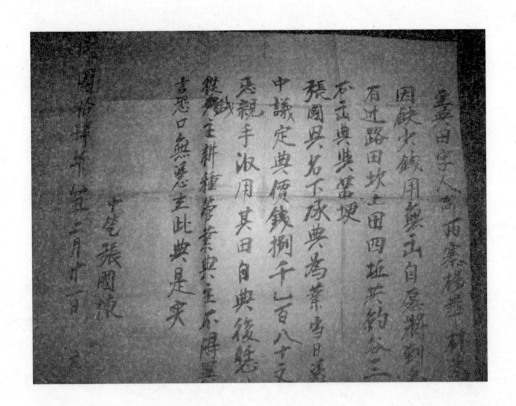

019.（1925）民国十四年八月十八日龙德和、龙德才兄弟断卖栽手杉木与张光明字

　　立断卖栽手杉木字约人小苗光寨龙德和、德才弟兄，为因缺少钱用无出，自愿将到坐地名独田以坎杉木栽手壹团，上凭瀎路，下凭田以坎，左凭文远之山栽岩[1]，右凭文相之山栽岩为界。又将瀎路以坎杉木栽手壹团，上凭小瀎路，下凭瀎路，左凭领（岭）栽桿[2]，右凭吉顺之山栽岩为界。又将冲边杉木栽手壹团，四家所共，出卖乙股与苗埂寨张光明名下承买为业。当日凭中议定断价铜钱贰拾仟零四百八十文整，亲手领回应用。其山自卖之后，恁凭买主修理畜（蓄）禁官（管）业，卖主弟不得异言[3]。倘有不清，俱在卖主理落，不关买主之事。恐后无凭，立此断卖字为据是实。

　　除乙字，添一字。

　　凭中代笔　龙安琴

　　中华民国乙丑拾四年八月十八日　立

　　注：

　　（1）栽岩，也称"埋岩"，这里仅指的是山林土地的分界桩，通过在分界线上竖立岩石以明确山林土地的权益范围。苗族、侗族又有通过"埋岩活动"解决重大纠纷制定法规规约的特殊立法方式。

　　（2）栽桿，疑为"栽碑"，即用青石竖立的无字栽岩。

　　（3）"弟"后面疑脱一"兄"字。

立断卖栽手杉木字约人小甜光寨龙海柏莫兄为团铜少钱开岳成
愿将到坐地名鼯田以坎杉木栽手車團上视邊路下视文远之山岩
岩右视文相之山栽岩为界又将邊路以坎杉木栽手車團上视小邊路下视邊
左视領栽样右视之山栽岩为界又将冲边杉木栽手車團四家所共立卖
左视領栽样右视顺之山情事順之山以
乚股與　甜硬寨張光明名下不賣為業當日凭中议定断價铜钱式拾
仟零貝四百个文悉视手領回应用其山自賣之後凭凭视賣主任理費禁
官業賣主弟不得異言偹有不清俱在賣主理落不閉買主之事恐後
说立此断賣字為憑是实

陰一字添　賣

中華民國（）丑拾四年八月十八日立
　　　　　　凭中代筆龍安琴

020.（1926）民国十四年十二月初十日张桥生断卖山场与张光明字

立断卖山场字人张桥生，为因缺少钱用无出，自愿将党都盘路坎上山一块，上凭岭，下凭盘路，左凭岭，右凭买主之山，四字（至）分明，凭中出卖与堂兄张光明名下承买为业。当日凭中议定价钱捌千一百八十文整，亲手收用。其山自卖之后，恁从买主修理管业，卖主不得异言。恐口无凭，立此卖字发达为据。

凭中　张国正

民国乙丑年十二月初十日　国栋笔　立

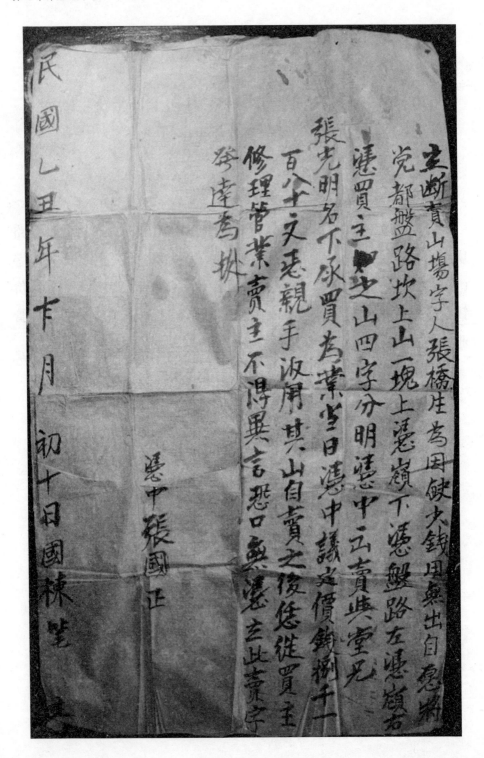

立断卖山塲字人張橋生為因缺大錢用無出自憇將

党都盤路坎上山一塊上憇嶺下憇盤路左憇嶺右

憇買主□□之山四字分明憇中立賣與堂兄

張光明名不承買為業堂日憑中議定價錢捌千一

百八十文憇親手波用其山自賣之後恁従買主

修理管業賣主不得異言憇口無憇立此賣字

騰達為㧴

憇中張國正

021.（1926）民国十四年十二月十九日张桥生
断卖田与张光明字

立断卖田字人张桥生，为因缺少钱用无出，自愿将 到 田 鞫 小 田二丘，约谷五十斤，代粮五两，凭中上门问到堂兄张光明名下承 买为业。当日议定价钱四千八百八十文，亲手收足。其田自卖之后， 恁从买主修理管业，卖主不得异言。恐口无凭，立此卖字发达为据。

中笔　张国栋

□□乙丑年十二月十九日 　押

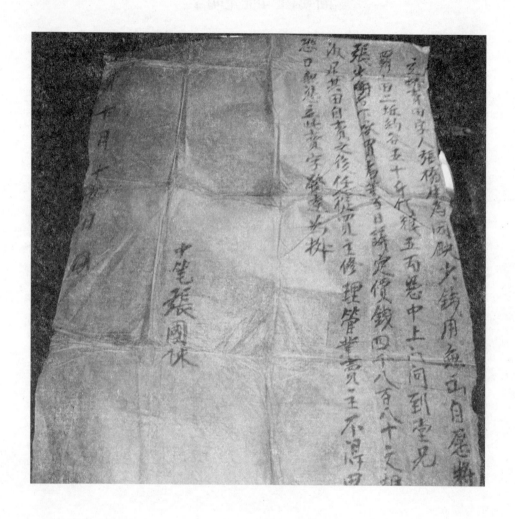

022. （1926）民国十五年二月初五日姜晚娘
断卖田与张光明约

　　立断卖田约人张门姜氏晚娘，为因缺费无出，自愿将到地名党都湾田乙丘，约谷伍石，凭中出卖与苗埂侄光明承买为业。凭中议定断价元钱[1]伍拾二千八百八十文整，分文不欠，粮照老约。其田自卖之后，恁从买主耕管为业，卖主不得异言。恐后无凭，立此断字为据。

　　外奶（批）：内天（添）乙字。

　　凭中代笔　张光忠

　　民国丙寅十五年二月初五日　立

注：

（1）元钱，即铜元。民国时贵州境内流通的多是外省铜元。

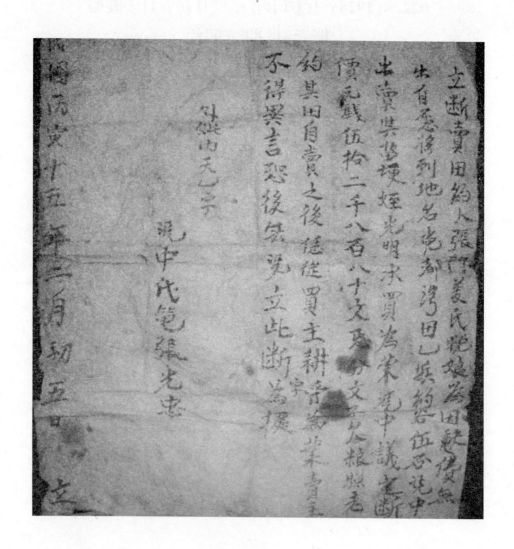

立断卖田约人张门姜氏愿将自己田缺俊无
出自愿将列地名党都湾田一坵约苍坵西说中
出卖与堂姪光明承买为業凭中議定断
價元戝伍拾二千八百八十文正其文系粮照老
约其田自卖之後德従買主耕管為業
不得異言恐後無凭立此断為據

外雄内天亭

凭中氏笔张光忠

□□丙申十五年二月初五日

立

023.（1926）民国十五年三月十四日赵学明断卖
地基与张光明字约

立断卖地基字约人苗埂寨赵学明，为因缺少钱用无出，自愿将到屋角路边地基一幅，上凭以坎，下凭坎子头，左凭长寿地基，右凭大路，出断卖与本寨张光明名下承买为业。当日凭中议断价钱乙千乙百八十文整，亲手领回应用。其地基自卖之后，任凭买主管业，卖主人等不得异言。倘有不清，俱在卖［主］理落，不干买主之事。恐口无凭，立有卖是实为据[1]。

外批：内添四字。

凭中　龙志光

民国丙寅年三月拾四日　亲笔　立

注：

(1) 立有卖是实为据，"卖"后面疑脱"字""约"或"契"字。

立断卖地基字约人苗埂寨赵学明为因
缺少钱用无从自愿将到屋角地基上凭以
路地一幅
坎下凭坎子头左凭长寿地基右凭大路正
断卖与本寨
张光明名下承买为业当日凭中议断价
钱乙千乙百八十文恶亲手领回应用其地
基自卖之后任凭买主管业卖主人等不得
异言倘有不清俱在卖理落不干买主之事
恐口无凭立有卖是实为据
外批内添四字

凭中龙志光

民国丙寅年三月拾四日亲笔 立

024.（1926）民国十五年五月十八日张桥生母子断卖坐屋地基与张光明字

　　立断卖屋并地基在内字人张桥生母子，为因缺少钱用无出，自愿将到坐屋地基乙间、堂屋半间出卖与堂兄张光明名下承买为业。当日议定价钱贰拾陆千四百八十文整，亲手收用。其屋地基自卖之后，恁从买主修理管业，卖主不得异言。恐口无凭，立此卖字永远发达为据。

　　凭中　杨再清

　　代笔　张国栋

　　民国拾伍年丙寅五月十八日　立

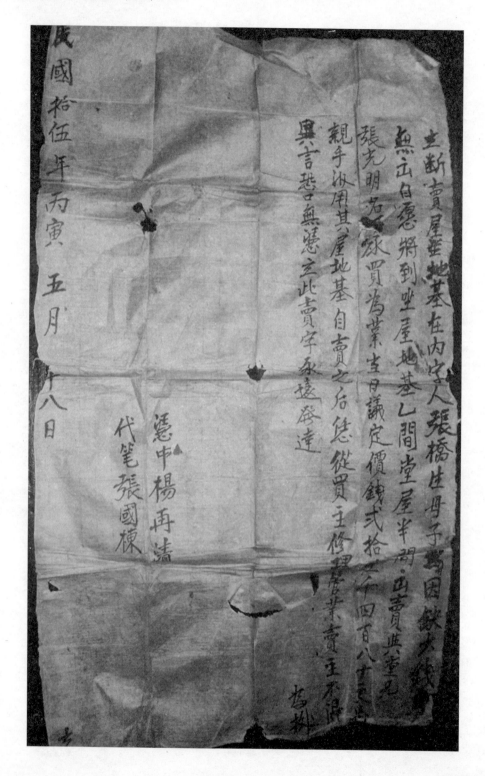

立断卖屋壐地基在内字人张桥生母子蒙因欠火钱

无出自愿将到坐屋地基乙間堂屋半間，西卖其叁兄

张先明名下买为業当日議定價錢式拾二千四百八十 为桥

親手收用其屋地基自卖之后愿從买主修理居業卖主不得

异言悉口無憑立此卖字承遠發達

憑中楊再淸

代笔張國棟

025.（1926）民国十五年六月十二日张老卯、
张三弟断卖杉木栽手与张光明字

　　立断卖杉木栽手字人张老卯、三弟，为因缺少钱用无出，自愿将阳（杨）梅岭栽手，上下左右凭栽岩，出卖与本寨张光明名下承买为业。当日凭中议定价钱乙千五百八十文整，亲手收用。其杉木自卖之后，恁从买主修理管业，卖主不得异言。恐口无凭，立此卖字为据。

　　笔　张国栋

　　民国拾伍年六月十二日　立

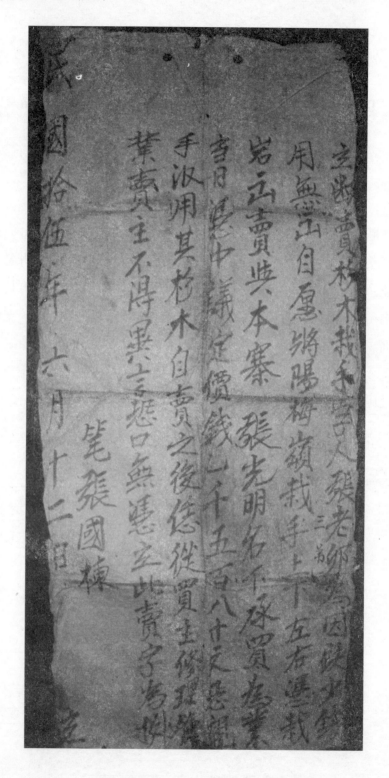

立断卖杉木栽手塝地人龚老郎为因缺少钱
用无出自愿将塝梅嶺栽手上下左右凭买在塝
岩立卖与本寨　张光明名下承买在塝
凭中议定价钱二十五百八廿文恶钱
手汉用其杉木自卖之後恁從买主修理装
葉卖主不得异言蘯口无憑立此卖字为据

笔　张国楝

民国拾伍年六月十二日　立

026. （1927）民国十六年二月十八日赵学明断卖田与张光明字

立断卖田约字人苗埂寨赵学明，为因缺少钱用无出，自愿将到卑己坡头半沟外坎田三丘，约谷乙石，出断卖与本寨张光明名下承买为业。当日凭中议定价钱四千文整，亲手领足应用。其田自卖之后，恁凭买主耕种管业，卖主不得异言。恐后无凭，立有卖是实为据。

外批：内添一字。

凭中　张光志

民国丁卯年二月十八　亲笔　立

027.（1927）民国十六年六月十三日张光全断卖田与张光明字

　　立断卖田字人张光全，为因缺少钱用无出，自愿将到地名鄙己领（岭）凹（坳）田壹丘，约谷肆佰斤，照与老粮完[1]，凭中上门问到兄弟张光明名下承买为业。当日议定价元钱陆拾封仟一佰八十文[2]整，亲手收足不欠。其田自卖之后，恁从买主开坎管业，卖主弟兄不得异言。恐口无凭，立此卖自（字）发达为据。

　　外批：天（添）二字。

　　凭中

　　　　张光忠

　　代笔

　　民国丁卯十六年六月十三日　立

注：

（1）"完"后面疑脱一"纳"字。

（2）元钱陆拾封仟一佰八十文，"封"系在"仟"右边添加，"封"为量词，即指将铜元逐个叠放整齐，用皮纸包裹为一封，一封内一般包铜元36枚。

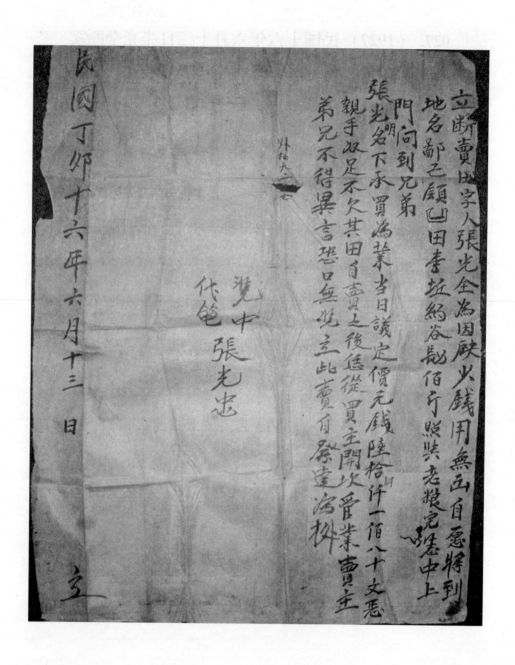

立断卖出字人张光全为因缺少钱用无出自愿将到
地名都乙顾山田壹坵约谷叁佰行照共老粮完纳坐中上
门问到兄弟
张光名下承买为业当日议定价元钱陆拾仟一佰八十文恶
亲手收足不欠其田自卖之后恁从买主开坎晋业齐兴主
弟兄不得异言恐口无凭立此卖自发达海梂

凭中
代笔　张光忠

民国丁卯十六年六月十三日　立

028.（1930）民国十九年正月二十七日姜晚娘断卖田与张光明字

立断卖田字约人张门姜氏晚娘，为因缺少费用无出，自愿将到地名党都岩折（板）田壹丘，约谷拾二石，凭中出卖与苗埂侄张光明承买为业。当日凭中议定价元钱捌拾乙封八百文整，分文不欠。其田自卖之后，恁从买主耕重（种）管业，卖主不得异言。此田分为二大股，出卖六石与光明，本名晚娘占六石。恐后无凭，立有断字为据。

　　凭中

　　　　张光忠

　　代笔

　　民国拾玖年正月二十七日　立

029.（1930）民国十九年二月二十八日
张光全、张光明兄弟分关合同

  立分关合同字人苗埂寨张光全、光明弟兄二人，为人善地，开日用众大，一人难以承当，是此兄弟同议，各分方能资（支）持祖父遗业。田丘钧（均）分，党都大小麦田二丘，莫家长田乙丘，对门过路田乙丘，冲口四方田乙丘，溪边央（秧）田乙丘，凹（坳）背过路田外坎田乙丘，以上等处之田分落兄光全管业。党都台子田上下一连三丘，冲口菜园脚连田贰丘，凹（坳）上央（秧）田乙丘，宰郎⁽¹⁾坡脚连田贰丘，此上等处之田分落光明管业，田已分尽。外有木山，归靠山⁽²⁾叁团，乌有盘路坎下与放（族）人所共乙团，扬（杨）梅领（岭）菜园乙团。花祖坟⁽³⁾与吊洞族人所共二团，汉阳沟⁽⁴⁾外坎山乙团，与族人所共党都盘路外坎，与杨姓所共对门大冲边山乙幅，所共门口胞（包）脑（垴）与赵姓所共一团，小苗光独田以坎山乙团，与杨姓、蒲姓所共油山杉木所共，以上等处山、园普（圃）同未分。其有所分田产各管各业，永无异言。各宜勤耕为本，当知创业艰难，要晓守成无议。从此分居之后，弟兄同心，勿得恃强翻诲（悔）。恐后无凭，立此分关字永远子孙各存乙纸为据。

  外批：内添八字。

  外有油山，光全分得凤形外边乙幅，又宰郎分得以边乙幅。光明凤形分得以边乙幅，又宰郎分落外边乙幅。外乌有盘路外坎之山⁽⁵⁾，光明得买张门姜氏之股。又有胞（包）脑（垴）之山分为八股，光明另买乙股。又买小苗光独田以坎，另买栽手分为四股，各买乙股。

又得买国栋地基所共，外有洪路[6]子弯典田三石所共。

国珍　赵学明

忠

凭族人　张光隆

志

笔　张光禄

立分关合同一纸永远存照发达为据（半书）

民国十九年二月二十八日　立

注：

（1）宰郎，为侗语地名，距离苗埂寨0.5公里，该处梯田乃苗埂寨、张华寨主要产粮区，清代民国时多为张氏家族所有。

（2）归靠山，为侗语地名，是流水边的居住点之意，距离苗埂寨1.5公里，为苗埂村落主要林区。

（3）花祖坟，为张氏家族墓地之一，分上花祖坟和下花祖坟两处。

（4）汉阳沟，即苗埂寨汉阳坡产粮区的主要灌溉沟渠。汉阳坡为苗埂村落通往外界的主要通道之一。

（5）外乌有盘路外坎之山，首字"外"后面疑脱一"有"字。

（6）洪路，即洪道，是指林地中专用于把木材运到山下河边或溪边的通道。

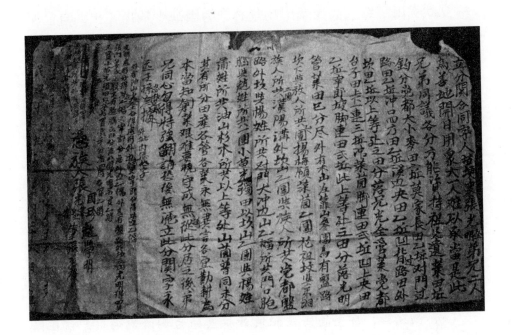

030.（1930）民国十九年三月二十四日杨华林断卖田与张光明字

立断卖田字约人高宠寨[1]杨华林，为因缺少钱用无出，自己愿将土地名红（洪）路子湾田大小肆丘，约谷叁石，自己上门问到苗埂寨张光明名下承买为业。当日凭中议定断价元钱贰拾肆封零八文整，亲手收足，分文不欠。其田自卖之后，任从买主管业，卖主不得异言。倘有不清，俱在卖主理落，不与卖（买）主相干。恐后无凭，立此断卖字永远发达为据。

外批：代（载）元粮[2]半斤。

凭中笔　张光禄

民国拾九庚午年三月二十四日　立

注：

（1）高宠寨，应是高凸（běng 音）寨，为侗语地名，是住在高凸山垴上的寨子之意，距离苗埂寨 3 公里，1956 年之前属于雄黄的子寨。

（2）元粮，应为"原粮"，即上缴给国家作为赋税的粮食。

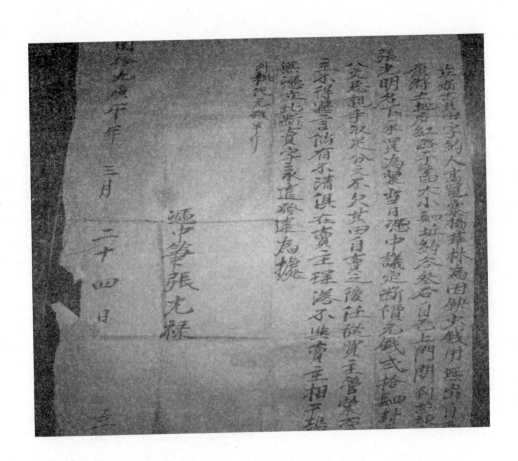

031.（1931）民国二十年五月二十二日
杨承广卖田与吴美才契

　　立断卖田字约人亚黄村[1]杨承广，为因家下缺少钱用，无所出处，自愿将道（到）地名苗埂田坝瓦尧（窑）田大小八丘，约谷拾叁旦（石），今凭中出断卖与岑果寨[2]吴美才名下承买为业。当日凭中三面议定断价元钱壹佰八十八千八百文整，亲手领足应用。其田至（自）卖之后，恁凭买主修里（理）耕种管业，卖主日后内外人等不得异言。恐口无凭，立此断卖字永远发达承（存）照为据。

　　外批：此契吴美财（才）、张光明二人共买之田，约谷拾叁旦（石），大小捌丘，共出元钱壹佰捌拾八千八百文，日后收谷贰股钧（均）分。六月初六日，张光禄笔批。

　　外批：田粮照老约完纳[3]。

　　凭中　张光忠

　　民国辛未年五月二十二日　承广亲笔　立

注：

　　（1）亚黄村，即今锦屏县启蒙镇苗埂村亚黄寨。为侗语地名，为荒田之意，因原居住房屋地基为一片荒田而得名。亚黄寨距苗埂村民委驻地1.5公里，现为苗埂村第一组，居住在此的全部为杨姓族人，分两个支系。

　　（2）岑果寨，即今锦屏县启蒙镇流洞村岑果寨，为侗语地名，为山坡上的小寨子之意，距苗埂村民委驻地5公里。

（3）田粮照老约完纳，指的是该处田产的田赋税额按照原来的老契约上缴。

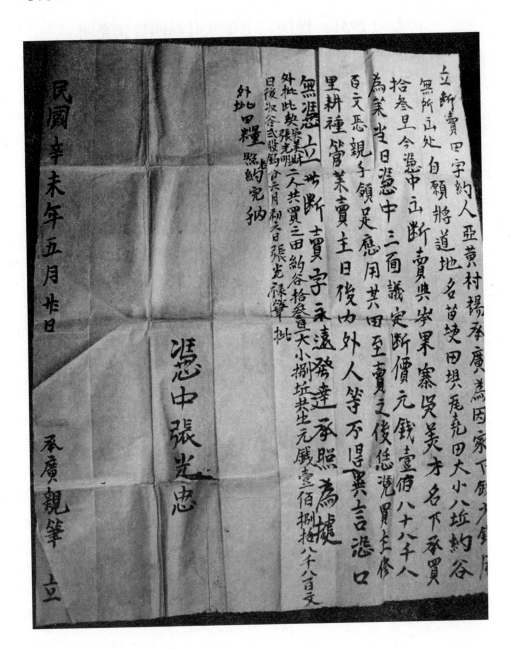

69

032.（1931）民国二十年八月初四日张光明
向罗秀乔借钱字

　　立借钱字人苗埂寨张光明，为因家下缺少用费，无所出处，自己登门问到雄黄寨[1]罗秀乔名下，实借元钱陆拾封整，亲手领足应用。其钱自借之后，言定本年十一月归还，称脚谷[2]三百斤，上 了 明年称脚 谷 六百斤，斤两不得有误。如有误者，自愿将到 地名 党都台子田壹丘，约谷拾石作 抵 。恐口无凭，立有 借 字是实为据。

外妣（批）：内天（添）三字。

中笔　杨承现

民国二十年辛未八月初四日　　立

注：

（1）雄黄寨，即今锦屏县启蒙镇雄黄村雄黄寨。古名"虫黄"，为汉语地名，侗语谐音"虫"读为"雄"。距苗埂村民委驻地6公里。

（2）脚谷，本义为品质较为低劣的稻谷，在这里指的是借贷关系中的实物利息。在租佃契约文书中"称脚谷"作为附加收取的小租更为常见。

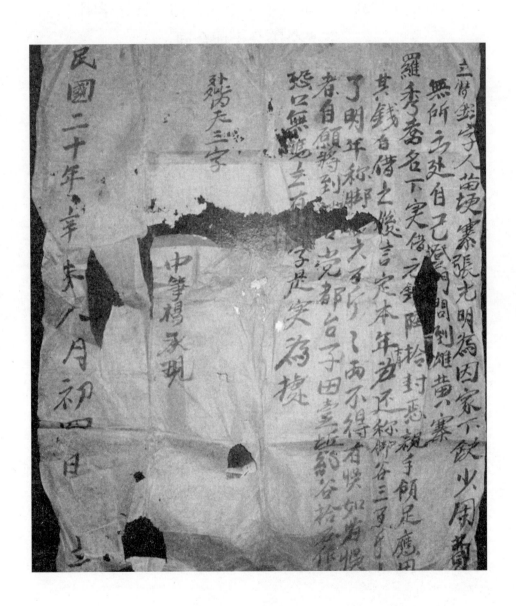

立借出字人茅坪寨張光明為因家下欠少開費
無所之處自己驚問到雄黃寨
羅秀喬名下實借元銀陸拾封恩親手頓足應用
其錢當借之憑言定本年為還稱鄉谷三頁半
了明年稱大天斤之兩不得者悞如尚悞
者自願鄒到党都台子田壹垤歸谷拾丕作
怨口無鶵上有　　　字是寔為捷

補鶵天二字

中筆楊承現

民國二十年辛未八月初四日

033. （1934）民国二十三年八月初二日赵学明、
张光全等分土地合同

　　立合同字人苗埂寨赵学明、张光全、光明三人，为分到门口胞（包）脑（垴）棉花地、山场、杉土、园坪、阴地一切在内。此山、地、土、阴阳分为四大股，赵学明占三大股，张光明弟兄占乙大股。张光全、光明分占阴地张国贤坟门脚赵连明、连生左边乙棺，其余慨（概）属分归赵学明。山分占庙⁽¹⁾后乙幅，右凭小田角栽岩破上棉花地埂。园坪分占上一个棉花地，分占屋角小脑（垴）。学明分占园坪门口田坎以上三个。山分占门口随田冲以下至洞边⁽²⁾小田角，左抵栽岩破上地埂乙团棉花地。分占正脑（垴）阴地，只出光明弟兄乙棺，余归学明管业。二比心同意愿和分，并无异言。恐后子孙无凭，立此合同二纸，各执乙纸发达存照为据。

　　赵学明外批：张光前（全）、光明弟兄之山分占洞边庙后祖坟田角乙幅。

　　凭中　张光志

　　代书　杨文魁

　　立分山棉花地园坪阴阳总合同（半书）

　　民国贰拾叁年甲戌捌月初贰日　立

　　注：

　　（1）庙，即杨公庙，供奉河神杨五，始建于清光绪十四年（1888）苗埂寨寨前锁口处，2018年春节毁于火灾中。现仅存修庙时无题额的碑刻一通，笔者整理时根据内容将其定名为《修建杨公庙碑》。

（2）洞边，即悬崖上方。洞在锦屏苗、侗民族中有时表示悬崖。

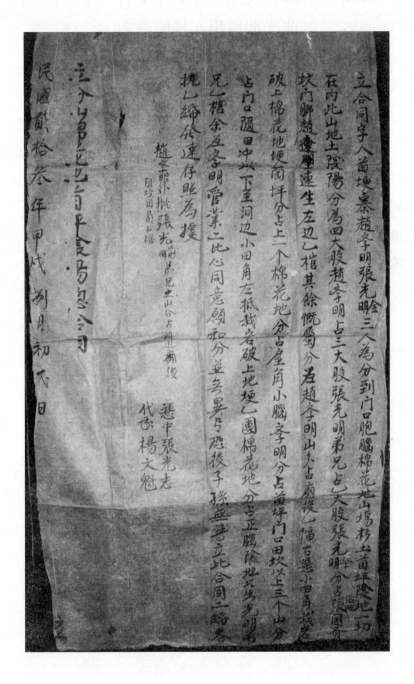

034. （1936）民国二十五年七月二十三日
张光明典田与杨照海字

　　立典田字人苗埂寨张光明，为因缺少钱用无出，自己将到填霸田七丘，约谷拾四石，本名所占柒石，今将本名壹半典与本寨杨照海名下承典为业。当日凭中议定典价大洋拾四元整，亲手领足应用，日后不俱（拘）远近价到归赎。其田任凭钱主耕种收花管业，二比俱无异言。恐后无凭，立此典字是实为据。

　　凭中笔　赵学明

　　民国廿五年丙子七月廿三日　立

立典田字人苗埂寨張先明為因缺少錢用無正自己
將到埂霸田七垡約谷拾四石本身所堂業石今將本房
伴典　每本業
中議定典價大洋拾四元恶親手領是立用日後不悮
遠近價到互贖其田任慈錢主耕種如花會二比俱無
與言恐後無憑立此典字是实為据
楊照海君下承典為業當日憑
慈中華趙李明

民國廿五午丙子七月廿三日立

75

035. （1939）民国二十八年九月二十六日
杨再纯等卖单字

　　立卖单字人宰格寨[1]杨再纯、杨□春、承熙等，今卖到溪口对门大山土上之木乙块，上凭顶，下凭河[2]，左凭冲，右凭毫（壕），此木言定廿九年三月以下，坎（砍）尽土上之却（脚）木，土归原主。今凭中议定却（脚）木价钞洋拾四元〇八仙整，亲手收足，不得异言。立此卖单为据。

　　卖与瑶光[3]姜恩取名下砍伐。

　　买主不清，俱在卖主理落。

　　凭中　杨再坤

　　民国廿八年古［历］九月廿六日　熙手　立

注：

（1）宰格，也写作"者格"或"寨格"，即今锦屏县固本乡八一村宰格寨，为侗语地名，是指隔得较远的寨子，有客家人居住的地方之意，是青山界四十八苗寨之一，与苗埂村隔乌下江相望，在归靠山多有山场与之毗邻，多为杨姓族人居住。苗语称为"番西""番鄌"，意为风光很美丽的地方。

（2）河，指的是乌下江。为清水江下游第一条注入支流，发源于黎平县九潮镇猛洞寨，沿黎平、锦屏边界进锦屏县境，于河口乡中寨村瑶光汇入清水江，河长77千米，是黎平北部、锦屏西部明清民国时期木材等重要商品流动通道。

　　（3）瑶光，苗语地名即今锦屏县河口乡瑶光村，古名茂广屯，也称苗光。系青山界四十八苗寨之一，位于清水江与乌下江交汇处陡岭上，距离苗埂村落约25公里。

036. （1939）民国二十八年十月十一日 赵学明断卖棉花地与张光明字

立断卖棉花地阴阳在内字人苗埂寨赵学明，为因移居九桃⁽¹⁾居住，路远不得照管，今自愿将到门口包脑（垴）棉花以边乙幅，上凭领（岭）顶，下凭田，左凭买主棉花地，右凭卖［主］棉花地栽岩为界，四至分明，凭中出断卖与本寨张光明名下承卖（买）为业。当日凭中议定断价大洋乙拾乙元零八仙⁽²⁾，当时领足应用。其棉花地自卖之后，任凭买主耕种管业，卖主内外人等不得异言。恐后无凭，立此卖字是实为据。

外批：内添四字。

　　　杨承现

凭中

　　　王宗发

民国己卯年十月十一日　　亲笔　立

注：

（1）九桃，即今锦屏县固本乡九桃村，距离苗埂寨约10公里，为赵氏、龙氏族人聚居村寨。苗语地名，意为酒勺，相传村中有一眼泉，流出的水香醇如酒，人称"酒陶"，后演称而得名。

（2）大洋乙拾乙元零八仙，"大洋"即指银元，"仙"为货币计量单位，1仙为0.01元。

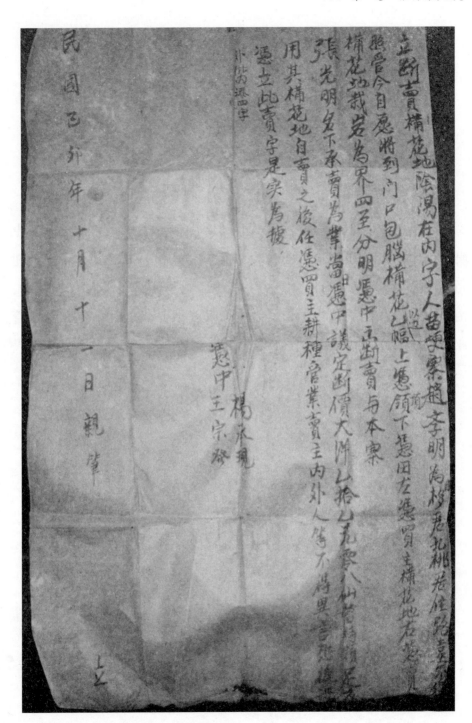

立断卖楠花地阴湿在内字人苗硬案赵、李明为榜惹扎桃花住说□□□

照官今自愿将到门口包脑楠花乙幅上凭领下惹田左凭买主楠花地右惹买

楠花地栽岩为界四至分明凭中言断卖与本案

张光明兄下承卖为业当凭中议定断价大洋乙拾乙元零八仙营为□尽足

用其楠花地自卖之後任凭买主耕种管业卖主内外人等不得异言惹悔地

凭立此卖字是实为据

民国三拾年十月十一日亲笔

79

037.（1940）民国二十八年十一月二十六日
姜厶厶错悔字

　　立错悔字人▭▭寨姜厶厶，前因买到宰格寨杨应春▭▭高岭[1]
脚之山，杉木砍伐下河，因财▭▭足，以下砍上，不料上断之山实
乃苗埂张姓之山，管业多代。今张姓请中与我理论，我自知理曲，
情愿出字错悔，蒙张姓宽宥，中人等叹（谈）解，此山仍归张姓管
业。恐后无凭，立此错悔字永远为据是实。

　　凭中　　（押）

　　民国二十八年己卯十一月廿六日　　立

注：

（1）高岭，距离苗埂寨1.5公里，为苗埂村落主要林区。

038. （1941）民国三十年四月二十八日
张光前分子接宗分关合同

　　立分关合同分子接宗字人张光前，情因胞弟光明之名下只生有女，无子接后，放（防）亡故之时，登山之夜，而两弟媳罗氏、杨氏哀恳族亲与兄，分子昌培乙边顶替胞弟光明之名下。自接继之后，所有一切家产、田地完全尽归昌培承受，日后长大，两家自行娶媳一名。倘再生有子，理当全（均）分一个。所有弟媳之女长大出嫁之时，培（陪）办嫁赃（妆）务要量体裁衣，不得典当田地情形，二比不得异言。恐后无凭，立有分关合同贰纸，各收一纸，永远发达承（存）照为据。

　　代　　笔　罗秀福
　　　　　　　　忠
　　凭房长　张光隆
　　　　　　　　荣
　　　　　　　　现
　　地方人　杨承
　　　　　　　　宗
　　亲戚等　罗再祝　杨秀廷
　　　　　　　　　　　远
　　　　　　蒲兴盛　杨达　　再云
　　　　　　　　　　才
　　庚　　文　杨通早　杨秀富

立分关合同贰纸（半书）

民国三十年四月二十八日　立

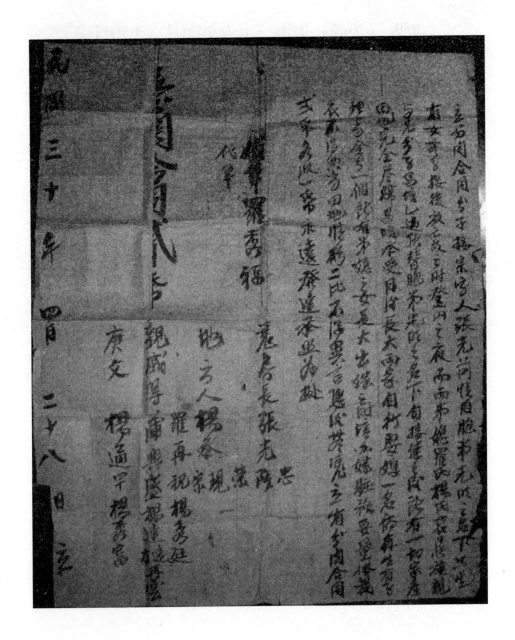

039.（1947）民国三十六年七月二十四日
吴传陞断卖田坝田与张银连字约

　　立断卖田字约人岑果寨吴传陞，为因缺少费用无出，字（自）愿将到地名苗埂田坝田大小柒丘，约谷拾贰石，本占陆石，出卖与苗埂张银连承买为业。当日凭中议定断价大洋柒拾肆元整，亲手领足应[(1)]。其田字（自）卖之后，任凭买主耕种管业，卖不得异言[(2)]。恐后无凭，立有断字是实为据。

　　凭中　吴连明

　　民国卅陆年七月廿四［日］　　亲笔　立

注：

（1）亲手领足应："应"字后疑脱一"用"字。

（2）卖不得异言：按省略方法，"卖"指"卖主"。

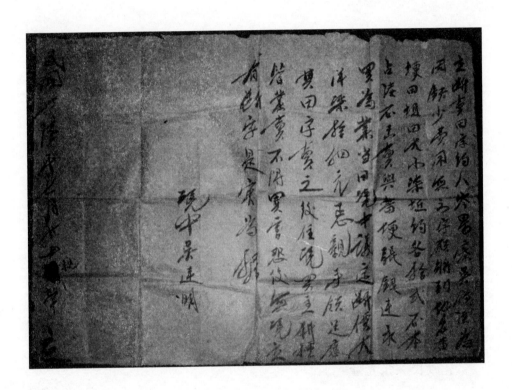

040. （1951）公元一九五一年农历十一月二十七日 杨老元过继字

立过继一半字人启蒙乡第八村六组具寨杨老元，为因先年父亲亡故，日食难度，随母跳至俾己村。今蒙亲戚、农协会人等说合，得老元壹子顶二宗，张、杨二姓，心平意愿承继半子顶张光明为子，罗氏承宗为祧，永作螽斯蚨蚨（蛰蛰），爪瓞绵绵。已作长庚之子万载荣昌，以作张姓之富贵同亨（享）。今凭地方族人亲戚人等将张光明、罗氏之田地、山场、屋与菜坪、猪牛等物件付与老元名下所管为业，张姓伯叔弟兄不得翻将异言等语，当凭地方组长亲戚人等。自今老元孝养双亲，弗敢妄为，张姓弟兄弗得反复之情。若有妄为不良意，双方族人组长将规严刑，儿等自无异言。恐后无凭，立此过继一半字为据是实。

凭组长　蒲正高　杨成勋

　　　　　光宗　昌魁

凭族长　张光隆

　　　　光全

　　　　光荣

　　　　光乐

凭父老　龙志清　杨生仁

凭亲　　杨达远　吴连明

凭巨寨族人　杨昌模　杨昌梁　杨胜德　杨秀贵

公元一九五一年古［历］十一月廿柒日　立

第二卷 **02**

| 张明彬家藏卷 |

一、契约文书

041.（1793）乾隆五十八年十二月初八日
吴学魁断卖山与吴连科弟兄约

立断卖▭约人□□学魁，为因□下缺少葬费无出，自愿将祖遗有合山乙块，土名冲讲，原系六大股均分，本名父占乙大股；今又父大股分为七小股，学魁占一小股，今凭中证出断与族侄吴连科弟兄三人名下为业。当日三面议定价艮（银）叁两六钱，亲领收用。其山自卖之后，恁从买主□□ 管 业 ，日后不致弟兄异言，如有不清，卖主向前理落。今恐无凭，立此断约永远发财存照。

外批：约内落二字。

凭　胞兄礼卿

　　侄正科　中艮（银）四分

黄 □程　笔　艮（银）四分

乾隆五十八年十二月初八日　立

042.（1797）嘉庆二年三月初八日张起才、
张老养等弟兄断卖棉花地与吴登贵字

　　立断卖绵（棉）花地约人苗埂本寨张起才、张老养、老三、老受弟兄，为因缺用无出，自愿将到包脑（垴）下磴绵（棉）花地一团，上凭地埂为界，下凭坳田为界，左凭田坎为界，右凭田头丿坡为界，四至分明，凭中出卖与吴登贵名下承买为业。当日凭中议定价银贰两伍钱八分整，亲手领足应用。其地自卖之后，恁凭买主挖种，永远管业，卖主叔侄弟兄并外人等俱不得异言争论。倘有不清，系在卖主向前理落，不关买主之事。恐后无凭，立此断卖字存照为据。

　　外批：当领耳环乙对[(1)]。

　　凭中　熊得忠

　　代笔　杨通明

　　嘉庆贰年三月初八日〔立〕

注：

（1）当领耳环乙对，即以一对耳环作为支付价款。

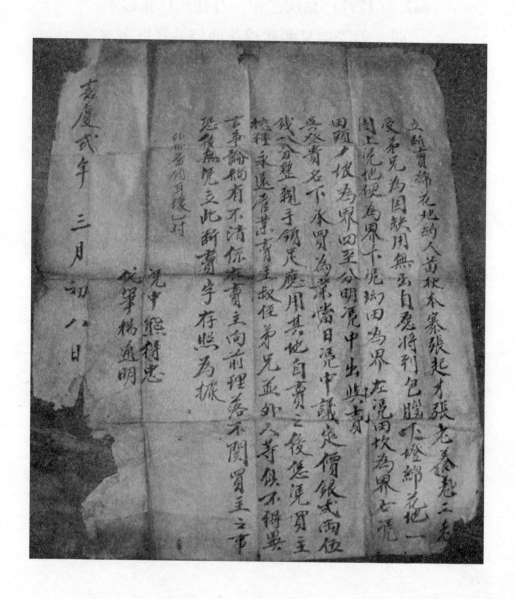

立断賣綿花地約人黄根本寨張起才張老養會卷三老
受弟兄為因缺用無處自願將利包脑下塝綿花地一
圈上凭他硬為界下凭瑚田為界左凭田坎為界右凭
田頭人坡為界四至分明凭中出賣
與参賣名下承買為業當日凭中議定價銀弍两伍
钱八分整親手領足應用其地自賣之後任凭買主
挑種永遠管業賣主叔侄弟兄亦不得異
古年論缩有不清係賣主向前理落不關買主之事
恐後無凭立此断賣字存照為據

外批各领其鑲对

　　　　　　凭中熊得忠
　　　　　　代筆楊通明

嘉慶弍年　三月　初八日

043. （1798）嘉庆三年三月初八日张文卿、 张起才父子卖杉木与张通知约

立断卖杉木约人苗埂寨张文卿[1]、起才父子，为因缺少费用无出，自己愿将坐落土名归靠山杉木土股七股均分，起才父子名下乙股出断卖与唐（堂）叔张通知名下承买为业。当日凭中三面义（议）定价银贰两整，亲手领回应用。其杉木自卖之后，恁从买主收（修）理管业，日后不得房叔兄弟外人争论。如有意（异）言，俱在卖主一力承当，不与买主相干。今欲有凭，立此断约存照。

外批：此山张通知承买之乙股又出卖与李荣山管业。

凭中

沈登高

代笔

赵起开

凭中

张德龙

代笔　吴起德

嘉庆叁年三月初八日　立

注：

（1）张文卿，即张文清，乃目前苗埂张氏家族口碑记忆中有全名的最早祖先，亦为张氏家族字派"文、起、世、开、国；光、昌、明、继、先；志、德、兴、隆、发；锦、秀、胜、周、贤"的第一代先祖。

044.（1799）嘉庆四年二月初四日张起才、张老乔等断卖杉木地土与杨公普父子字

立断卖杉木地土人张起才、老乔、老保、老神弟兄叔侄，今因家下无从得处，叔侄谪（商）议，自愿将到苗硬（埂）寨脚沟砍（坎），上抵上盘路，下抵沟，右平（凭）师人田，左平（凭）冲，四至分明，请中卖与杨公普父子名［下］承买为业。当日凭中议定卖价银捌两整，其银亲手领回应用。其杉木自卖之后，任从买主修理耕管为业，卖主房族外人不得异言。倘有不清，卖主向前理落，不与买主相干。恐后［无］凭，立此断卖杉木字约为据。

　　　吴登俸

凭中

　　　吴容海

嘉庆四年二月初四日　吴起德　亲笔　立

045. （1802）嘉庆七年四月初三日张德海断卖坡土与吴登贵约

立断卖坡土约人苗硬（埂）寨张德海，为因家下缺少银用无出，自愿将坐落土名蠡埃山场乙块，上凭界，下凭大路，左凭吴姓山为界，右凭寨边大树为界，四至分明。山场四大股，得（德）海名下出卖乙大股与本寨吴登贵名下承买为业。当日凭中三面议定断价银伍钱正（整），亲手领回应用。其山场自卖之后，恁凭买主管业，日后不许外人相干，如有此情，买主不清，俱在卖主一面承当。一断白（百）了，高坡 滚石 ，永不 归 宗。今欲有凭，立此断卖山场一纸存照为据。

凭中　张老三

代笔　张开学

嘉庆七年四月初三日　立断

（抄件）

046.（1807）嘉庆十二年六月二十六日张起才断卖杉木与吴登元、杨应魁约

　　立断卖杉木约人本寨张起才，为因缺费无出，自己请中，愿将坐落土名乜泰大沟坎下，杉木贰拾株连并土主栽乙概尽卖与苗硬（埂）八寿二人吴登元、杨应魁名下承买为业。当即凭中议定断价纹银肆钱整，入手收用。其杉木恁从买主修理管业，日后不得异言。如有此情，俱在卖主理落，不关买主之事。今欲有凭，立此断约杉木存照。

　　　　　赵起龙
　　凭中
　　　　　蒲起云
　　杨秀松　笔
　　嘉庆拾贰年六月二十六日　立

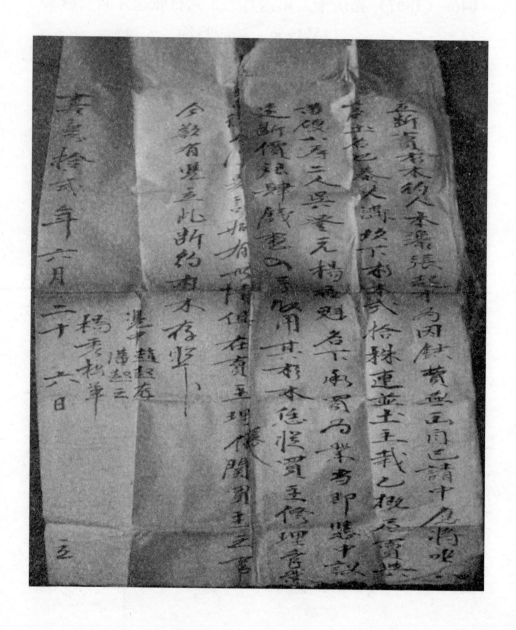

047.（1809）嘉庆十四年五月二十九日张起才、
张德海等清白字

　　立清白字苗埂人张起才、张德海、张乔杰、张老三、张老四、张老柳弟兄，为因先年祖太张欧叔[1]断卖土名归靠山场并杉木乙块与婆洞杨天祥蓄禁管业。先祖当日二比书立合同贰纸各执收存，多未揭。张起才弟兄至今寻出，以请中问讲，二比揭出照看，其归靠山场，先祖张欧叔早已于乾隆拾捌年五月内，凭中将归靠山土并杉木壹千肆伯（佰）株，价纹银五十两，并补杉木秧五两断契清白字炳据名下。自知理屈，其先年收有合同悉属故纸，合同凭中揭清。张起才弟兄自知情亏理屈，自愿登门服礼，并无强压等情。其出清白字之后，不得再滋生端。倘有此情，任凭杨姓子孙执字鸣公，自干罪戾。今恐无凭，清字为据。

　　　　赵起开
　　　　　元
　凭中　杨德
　　　　　玉
　嘉庆拾肆年伍月二十九日　依口代书　龙宇腾

注：

（1）祖太张欧叔：即张起才曾祖父，为苗埂张氏开基始祖。墓地不详。在张氏家族中，墓地墓碑尚存最早的是张欧寿之墓。张欧寿乃张欧叔之兄，生于康熙十六年（1677），逝于乾隆二十二年（1757），由其侄儿张见欧、张九欧刊立墓碑。

048. （1813）嘉庆十八年二月二十八日张起财、张老三叔侄等断卖坟山阴地与杨彦富兄弟契

立卖坟山阴地人张起财、张老三、老桥、老保、老辰叔侄人等，今因要钱用度，无从得处，叔侄谪（商）议，自愿将到先年祖父存下土名岑里山，阴地壹穴，先将左边壹穴，祖父卖与赵家进葬，存下右边壹穴，要行出卖，无人承受，自己请中上门招到杨彦富兄弟名下承买进葬为业。当日凭中三面议定阴地过尺四丈，作价银叁两贰钱八分整，其银亲手领足回家应用。其地四至：上坪（凭）卖主山，下坪（凭）小盘路，左坪（凭）赵家祖［坟］，右坪（凭）红口路，四至分明。其有四丈之内任从买主进葬耕管，卖主不得异言。恐有此地不清，俱在卖主向前理落，壹面承当，不干买主之事。其此处地名之阴地，先卖壹半边与赵家，后才将壹半边凭中卖与杨彦富兄弟。今欲有凭，立此断卖契约与买主子孙永远存照为据。

内添五字。

张起财（押）

　桥（押）

卖主　张老保（押）

　三（押）

老　辰（押）

凭中　杨秀清（押）

代笔　吴宏贵

嘉庆拾捌年二月二十八日　立

049. （1814）嘉庆十九年四月二十二日张起才断卖山场与唐用宽字

立断卖山场字张起才，为因缺用无出，自愿将自己名下土名归溪山乙块，上抵茶山，下抵路，左抵岭，右抵大冲，出卖与唐用宽名下承买为业。议定价银六钱八分，入手收用。其山自卖之后，任从唐姓开土栽树管业，日后不得异言。恐后无凭，立此卖字存照。

代笔　徐学山

　　　蒋云山

凭中

　　　杨光和

嘉庆十九年四月二十二日　张起才（押）　立

同治五年十月十五日又卖转张士旺[1]管业，价钱六百文。

　　　唐二如　字

注：

（1）张士旺，即张世旺，也写作张老望。生于嘉庆十八年（1813），殁于同治七年（1868）。为款组织"青山界四十八苗寨"头人之一，同治五年（1866）代表苗埂寨参加在今黎平县平寨乡纪德村（已得苗寨）举行的婚俗改革集会，为28寨留名勒石的婚俗改革倡议之一，此次改革对青山界区域社会产生了较大影响。

050. （1814）嘉庆十九年六月十四日王宏清、王大魁叔侄断卖山场土主与唐用宜字

　　立断卖山场土主约人王宏清、侄大魁二人，为因缺少费用无出，自愿将得买张姓之山场乙块，土名乌周，其山界至：上凭盘路，下凭盘路，左凭唐姓新田角以张起才之山分冲为界，右凭大岭以路为界，四至分明，今将凭中出卖以（与）黎坪（平）城唐用宜名下承买为业。当日凭中议定价银陆两捌钱整，亲手岭（领）足，分厘不欠。其山自卖之后，恁从买主修理蓄禁管业，卖主房族人等不得异言。倘有不清，俱在卖主上前理落，不关买主之事。今恐无凭，立此断卖字为据。

　　　　杨光和

　凭中

　　　　张起才

嘉庆十九年六月十四日　亲笔　立

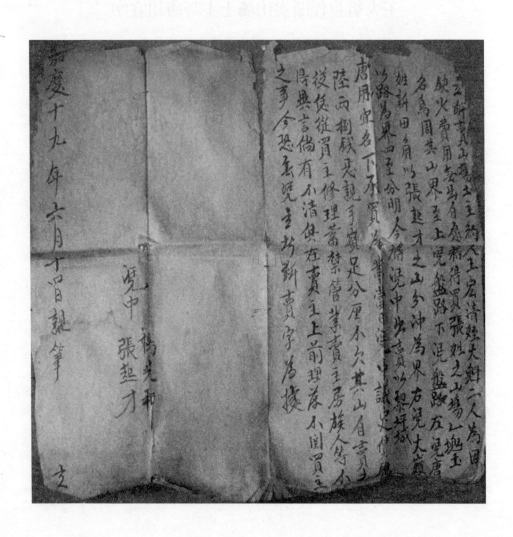

立断卖杉山地土主契人王宏清姓夫魁二人为因
缺火费用安马自处森得买张姓之山场二块玉
名为周其山界至上凭盘路下凭盘路左凭唐
名新田角以张起才之山分冲为界右凭大岭
姓新田角分明今将凭中出卖与黎姓坟城
以路为界四至分明今将凭中出卖与黎坟城

唐用宝名下原买杉木蓄当日凭中三面议定价值
陆两捌钱戙亲手领足分厘不欠其山自卖之
后恁从买主修理蓄禁管业卖主房族人等不
得异言倘有不清俱在卖主上前理落不与买主
之事今恐无凭立断卖字为据

凭中　张起才
　　　杨光和

嘉庆十九年六月十四日亲笔　立

051.（1816）嘉庆二十一年六月二十八日
吴登贵、吴昌明叔侄卖杉木土主与唐用宽约

立卖杉木土主约人吴登贵同侄昌明，为因缺费无出，自愿将土名乜笼山乙块，上抵界，下抵田，左抵冲，右抵岭，四至分明。此山分五股，出卖本名乙股与唐用宽名下承买为业。当日议定卖价银乙两五钱整，亲手收用。其山自卖之后，恁从买主休裡（修理）管业，卖主不得异言。今恐无凭，立卖为据。

此山杉木与用宜伙买　兄笔批

　　　　杨光和

凭中

　　　　杨圣元

代笔　　昌时

嘉庆廿一年六月廿八日　立

外批：乜笼嘉庆廿二年贰股契约归吴登元，党都盘沟坎下约内。

光绪十八年十月廿九日　唐名显　批

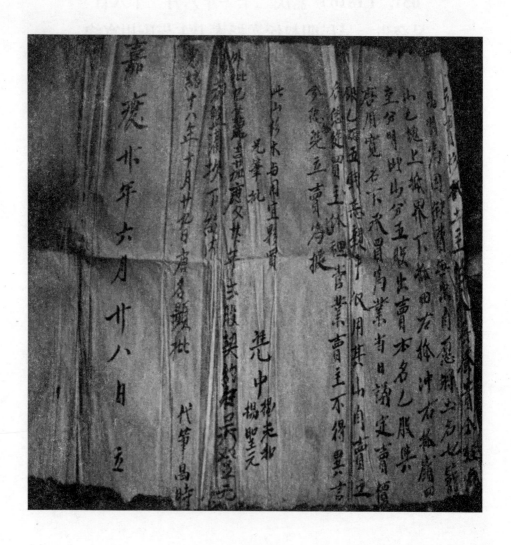

052.（1820）嘉庆二十五年八月十五日吴文卿、
吴庆之等分山合同

　　立合同字人小苗光寨吴文卿、苗埂寨吴庆之、赵艮海，先年得买张姓之山小地 名 冉足山壹块，上坪（凭）界，下坪（凭）岩梁为界，左坪（凭）冲杨通明山□□，右坪（凭）小冲吴登元私山为界，四至分明。泰重之山分为□□，苗埂寨吴庆之占壹股，赵艮海占壹股，小苗光寨吴文卿占壹股。其山三人官重管业[1]，日后木头长大发（伐）卖，三人同心议价，照股均分，此山立有字样合同为据。

　　▭▭（半书）

　　外□：山脚岩梁看字为界。

　　　　□成文

　　凭中

　　　　 杨 光和

　　代笔　王宏清

　　嘉庆二拾伍年捌月十伍日　立照

注：

（1）其山三人官重管业："官重"，方言，意为"各种"。此句意为三人自己栽杉种树。

053.（1822）道光二年三月初八日张老辰断卖杉木土栽与黄英烈约

　　立断卖杉木土栽在内约人张老辰，为因缺少银用无出，自愿将到岑理山乙块，土栽在内，上凭沟，下凭田，左凭大路，右凭田，四至分明，出断卖与黄英烈名下承买为业。当日凭中议定价银四钱五分整，清（亲）手收回应用。其山自卖之后，买主修理管业，日后不亲（清），卖主理落，不关买主相干。乙卖乙了，永无议（异）言存照。

　　　　吴文滔
　凭中
　　　　黄万益
　代笔　杨昌杰
　道光二年三月初八日　立

054. （1826）道光六年六月初四日张老辰断卖土股杉木与黄英烈字

立断卖土股杉木 约 人 苗埂张老辰，为因□□银用，自愿将到祖业坐落土名党都盘沟下，上凭沟，下平（凭）溪，左平（凭）通明子木[1]，右平（凭）沟头，四至分□。□□杉木二股，出卖本名乙大股，出断卖与黄英烈名下承买为业。当即凭中言定价银伍钱整，亲手领用。其木自卖之后，恁凭买主畜（蓄）禁管业，卖主不得异言。恐后无凭，立此卖字为据。

   杨春荣

凭中

  堂叔张起才

代笔 廖秀文

道光六年六月初四日 立

注：

（1）子木，即杉木中的中幼林。此处疑为"之木"。

055. （1828）道光八年七月十四日张起才、张老辰叔侄等卖山场与杨光和字

立断卖山场约人张起才、侄张老辰、张老乔、张老三，为因老辰亡故无出，自愿将老辰、老三、老乔三人山场壹所，坐落土名归靠山，此山分为二股，三人占壹股，今将一股出断与杨光和名下承断为业。当日三面议定价银叁两贰钱整，亲手收回应用。其山自断之后，恁凭买主管业，其界至照衣（依）起才先约管业。今欲有凭，立此断字承（存）召（照）。

代笔　夏廷用[1]

凭中　周宏化

道光八年七月十四日　立

注：

（1）夏氏，为苗埂村落历史上存在的姓氏之一，根据藏存文书推测，光绪中后期已全部迁居他出，目前周边已没有夏氏，村落内也没有发现家族墓地或与之相关的传说。

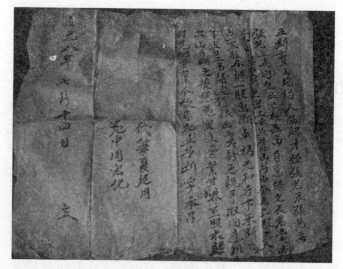

（抄件）

056.（1828）道光八年八月初四日张起才、张老乔
等断卖山场与黄英荣字

　　立断卖山场约人张起才、弟张老乔、老三，为因张老辰亡故，所欠棺木酒水无出，同弟三人，自愿将祖遗山场，坐落土名岑里，上下平（凭）田，右平（凭）黄姓、龙姓、绍元三人之山为界，四至分明，自愿将土股出卖与黄英荣名下承买为业。三面议定价银贰两整。其山自断之后，恁凭买主蓄禁管业。如有不清，俱在卖主一力承当。今恐人信难凭，立此断字为据。

　　中笔　夏廷用

　　道光八年八月初四日　立

057. （1833）道光十三年十一月二十四日夏克修断卖田与夏国修、夏家修兄弟字

立断卖田约人夏克修，为因缺少费用无出，自愿将苗硬（埂）本名受分之田俾絽岭上田大小柒丘，谷柒石；翁践长田壹丘，谷柒石，随带（载）司粮[1]六斤，出断卖与堂弟国修、家修名下承买为业。当即实授断价银贰拾贰两伍钱捌分，亲手收用。自卖之后，任凭买主管业，卖主不得异言。恐后无凭，立此断字永远存照。

凭　　兄时修

代笔　　渊修

道光拾叁年拾壹月贰十四日　立

注：

（1）司粮，原为古代基层管理粮食的官吏，这里指的是上缴给国家作为赋税的粮食。

立断田约人夏克俐为因缺少费用无处得处

硕本名受分之田俾维岭上田大小共坵谷

辞凭硕武兵田坐坵谷杂石随草可稅六斤出断

采石翁武兵田坐坵谷杂石随草当即实授断价

堂兄圆修各于承买为业当即实授断价

宫承是存照

银贰拾贰两伍钱捌分亲手收用自卖之后任

凭买主管业卖玉不得异言恐后无凭立此断

大清道光拾叁年拾壹月贰拾四日　立

凭兄　时修
代笔　渊修

058.（1839）道光十九年五月二十四日龙成发断卖杉木并土与石正茂、石正光等字

　　立断卖杉木并土约人小苗光寨龙成发，为因缺少费用无出，自愿将先年德（得）买吴学明、相乡弟兄二人山六大股，弟兄七人占乙大股，此乙大股分为七小股，将此二小股凭中出卖与俾党寨[1]石正茂、正光、通吉三人名下存（承）买为业。此二股正茂占乙股，正光、通吉占乙股。土名仅讲山，左右凭冲，上凭坳，下凭田，四至分明，凭中出断议定价文（纹）银乙两贰钱八分，亲手收应用。其山场自卖之后，恁买主修里（理）管业，日后不得异言。如有不清，俱在卖主里（理）落，不干买主之事，一卖一了。今 恐 人姓（信）难凭，立此断字一纸永远为据。

　　约内家（加）"中""出""田"三字。

　　凭中　吴光齐

　　道光十九年五月二十四日　亲笔　立

注：

（1）俾党寨，即今锦屏县固本乡东庄村俾党寨，距离苗埂村落约 12 公里。

059.（1839）道光十九年七月十四日杨光隆、杨昌谅叔侄断卖山与李荣魁字

　　立断卖山场杉木字人龙里司[1]杨光隆、侄昌谅，为因先年得买土名归靠张起才、姚尔元、杨明榜三人之山乙所，上凭界，下凭者格杨玉明之山为界，左右凭冲为界，四字（至）分明，今凭中土栽出断卖与韶霭寨[2]李荣魁[3]名下承买为业。当日凭中议定价银拾两零捌钱整，亲手收足应用，并无下欠分文。其山自卖之后，恁从买主修里（理）管业，日后卖主房族人等不得异言。如有不清，俱在卖主上前里（理）落，一面存（承）当。恐后无凭，立此卖字存照。

　　　　杨昌武

　　凭中

　　　　赵起开

　　代书　龙永安

　　道光十九年七月十四日　立

注：

　　（1）龙里司，即今锦屏县隆里乡龙里司村，距离苗埂村落约25公里。为明清龙里蛮夷长官司驻地，清代时管辖苗埂村落。

　　（2）韶霭寨，即今锦屏县河口乡韶霭村，旧称苗馁，清代中期因"霞彩绚丽，薄雾霭霭"之景象改名，沿用至今，距离苗埂村落约13公里。

（3）李荣魁，今锦屏县河口乡韶霭村人，生于清乾隆三十八年（1773），贡生，清水江地区知名讼师。他足智多谋、能言善辩，有清代黎平府"第一讼棍"之称，是"清江四案"中"白银案"的山客代表，亦是"三魁告倒姚百万"故事中的三魁之一，他与格翁范正魁、塘东姜朝魁一道控诉姚玉坤家族。

（抄件）

060.（1841）道光二十年十二月十八日杨光普、杨老本祖孙断卖杉木土与张士法、张士旺字

　　立断卖杉木土人杨光普、老本公生（孙），为因家下缺少艮（银）用无出，自愿将地名归靠山乙所，上平（凭）界，下平（凭）盘，左平（凭）买主之山，右平（凭）大坳吴姓之山，四之（至）分明，凭中出断卖与张士法、士旺二人明（名）下承买为业。当日凭中定断价元银九钱整，亲手收用。其山自卖之后，恁凭买主管业，卖主公生（孙）不得议（异）言。今恐有凭，立此断卖为记（据）存照。

　　凭中　吴明何

　　代笔　吴祀祖

　　道光二十年十二月十八日　立　断卖

061.（1842）道光二十二年六月二十五日吴光德
断卖扫土杉木与吴光大约

　　立断卖扫土杉木约人本房吴光德，为因缺少用费无出，自愿将坐落土名冗讲山乙块，上凭墙，下凭田，左右凭冲，四至分明为界，其山分为六两之山，出卖与▭▭两分为□□光玉、光德占三钱三分三厘，出卖光德乙钱六分六厘，今将扫土出卖与吴光大名下承买为业。当日凭中议定价文（纹）银七钱整，亲手领用。其山自卖之后，恁从买主管业，日后不许房族弟兄争论。如有争论此情，俱在卖主理落，不关买主之事，一卖百了。恐后无凭，立此断卖承（存）照。

　　二十三年八月二十一日，光信、昌贵二人占山乙钱六分六厘，扫土断卖与吴光大为业，价文（纹）艮（银）三钱整。

　　笔中　吴光德

　　凭中　　光齐

　　代笔　　光梅

　　道光二十二年六月二十五日　　立

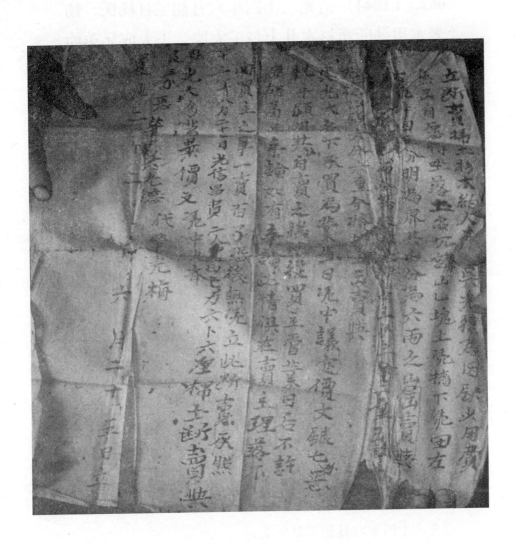

062. （1844）道光二十四年六月初二日杨氏、杨老本祖孙断卖杉木并土与王大德、王大成兄弟约

　　立断卖杉木并土约人杨老本同祖母杨氏，为因缺少费用，自愿将乌有山场一所，上凭界，下凭田，左凭买主之山为界，右凭大岭抵龙里司杨老文之山为界；又将乌钮山场并土在内，上凭界，下凭者格杨山为界，左凭白岩梁，右凭小岭；又将眼钮私山并土在内，上凭界，下凭者格山为界，左凭小岭，右凭大冲。四至分明，凭中出断卖与王大德、大成弟兄二位名下承买为业。即日凭中议定断价文（纹）银伍两整，亲领应用。共有场并土白（自）卖之后[1]，恁王姓修俚（理）管业，杨姓族内弟兄不得争论。如有等情，俱在卖 ［主］理落，不与买主相干。今族（欲）有凭，立此断约永远为据。

　　外批：姑娘山半截，岭在外。

```
            徐应大
凭中    张士华
            赵老标
代笔    杨光大
道光二十四年六月初二日    立
```

注：

（1）共有场并土白（自）卖之后："场"前面疑脱一"山"字。

立断卖杉木並土约人杨秀本今因母
杨氏弟因缺少费用自愿将鸟省
山塘一所上凭城龙里司杨老之山
房界右凭大岭柳正上止为界
下凭者桥杨山为界主凭自省梁
右凭小山岭又将眼纱仙山延土在内沙
凭界下凭者桥山为界左凭小山岭右
凭界中出断卖见与
凭大中四至分明凭中出断卖见与
王大咸弟兄二经名下承买为业即
日凭中议定断价银伍两正亲领交
用共者塘並土後凭王姓修便
管业视如後凭王姓修便
為兄无异得争論如者
守顺俱在卖主俱干今族
今断约内不断为顾
颜藏外
外批姑娘半都
颜藏外
凭中　张志莲
　　　　赵志标　　徐永大
　　　　　　　　　代笔杨光大
延光十四年六月初二日

063.（1849）道光二十九年五月初二日吴三娘、
吴文榜母子断卖山土与杨顺和字

立断卖山土约人小苗光寨吴三娘同子文榜，为因缺少银用无出，自己请中愿将土名钟讲山土壹块，此山大共陆两之山，母子所占 本名乙两；又得买本房侄吴光华、光云三钱，二共该壹两三钱，此山上凭干唐凹，下凭田，左右凭冲，四至分明，请中出卖 与 □把寨杨顺和名下为业。三面议定 断 □□叁仟八伯（佰）八十文，亲手领回 应 用。其山土自断之后，恁凭买主耕种 管 □， 卖 主不得异言。倘有不清，俱在卖主向前理落，不关买主之事。恐后无凭，立此断字存照。

批：咸丰元年九月十四日，杨顺和得买吴文榜母子之山土，至今卖与唐安全、安朝二人名下，照此老约管业，价钱俱以收清，此卖是实。

代笔　吴志仁

凭中　龙登玉

道光贰十九年五月初二日　立

064. （1849）道光二十九年十一月二十五日
石正珖、石通桓弟兄叔侄等卖杉木山场与吴光大字

　　立扫土断卖杉木山场约人俾党寨石正珖、通桓弟兄叔侄四人，今将先年得买龙成发土名冲讲山土乙场，上凭墙，下凭田，左右凭冲。此山系是六两，得买成发，得买吴学明、吴相卿之贰钱捌分六厘；又得买吴光朝弟兄，得吴学魁之壹钱四分三厘，大其占四钱三分，凭中出卖与小苗光寨吴光大名下承买为业。即日凭中议定，受过断价钱柒佰文整，亲手领回应用。其山土自卖之后，恁从买主修理管业，卖主并外人不得争论异言。恐后无凭，立此卖字为据。

　　　　吴光齐
凭中
　　　　欧灿珍
道光 二拾九年十一月二十五日[1]　　通桓亲笔　立

注：

（1）年号处脱落，联系本户归户文书的时间脉络，以及包契纸中山场的归地属性，判断此处时间应为"道光"。

065. （1851）咸丰元年四月初六日王大德、王大成兄弟二人断卖山与谭森顺、王启科等字

立断卖山土约人王大德、大成弟兄二人，为因缺少艮（银）用无出，自愿将得买杨老本山土一块，地名眼纽山，上凭界，下凭者格山白岩梁，左凭白岩梁，右凭小岭，四至分明。其山土分为拾五股，得买杨老本四股，本名弟兄占乙股，合共五股，今出卖与谭森顺、王启科、谭善明三人近钱（前）承买为业。当日议定价钱二千八百文整，亲手收用。其自卖之后，任凭买主耕重（种）管业，日[后]卖主不得议（异）言。恐后无凭，立断约永□存照。

凭中　刘金干

咸丰元年四月初六日　亲笔　立

（抄件）

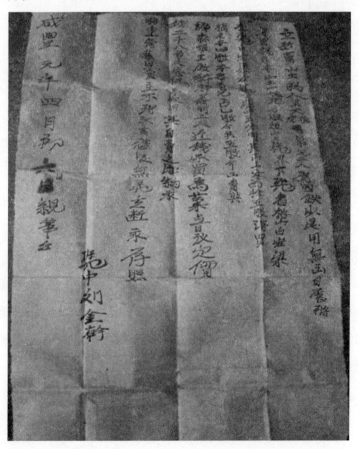

066.（1859）咸丰九年十月初十日夏家修转典田与
张士发、张士旺兄弟字

立典田约人夏家修，情因先年得典格东⁽¹⁾王现延，地名党都田贰丘、乌有田大小拾九丘，约谷贰拾伍石，凭中出典与张士发、士旺名下。当日三面议作时价纹银玖两捌钱捌分正。其银亲手领足应用，日后价到归赎，不得异言。恐后无凭，立典字存照。

代书中　游森财⁽²⁾　笔

咸丰玖年拾月初十日　立

注：

（1）格东，今黎平县平寨乡唐旧村格东寨，为"青山界四十八苗寨"之一，距苗埂村落约20公里。

（2）游姓，为苗埂村落历史上存在的姓氏之一，现苗埂寨最下端靠近乌下江边与八受寨接壤处还有一地名游家坪，仅存房屋地基遗址。根据口碑材料显示，因游氏家族在民国中后期出了一位风水先生，名唤游佰斌，此人阴险狡诈、两面三刀，最终害人害己，导致家族在民国后期因瘟疫而大部分死亡，少数存活下来的逃往他处居住，1980年代以前常有近嫁周边村寨的游姓女子每逢清明到游家坪处祭扫族人，并放声痛哭。

067.（1859）咸丰九年十月初十日夏家修断卖田与张士发、张士旺兄弟字

　　立断卖田约人夏家修，今因要银使用无出，自愿将先年得买夏克修，地名鄙己岭田捌丘，约谷拾六石，载原司粮六斤半，要行断卖，亲房无人承买，凭中断卖与张士发、士旺名下。当日三面议定时价纹银拾壹两捌钱八分正，其银亲手领足应用，银约两交。其田任从买主子孙管业，不得异言。恐后无凭，立断买（卖）字存照。

　　代书中　游森财　笔

　　咸丰玖年十月初十日　立

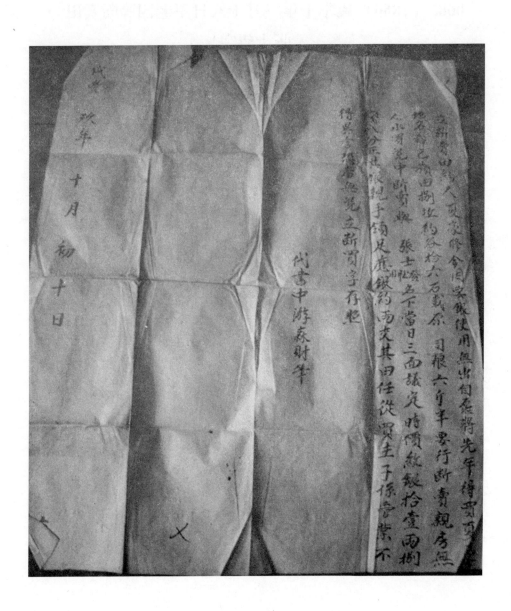

068.（1860）咸丰十年三月十八日王老四等断卖田与张士望字

　　立断卖田约人格东寨王老四、□□□□，先年得买杨姓，地名党都田二丘；又并乌有田拾九丘，共记（计）二拾壹丘，约谷二拾担，随代（载）司粮二拾八斤，今凭中出断卖与张士望名下承买［为］业。当即凭中受过价纹银拾伍两伍整，亲手领用。其田自卖之后，恁从买主耕管为业，日后卖主不得异言。如有不清，俱在卖主理落，不关买主之事。恐后无凭，立此断卖字永远发达存照。

　　　　蒲廷珊　代笔（押）

　　凭中　杨文林

　　咸丰拾年三月拾八日　立

069.（1861）咸丰十一年二月十六日吴三娘母子断卖扫土杉木与吴光前、吴光大字

立断卖扫土杉木约人本族吴三娘母子，为因家下缺少银用无出，自己请中，愿将踵讲山乙块，上凭墙，下凭田，左右凭冲，四至分明，此山系是六两之山，母子出卖壹两叁钱六分九厘，出卖与族侄吴光前、光大二人名下承买为业。当日凭中议定断价大钱[1]贰仟零四十文，亲手领回应用。其杉木并土自卖之后，恁凭买主修理管业，卖主不得异言。倘有不清，俱在卖主向前里（理）落，不关买主之事。今恐无凭，所立断字一纸存照。

代笔　绍荣

凭中　光元

　　　龙绍贤

咸丰十一年二月十六日　立

注：

（1）大钱，清咸丰年间所铸造的劣质铜铁货币。咸丰三年（1853），清政府为了挽救财政危机和筹措镇压太平天国革命的军费，开始铸造大钱。先铸当五、当十，尚可勉强流通。继而将大钱减轻，并铸当五十、当百，一出即行贬值。后又铸当五百、当千，才出即废。

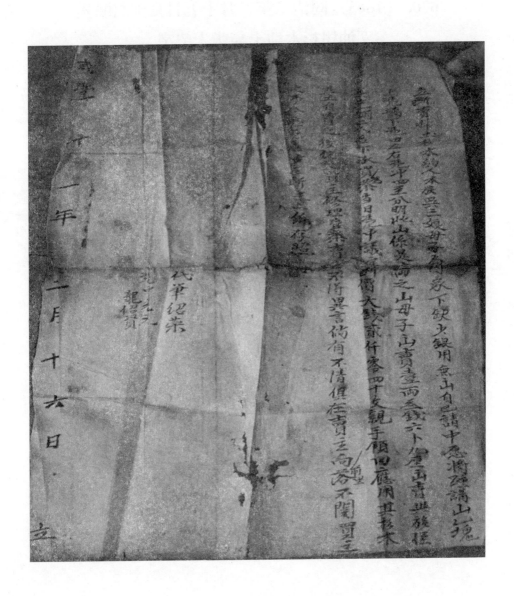

070. （1863）同治二年二月十五日夏国君断卖油树杉木地土与张士望字

立断卖油树杉木地土字人夏国君，今因家下缺少用度无得出，自愿将到土名乌周寨屋背油树、杉木、地土壹块，上下俱凭路，左右俱凭冲，四致（至）分明。欲行出卖，先问房族人等无人承受，请中上门问到本寨张士望名下承买为业。当日凭中议定断价大钱贰仟肆百八十文整，其钱亲领入手应用。其油树、杉木、地土任从张姓子孙永远管业。恐有来离（历）不清，俱在卖主尚（上）前理落，不与买主相干。恐口无凭，立此断字为据。

凭中　王起书

代笔　欧阳兰芳（押）

同治贰年二月十五日　立断是实

立斷賣油樹杉木地土字人夏國君今因家下缺少用度
無得出自願將到土名烏岡寨屋背油樹杉木地土壹塊上下
俱憑路左右俱憑冲四致分明欲行出賣先問房族人等無
人承受請中上門問到本寨張士望名下承買為業當日
憑中議斷價犬錢貳仟肆百八十文整其錢親領入手
應用其油樹杉木土地任從張姓子孫永遠營業恐有本離
不清俱任賣主尚前理落不與買主相干恐口無憑立此斷
字為據

憑中王起書
代筆歐陽蘭芳理

同治戊年 二 月十五日立斷是實

071. （1864）同治三年四月初四日夏国君断卖
田木与张仕望字

立断约字人夏国君，今要钱使用。自愿土名田乙丘，计禾二卡[1]，价钱贰百五十文整；又田外砍（坎）杉木八根，议价钱贰百四十文整，出卖与本寨张仕望名下承买为业畜（蓄）禁。弟兄内外人等不得争论。如有异论，俱在卖主理落。恐口无凭，立断字为据。

凭中　张老乔

代笔　杨兰芳

同治叁年四月初四日　立断

注：

（1）卡（qiá 音），"卡"的此处写法是两"手"字并立，或者是在"加"下面写一个"手"字，意为双手的谷穗用绳索扎在一起，置于晒禾架上晾干。

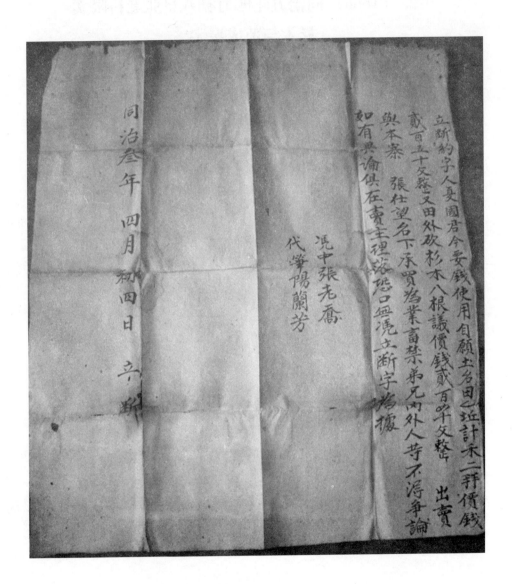

立断约字人吏国君今要钱使用自愿土名曰己坵计禾二秤价钱
贰百五十文叅又田外砍杉木八根议价钱贰百卉文整　出卖
与本寨　张仕望名下承买为业畲禁弟兄内外人荨不得争论
如有异论俱在卖主理落愿口无凭立断字为据

凭中张老乔

代笔陽蘭芳

同治叁年四月初四日　立断

072.（1866）同治五年四月初八日张老桥限卖 杉木与范成星字

立断卖杉木人张老桥，今因缺少用度，出卖土名归靠山杉木乙斛（幅），下抵荒坪，上抵盘路，左抵冲，右抵岭，四抵分明，出卖与瑶光范成星。当日议定断价钱拾仟贰百捌拾文，其钱领足应用。其木砍伐下河，余下却（脚）木借土养木限至拾年，砍伐不得留存一根。如有留存，任从土卖主砍伐开挖（挖）耕种，不得异言。恐口无凭，立此限卖字为据。

　　　　龙武的

　凭中

　　　　龙武欢

　代书　阳兰芳

　同治五年四月初八日　立卖限字

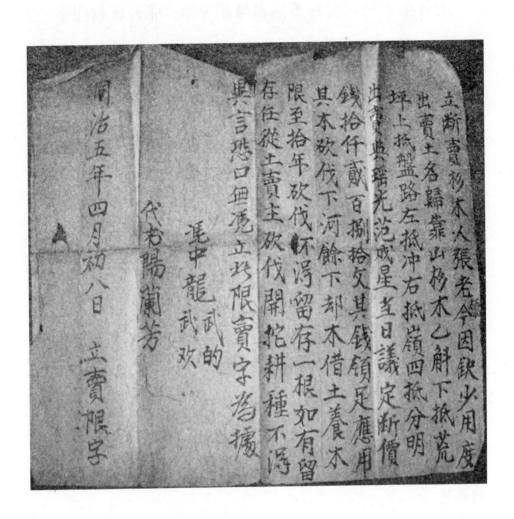

立断卖杉木人張老輝今因欽少用度
出賣土名歸靠山杉木乙斫下抵荒
坪上抵盤路左抵冲右抵嶺四抵分明
出賣與瑶光范成星茔日議定断價
錢拾仟貳百捌拾文其錢領足應用
其本砍伐下河餘下部木借土養木
限至拾年砍伐不得留存一根如有留
存任從土賣主砍伐開挖耕種不得
與言恐口無憑立此限賣字為據

同治五年四月初八日　立賣限字

代書陽蘭芳

凴中龍武欢

龍武的

073.（1866）同治五年十月二十六日王发生、王有生弟兄断卖栽手杉木与张士望、张开成叔侄字

立断卖栽手杉木字人小苗光寨王发生、有生弟兄二人，将先年得买王老丙、喜贵、有贵弟兄三人栽手壹半，地名冉欲山。上凭界，下凭杨姓之山，左凭物欲冲，右凭读（独）田各（角）下冲为界，四致（至）分明，请中上门问到苗硬（埂）寨张士望、侄开成⁽¹⁾名下承买为业。当日凭中议定断价钱贰千六百八十文整，亲手收回应用。其栽手杉木自卖之后，任凭买主修理管业，卖主弟兄不得异言。恐后无凭，立此卖字永远承（存）照为处（据）。

笔中　蒲廷珊

同治五年十月二十六日　立

注：

（1）张开成（1836—1890），为清代张氏家族最有影响力的人物，系锦屏一带"三营"地方团练武装出身，曾在黎平府任职，因参与"咸同兵燹"时的"反乱"，颇有战功，被赠予"六品军功"的虚职。

074.（1867）同治六年十月十二日范国忠、范克振等人断卖田与张世望、张开成叔侄字

　　立断卖田字人培亮寨⁽¹⁾范国忠⁽²⁾、同侄克振、伙□黄龙□三家买唐姓苗埂之田，分占地名宰郎田壹榜共田贰拾丘，约谷贰拾叁石；又田坝小田，共谷贰石。今方便出卖与张世望、开成叔侄名下承买为业。凭中三面议定断价纹银捌拾柒两零陆钱捌分整，亲手领回收足，分厘无欠。其田自卖之后，恁凭买主耕种管业，卖主弟兄叔侄不得异言。如有不清，俱在卖主理落，不干买主之事。恐口无凭，立此断卖子孙永远为据⁽³⁾。

　　凭中　黄光琢　杨玉仁　龙老福

　　同治六年十月十二日　国忠亲笔　立

注：

（1）培亮寨，今锦屏县固本乡培亮村，系青山界四十八苗寨之一，史料称为"鄙亮"，古苗语称为"穷强卑亮"，相传是该区域最古老的寨子。与苗埂村隔乌下江相望，多为范姓族人居住。

（2）范国忠，道光三年（1823）的武庠生，后为地方团练组织"三营"中培亮团的首人。

（3）立此断卖子孙永远为据："卖"下疑脱一"字"字。

075.（1868）同治七年九月二十九日杨钟元与
张开盛弟兄拨换田约

立拨换田约人扣黑杨钟元，今将旧岁得买唐姓之田，土名苗埂瓦屋左边菜田壹丘，约谷乙石半，将此田与张开盛弟兄换鄙己之田三丘，约谷八石，与石姓所共之田张姓弟兄占乙半，任从钟元修理管业。凭中议定补过钟元纹银柒两四钱八分整，其纹银交清无欠。其有菜田乙丘恁从张姓立屋居坐，修理管业，杨姓不得异言。恐后无凭，立此换约永远发达为据。

外批：此菜田乙丘与凹上田乙丘，此贰丘共半牌水。张姓将□田居坐，半牌水尽归杨姓管取。倘耕田，仍照贰丘同分水。

内添壹字。

言定住坐之时，临屋之田不得鸡栖遭踏禾谷。有此者，公验赔还。

粮照老约完纳。

凭笔中　杨钟学

同治柒年九月二十九日　立

立橋換田約人和眾楊鍾元今將旧歲得
買唐姓之田土各當硬尾屋遖簽田臺伯約谷
乙石半將此田與張閞盛第兄換郫巳之田二坵
約谷八石與石姓所掛之田張姓弟兄占乙半坵
的谷八石與石姓新掛之田張姓弟兄占乙半坵
從鍾元俏理骨業運中講定補过鍾元銀漆兩
四錢八分發乙其跟交清完父其有菜田乙坵係從郫
姓立產居坐修理骨業楊姓不得異言恐後
兵憑立此換約永遠達爲據

外批此菜田乙坵此田回坵貳伯共半牌水龐姓
田畬坐半牌水盡左楊姓骨取偹俏耕日後照此伱水
約源童字言定往坐賆館產之田不得鷄枘遺路禾令
有尖唐公繪結还
糧照秀約克訖

076. （1869）同治八年六月二十一日杨本贵、
杨本开兄弟等断卖田与张开基约

立断卖田约高受寨[1]字人杨本贵、本开、本善弟兄三人，今因家下缺少用度无出，自己兄弟谪（商）议，将到土名归溪田壹丘，计谷乙担，代（载）府粮[2]半斤，上抵杨姓之田，下抵溪，左抵荒坪，右抵溪，四致（至）分明。欲行出卖，先问族内人等，无人承受。请中上门问到苗埂张开基名下承买为业，当日凭中三面议定断价钱贰仟乙百捌拾文整，其钱当日亲手领足应用。其田自卖之后，任从张姓子孙开砌耕种管业。恐有不清，俱在卖主向前理落，不干买主之事。恐口无凭，立此断约为据。

外批：内添三字。

凭中　杨秀直

代书　阳兰芳

同治捌年六月廿一日　立断

注：

（1）高受寨，今锦屏县启蒙镇八受村高受寨，为侗语地名，有高山半坡山岭上的寨子之意，居住者以杨姓族人居多，距离苗埂村落约3公里。

（2）府粮，即上缴给国家作为赋税的粮食。

077. （1869）同治八年六月二十七日杨老先、 杨老林兄弟等断卖田与张开姬字

　　立断卖田约人高受寨杨老先、老林、老交弟兄三人，为因口粮缺少，费用无出，自愿将土名堂在田贰丘，约谷乙挑，出断卖与俾己张开姬名下承买为业。当日凭中议定价铜钱乙千贰百文整，亲手收用。其田自卖之后，恁凭钱主耕种管业，卖主不得异言。恐后无凭，立此卖字为据。

　　同治捌年六月二十七日　杨逢阶　笔中　立

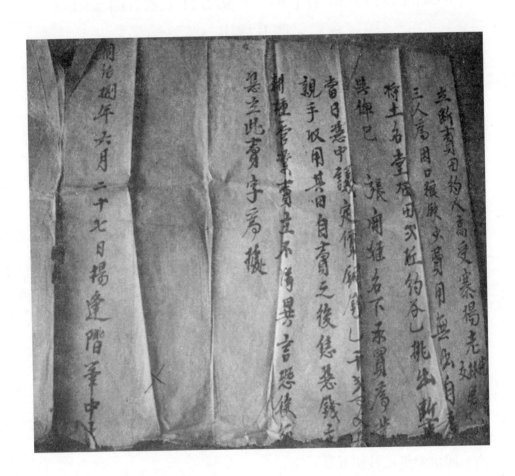

立断卖田约人高受寨杨老辉兄
三人高因日粮歉文用无出自愿
将土名壹塅田买与匠约承挑出断卖
与婵已 张谕雄名下承买为业
当日凭中议定价钱□平天平
亲手取用其日自卖之後愿卖钱立
朝埕当业承卖立不得异言惑後
恐立此卖字为据

同治朝年六月二十七日杨逵階筆中止

165

078. （1871）同治十年三月初五日王老五断卖田与
张开盛字

　　立断卖田约人王老五，为因家下缺少费用，无处出取，自原（愿）将到土名俾己岭凸田乙丘，又宰郎半沟坎却（脚）田乙丘，共计田二丘，约谷四石，随代（载）粮二斤四两，凭中出断卖与本寨张开盛弟婿名下承买为业。凭中议定断价大钱壹拾七千二百八十文整，亲手收回应用。其田自断之后，恁凭买主下田耕种管业，卖主族间并外人等不得异言。恐有不清，俱在卖主理落，不关买主之事。恐后无凭，立此断字永远为据。

　　外批：约内添三字。

　　　　　　赵连生

　　凭中　胞兄王老四

　　　　　　赵连生

　　代书　龙起波

　　同治十年三月初五日　立

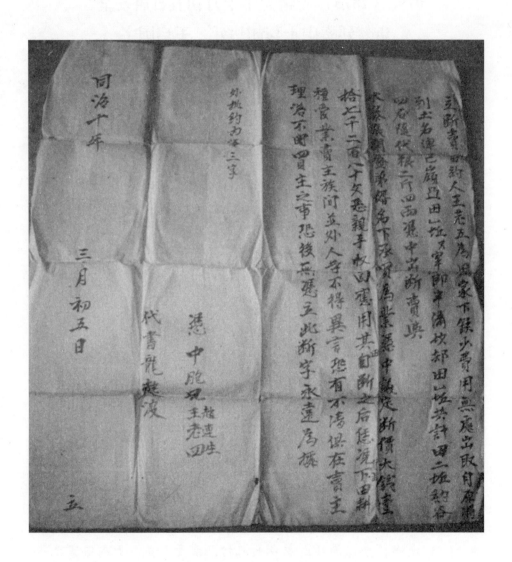

079.（1875）光绪元年十月初五日唐安全、唐梦廷卖山土与胡达廷、王启国字

立卖山土约人南喉[1]唐安全、侄梦廷，自愿将先年得买小瑶光吴姓之山土乙块，地名肿沟，上凭甘塘，下凭田，左右凭冲，此山土分为六两股，本名得买壹两叁钱，今将本名壹两叁钱出卖与胡达廷、王启国二人名下为业。当日凭中议定价纹银拾贰两贰钱捌分，亲手收用。其山土自卖之后，恁凭买主管业，不得异言。今欲有凭，立此卖字为据。

内添一字。

代书　唐梦廷

凭中　舒文焕

外姓（批）：此山土出卖与小苗光吴昌仁、吴四娘二人名下为业，当面议价壹千陆伯（佰）文，所卖是实。

达廷　笔批

光绪元年十月初五日　立

注：

（1）南喉，今锦屏县固本乡南河村，系青山界四十八苗寨之一，旧名粘侯，为苗语地名，意为河边的寨子，距离苗埂村落约14公里，原南河寨以唐姓族人居多。

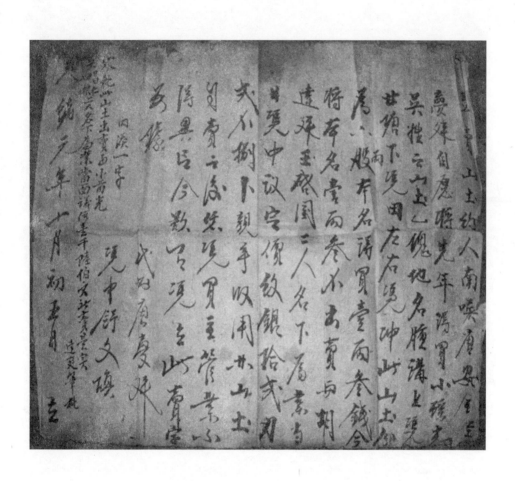

080.（1875）光绪元年十月初五日唐安朝、唐安全断卖阴地山场等与吴昌燮、吴昌仁字

　　立断卖阴地并山场、杉木、土、椆切在内字约人南喉寨唐安朝、安全，自愿将先年得买小苗光寨边读（独）田坎上冲沟山乙土块，上凭甘唐凹，下凭田，左凭大冲，右凭大冲以祥为界，四字（至）分名（明）。此山分为六两之山，将本名之三两出卖与吴昌燮、昌仁名下承买为业。当日凭中议定价银拾贰两八钱八分，亲手收用。其山土、阴地自卖之后，恁凭买主禁丈（进葬），卖主不得异言。今恐后无凭，立此卖字为据。

　　凭中　舒文换

　　代笔　唐达廷

　　光绪元年十月初五日　立

立断卖临抛荘山塝杉木土樱切在内字约人唑嗟秦唐安朝全愿将先業

買小秸光無迈请田坎上冲溝山乙土堍上凭甘堂四下凭田左凭大冲石

凭大冲改辉為界田字分名此山分為六两之山将本名之三两五賣與

凭此名下畚則為業当日凭中議定價銀拾弍两八分親手收

足其山土阴地自賣之後話凭買主禁大賣主不得異言今恐

後無凭立此賣字為据

代筆唐达廷

凭中停文揆

光緒拾九年十二月初五日立

081.（1878）光绪四年六月十四日赵连陞断卖田与
张□兴字

　　立断卖田约字人赵连陞，为因缺少用费，自愿将宰郎溪边田贰丘，计谷乙石半，戴（载）粮乙斤，凭中出卖与张□兴名下承买为业。三面议定价钱陆仟三百八十文整，亲手收足，分文不欠。其田自卖之后，任从买主开坎（垦）耕种管业，日后卖主不得异言。今欲有凭，立此卖字永远存照。

　　凭中　堂弟赵辛酉

　　代笔　江用之

　　光绪四年六月十四日　立

082.（1879）光绪五年□□十五日张开理、张天寿等三人分关拨约合同

立分关拨约合同弟兄 张 开 □、开 理、侄 天寿，三人谪（商）议，请凭族叔人等拨分田丘，张天寿分落土名乌有田拾五丘，上党都田二丘，俾己 岭 田拾乙丘，共计谷 伍 拾石。自分之后，各执拨约耕种管业，□兄同心合意，不得横争异论。今恐 人 心 不古，因凭族叔人等，各执一纸发达存照为据。

凭族　张士桥

亲友　赵连生

代书　张开科

光绪五年□□ 十 五日　立

立分关合同永远发存照（半书）

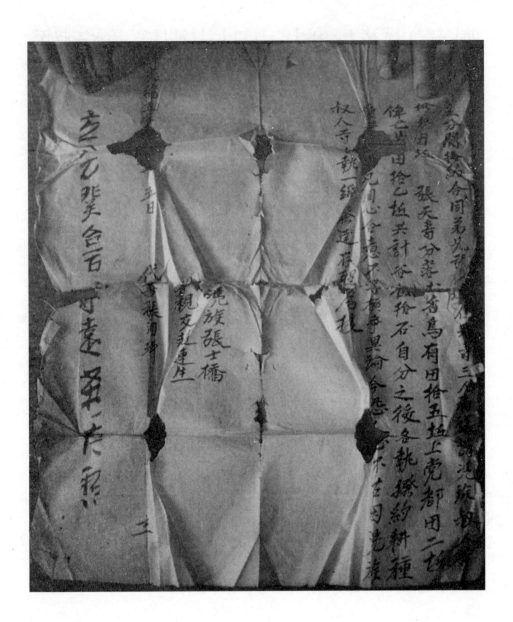

083.（？）光绪十□年十一月初十日杨以仁、杨永吉叔侄断卖田与张开富约

立断卖田约人高受高耸⁽¹⁾杨以仁、侄永吉，为因费用无出，自愿将到地名归靠冲头田□丘，约谷五十斤；又将地名苗埂过路田乙丘，约谷乙担，二处随代（载）原粮十两，今凭中出卖与苗埂寨张开富名下承买为业。当日凭中议定断价钱贰千叁百八十文⁽²⁾，亲手领回应用。其田自卖之后，恁凭买主耕种管业，卖主弟兄并外人等不得异言。如有不清，俱在卖主理落，不关买主之事。恐后无凭，立此断字永远发达存照为据。

　　　　杨超举

凭中

　　　　杨超化

光绪十□年⁽³⁾十一月初十日永吉笔　立

注：

（1）高耸，即高凸（běng 音）。

（2）此处钤有朱文契中印一方，详见原件。

（3）此处钤有朱文契中印一方，详见原件。

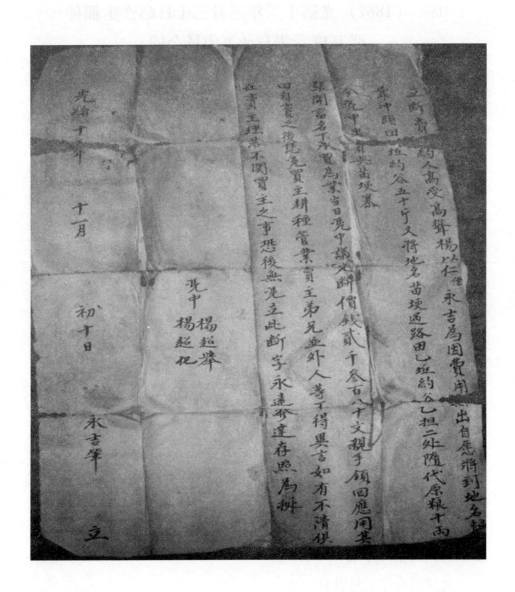

立断賣約人高受高聲楊以仁俱永吉為因費用

出自應將到地名乾

業中賣田垻約谷五十斤又將地名苗垻迤路田乙垻約谷乙担二处隨代原粮十两

分坵中灰坪界苗垻墓

張開高名下永置為業當日憑中議定斷價錢貳千叁百八十文親手領回應用其

田自賣之後應兔買主耕種管業賣主弟兄並外人等不得異言如有不清俱

坐賣主理落不關買主之事恐後無憑立此斷字永遠發達存照為據

憑中　楊超舉
　　　　楊超仙

光緒于三年　十月　初十日　永吉筆　立

084. （1887）光绪十三年三月二十日赵连生佃种张开成、黄有泽等山场合同

　　立佃字人苗埂赵连生，今佃到苗埂张开成、开盛、张老贵兄弟叔侄，八受黄有泽、有宽兄弟贰人贰姓之山场，土名苗埂洞脚盘沟坎下山土壹团。上抵盘沟，下凭溪，左凭台田岭，右凭沟头。佃到此山挖种生理，栽蓄木植，四至栽满成林长大，言定贰股均分，地主占壹半，栽手占壹半，二彼（比）不得异言。恐后无凭，立此招佃合同叁纸，地主张姓收壹纸、黄姓收壹纸，栽手赵姓收壹纸，永远为据。

　　内添三字。

　　此山场业主分为贰大股，黄有泽、有宽兄弟贰人占壹大股，张姓占壹大股，内分作叁少（小）股。

　　张开成、天喜、天恩三人占壹少（小）股，张开盛、开礼、天寿叁人占壹少（小）股，张老贵兄弟肆人占壹少（小）股。

　　凭中　夏国珍

　　代笔　杨钟学

　　乙号

　　合同为据（半书）

　　光绪拾叁年三月廿日　立

085.（1890）光绪十六年三月初十日徐氏、张岩寿母子卖栽手杉木与张开成、张开盛叔祖等字

立卖栽手杉木约人苗硬（埂）本寨徐氏、子张岩寿，为因缺少费用，自将先年佃种之山土名归靠栽手杉木乙块，上抵盘路，下抵杨运明之山，左抵冲，右凭岭，上下凭栽插为界，四字（至）分名（明），此栽手杉木乙半，今将出卖与苗硬（埂）本寨张开成、开盛、开理、天寿、天喜、天恩叔祖名下承买为业。当日凭中议定断价钱九百捌拾文整，交清领足。其杉木自卖之后，恁从买主修理管业。倘有不清，俱在卖主理落，不关买主之事，卖主不得异言。如有异言，两家人心不古，恐口无凭，立此断字永远发达为据。

外批：此山分为贰大股，开成、天喜、天恩占乙大股，开盛、开理、天寿占乙大股。

　　　　石大极

凭中

　　　　王光理

代笔　杨明珊

光绪拾陆年三月初十日　立

086. （1890）光绪十六年六月二十一日
杨钟学断卖田与龙先祥字

　　立断卖田约人杨钟学，为因缺费无出，自愿将到先年得 受 胞兄钟元得买黎平城内唐姓之田，老契捌股之中钟元得买壹股，将壹股之内所分壹丘，土名苗埂溪边桥头田壹丘，约谷叁石，分与钟学名下所买。今要钱使用，凭中出卖与苗埂龙先祥名下承买为业。凭中议定断价钱贰拾伍仟贰佰捌拾文整，钱约两交无欠，粮照老约捌股之田均派。自卖之后，恁买主耕管为业，卖主不得异言。恐后无凭，立此断字为据。

　　外批：内添叁字。

　　凭中　张开成

　　光绪十六年六月二十乙日　钟学笔　立

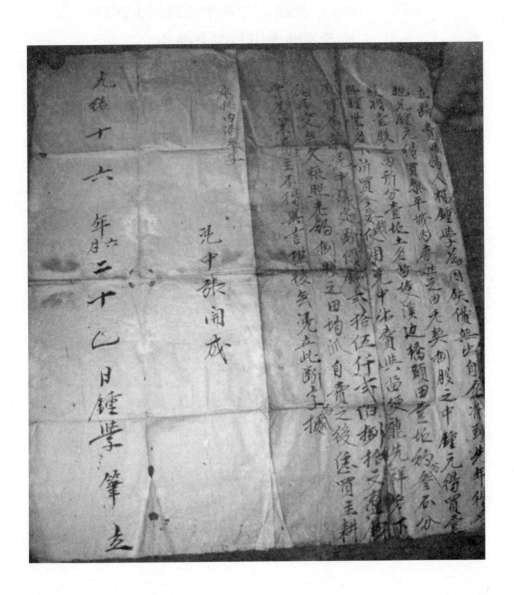

087. （1892）光绪十七年十二月二十四日 龙武迪断卖田与张老壹约

　　立断卖田约□□□山龙武迪，为因缺少钱用无出，□愿先年得买杨姓洪腊子弯田乙丘，约谷乙石，代（载）粮半斤，今凭中出断卖与苗埂寨张老壹名下承买为业。当日凭中议定断价钱乙千七百四十文整，亲手收回应用。其田字（自）卖之后，恁凭买主开坎（垦）耕种管业，卖主弟兄内外人等不得异言。如有不清，俱在卖主理落，不关买主之事。恐后无凭，立此卖字永远发达存照为据。

　　张开盛

　　　子□立

　　光绪十七年十二月二十四日　立

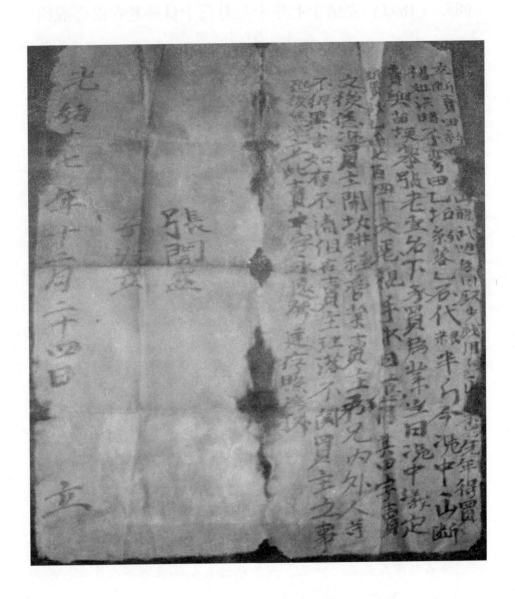

088. （1892）光绪十七年十二月三十日杨老春偷盗戒约

立戒约⁽¹⁾字人高受寨平为不法之杨老春，因本月廿五日偷到杨志端家财，人赃两获。经团众 等 齐集，将我 送官 ，幸有伊舅父央求，日后不敢再犯。如不解（改）此前非再犯者，恁从地方乡团送官究办，父子族等不得异言。立此戒约为据。

　胞弟成美　笔

　　　林正兴

　　　龙先和

　　　张开礼

凭□　杨□□　 通 才

　　　杨通考

　　　杨学贵

光绪十七年十二月三十日　立

注：

（1）戒约，是民间纠纷中所使用的一种特殊的文书类型，作为"送官究治"前的最后终端，多适用于偷盗、赌博等纠纷处理。通常以"立戒约字人某某"开头，因某些过失，要求当事人改正，后以"立此戒约一纸存照为据"结尾。

089. （1892）光绪十八年九月二十五日
唐名高、唐名显兄弟等卖山场地与张开盛、张国先叔侄字

　　立卖山场地约字人唐名高、名显、名贤弟兄三人，缺少费用无出，自愿将先年祖遗之业，地名归溪之山乙块，其山界至：上抵茶山，下抵路，左抵大岭，右抵大冲，四至分明，今将土木出卖与张开盛、侄国先叔侄名下承买为业。凭中议定价钱贰仟零八十文，亲手收足。其山场地土自卖之后，恁从买主耕种修理管业，卖主弟兄不得异言。如有不清，俱在卖主理落，不关买主之事。恐后无凭，立此卖字永远发达字承（存）照。

　　　　　　杨明宽

　　凭中

　　　　　　堂弟名吉

　　光绪十八年九月二十五日　名显亲笔　立

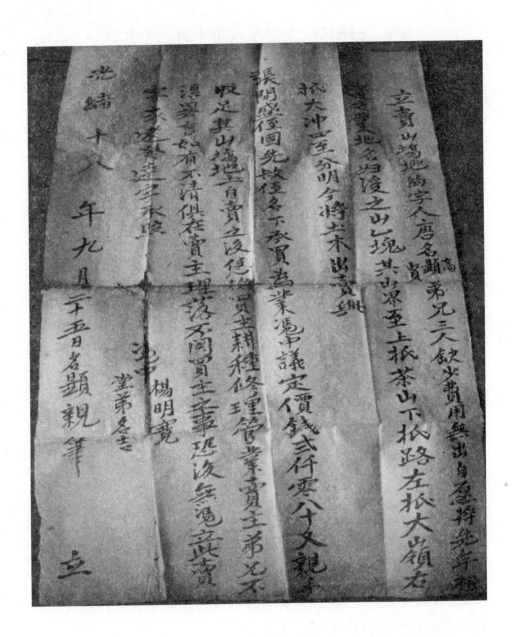

立賣山場地的字人唐名顯弟兄三人缺少費用無出自愿將兜年稅

業地乙名歸凌之山乙塊其山梁至上抵茶山下抵路左抵大山嶺右

抵大冲四至分明今將土木盡賣與

張明盛往圖先故值名下承買為業憑中議定價錢弍仟零八十文親手

收足其山場地聽自賣主後德耕種修理管業不賣主弟兄不

得異言如有不清俱在賣主理落不開買主辜恐後無憑立此賣

憑中　堂弟名告　憑中楊明寬

達字永興

光緒十八　年九月二十五日名顯親筆　立

090.（1892）光绪十八年十月二十九日
唐名高兄弟卖山土与张老壹兄弟字

立断卖山土字人黎坪（平）城唐名高、名显、名贤、名声、名吉、名新弟兄六人，为因先年祖父得买山场土名苗垭乌州山乙团，界止照老契；又乜笼山乙团，此团分为五股，本名占叁股，界止亦照老契。为因界止不清，与苗垭张姓争论，经中理讲⁽¹⁾不明，二彼（比）自愿凭佛宰牲⁽²⁾。蒙中劝谕，息事求安，劝张姓补过唐姓价钱玖仟六百八十文，以免烦佛害牲，价已交清无欠，阴阳二宅在内。自卖之后，恁从张老壹、张天喜管业，卖主族内人等不得异言，既往争论之件，今已乙清百清。恐后无凭，立此断卖字存照。

　　　　杨钟学
　凭中
　　　　宋文广
　光绪十八年十月二十九日　名显亲笔　立

注：

（1）理讲，即请第三方来评判是非曲直。在清水江地区，当发生矛盾纠纷时，由村落社会中的中人、寨老、团绅等权威人士组成第三方主持开展"理讲"，明辨纠纷两造的是非曲直，判定权属关系，这是最常见的纠纷解决机制之一。

（2）凭佛宰牲，即在佛像面前"砍鸡头"进行"神判"裁决，此种纠纷处理方式亦称为"鸣神"。具体讲，纠纷两造请双方均信得过的寨老、团绅等第三方地方权威人士主持开展，纠纷当事双方各站在左右两侧，主持仪式的权威人士站在寺庙或神像面前，手执利刃一刀斩断公鸡头，无头之鸡走向或倒向谁，就说明谁理亏。

091. （1892）光绪十八年十一月初六日
张开盛、张开礼叔侄等分山场合同

　　立分合同约人苗埂张开盛、开礼、老壹、开明、天喜、天寿、天槐、天保，为因本年十月廿九日得买山场土名乌州山土一团，上凭盘路，下凭盘路，左凭开盛买夏姓茶山以冲，右凭大岭以路为界。此山分为二大股，开礼、开盛、天喜、天寿、天槐、天保叔侄柒人占一大股，老一、开明弟兄二人占一大股。议定此山内茶山、杉木、杂树永远不准分析，阴阳二宅冥分后，此任从族等使用，亦永远不准分析，此共业内誓要内外不准买卖。如有强买强卖，众族将来罚免在族内祭祖公用，不得异言。恐后无凭，立此合同发达存照。

　　凭中　杨钟学

　　　　　开明　笔

　　立合同发达存照（半书）

　　光绪拾八年十一月初六日　立

092. （1893）光绪十八年十二月二十日唐名显、 唐名声兄弟等卖油山杉木等与赵志元兄弟约

立断卖油山、杉木、杂树、□□、荒坡并土约人黎平城内唐名显、名□、名□、名声、名吉、名新弟兄，因路程遥远，今难□管。先祖得买苗埂寨之山场，坐落地名归溪油山乙阴阳乙块，上□□姓油地，下凭小坳地埂，左凭杨姓油山，右凭学圣油山为界；又油山乙□；又乜溪对门半坡油乙块，上凭界，下凭地埂，左凭岭，右凭岭；又下截荒坡乙块，上凭油山地埂，下凭田溪，左凭大冲横过小岭下小冲□角为界，右凭田角；又宰郎山乙块，上果笼坳，下凭田，左凭岭，右□冲，四至分明。今将出卖与苗埂寨赵志□、赵志元弟兄名下承买为业。当日凭中议价银柒两捌钱整，亲手岭（领）足，分厘不欠，回城应用。其山自 卖 之 后，恁从买 ［主］修理挖种栽插畜（蓄）禁管业，卖主族内弟兄人等不得异言。倘 有 □青（清），拘（俱）在卖主理落，不干买主之事。恐后无凭，立此卖字乙永远发达 存照 为据[1]。

外批：老约三纸，又宰郎乙纸，共四张，再有结（揭）出，系是故纸。老约赵存收。

        宋发元

凭中

        欧贯之

光绪拾捌年十二月廿日　名显亲笔　立

注:

（1）立此卖字乙永远发达 存 照 为据： "乙"字后疑脱一
"纸"字。

093. （1893）光绪十九年三月初二日杨秀芳勒索戒约

　　立戒约字人杨秀芳，为因去岁腊月无钱动用，勾来天柱度（渡）马杨玉邦，往向苗更（埂）寨无端诈搪不进，先去龙里司衙妄告，串同司差杨，观音保寺坐索。因苗更（埂）乡团蒲遥客等不依，经请总理杨光耀等理讲，将我捆住，正要送官，自己央到总理，出立戒约，求解放索，以后不敢再行串磕。如有此事，恁凭捆绑送官究办。出立戒约为据。

　　凭中　张开理　龙先和

　　代笔　杨成理

　　光绪十九年三月初二日　　立

主戒約字人楊秀芳為因去歲臘月無錢
錫用向來天柱廈壽楊玉珥往向苗更容無
端詐稱樵不離一兄去龍里哥街安告串同司差至
端觀壽保事案因苗更鄉侗蒲迫容事不
依經請總理楊光耀寺理講將我綑住正要差
少自己共到總理出立戒約求解放索以後不敢
再令串磏如有此事恁憑捆綁送官光辦

憑中　張開理
　　　龍先和
代筆　楊戒理

光緒十九年　三月　初二日　立

094.（1893）光绪十九年五月初八日
张老贵、张老益兄弟等断卖田与张开盛、张天喜叔侄约

　　立断卖田约人苗埂寨张老贵、老益、老岩弟兄三人，为因家下缺少费用无出，自愿将到地名污周冲小田三丘，共合约谷四拾斤；又将乌有冲田乙丘，约谷四拾斤，出卖与堂兄张开盛、开理、侄天喜、天恩叔侄四人名下承买为业。当日凭中议定断价铜钱三千二百八文整，亲手收足。其田自卖之［后］，任从买主耕种管业，卖主弟兄不得异言。倘有不清，俱在卖主理落。恐后无凭，立有此字是实为据。

　　外批：约内添二字，原笔。

　　　　吴天云

　　凭中

　　　　龙先铪

　　光绪拾九年五月初八日　　老岩亲笔　立

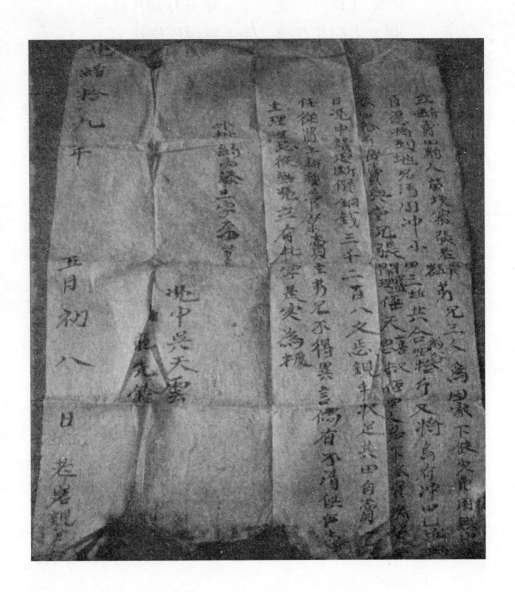

095. (1893) 光绪十九年五月初八日
张老岩向张开盛、张天喜叔侄借钱字

　　立借字人苗埂寨张老岩，为因家下缺少钱用无出，自愿上门借到堂兄张开盛、开理、侄天喜、天恩叔侄四人名下，实借过铜钱拾千文整。此钱自借之后，言定三年还清，不得违误。如有误者，自愿将本身农工归还。恐后无凭，立此借字是实为据。

　　凭中　吴天云

　　光绪拾九年五月初八日　亲笔　立

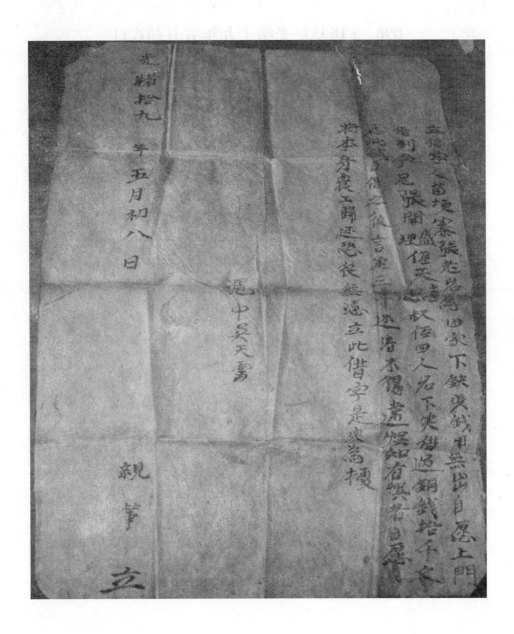

立借字人苗埂寨张老岩為田家下缺尖钱料無出自愿上門
给到今兄张開理盛促天喜□仅叔仅四人名下来銅□武拾千文
□此武三十迄清本□常□娱知有□□田歷□
□此我借之張言逗三十迄清本□常□娱知有□□田歷□
将李身農工歸还恐後無远立此借字是宴為□

代中吳天雲

光緒拾九　年五月初八日

親筆　立

096.（1893）光绪十九年五月初八日
张老益向张开盛、张天喜叔侄借钱字

　　立借字人苗埂寨张老益，为与天柱杨玉邦控告乙事，家下缺少钱用无出，自愿上门借到堂兄张开盛、开理、天喜、天思叔侄四人名下之钱四十仟文整，亲手岭（领）回应用。此钱自借之后，言定每年还钱五千文，共限八年还清，不得违误。如有误者，自愿将本身农工归还，不得异言。恐后无凭，立有此借字是实为据。

　　凭中　吴秀华

　　代笔　胞弟张开明

　　光绪拾九年五月初八日　立

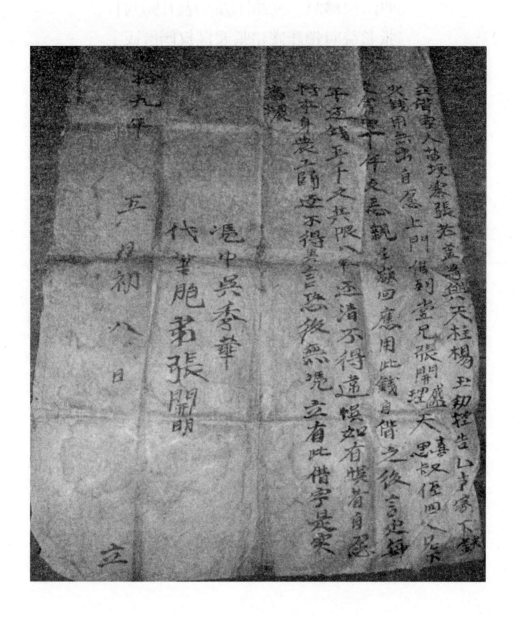

立借字人黄坝寨张若蓝邓与天柱杨玉初控告 山丰寨下欵

当頭

火钱用无出自愿上门借到堂兄张开盛 天思叔侄四人名下

实本壹十千交与親手領回應用此钱自借之後言建到喜

每年远钱五十文共限八年还清不得 迟悮如有悮者自認

恃强身农二節迟不得异言恐後无凭立有此借字是实

馮中吳季華

代筆胞弟張開明

拾九年 五月初八日

立

097.（1893）光绪十九年五月十三日
姜启德断卖田与张国兴约

立断卖田约人人刑坡[1]姜启德，为因家下缺少费用无出，自愿将到坐落土名南雅田壹丘，约谷肆石，随代（载）原粮四斤，今出卖与苗埂张国兴承买为业。当日凭中议定价银壹拾叁两捌钱捌分整，亲手岭（领）回应用。其田自卖之后，恁从买主开坎（垦）耕种管业，卖主不得异言。倘有典当不清，拘（俱）在卖［主］理落[2]，不关买主。恐口无凭，立有断约永远子孙发达为据。

约内添乙字，途（涂）乙字。

凭中　龙武极

代笔　吴天云

光绪拾九年五月十三日　立

注；

（1）人刑坡，即今锦屏县固本乡瑶里村人形坡自然寨，距离苗埂寨约10公里。

立断卖田约人人刑政

妻启德為因家下缺火費用年

此自願将到聖塘土名南雅田壹坵約栽肆石隨吠原粮

出产令自願将典承張調興贸為業當日凭中議定價

銀壹拾叁两捌錢捌分惠親賣手領回應用其田自賣之

後憑买贸主開坎耕理自業贸主不将異言尚有興堂不清胸

在賣理清不閒贸主恐口字凭立百断约永远子孫發達希拨

約内添山崇連一字

凭中龍鼓極

代笔吴天雲

光绪拾九 年 五月 十三 日立

205

098.（1896）光绪二十二年六月初七日杨家□、杨秀荣断卖山场并土杉木与张开盛、张开礼叔侄等约

　　立断卖山场并土杉木约□蒙寨杨家□、高受杨秀荣二人，为因缺费无，自愿先年遗祖得买归靠之山土并杉木再（在）内，今将□□与苗埂寨张开盛、张开礼叔致（侄）七人名下承买为业。当日凭议定[(1)]价铜钱伍仟贰百捌拾文整，亲手领足。其山土自卖之后，其有界限：上凭盘路，下底（抵）荒田，左凭大冲，右凭小冲，四至分明。今恁从买主修理畜（蓄）禁永远管业，卖主族内弟兄人等不得异言。倘有不清，拘（俱）在卖主理落，不与买主相干，一卖白了。恐口无凭，立有断为据[(2)]。

　　外北（批）：内添二字，途（涂）二字。

　　外取喜钱壹百贰拾文。

　　　　　　林玉成

　　凭中　吴国红

　　　　　　罗再发

　　请笔　吴天云

　　光绪贰拾贰年六月初七日　立

注：

（1）当日凭议定："凭"下疑脱一"中"字。

（2）立有断为据："断"下疑脱一"约"字。

（抄件）

099.（1898）光绪二十四年六月十二日
龙先祥断卖溪边田与张忠兴约

　　立断卖田约人苗埂龙先祥名下，为因缺少费用，自愿将先年得买土名溪边桥头田壹丘，约谷叁石半，代（载）粮叁斤，上抵先铪田，下抵溪，左抵坡，右抵溪，四至分明，请中上门出断卖与本寨张忠兴名下承买为业。凭中议定价足银拾柒两捌钱叁分整，亲手领用。其田自卖之后，恁从买主耕种管业，卖主不得异言。如有不清，俱在卖理落，不关买之事。恐后无凭，立此断字永远发达为据。

　　凭中　杨秀荣

　　光绪贰拾肆年六月十二日　亲笔　立

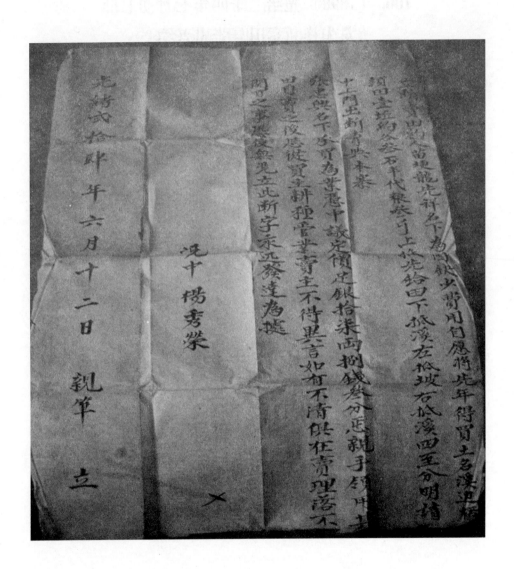

光绪武拾肆年六月十二日　親筆　立

凭中　楊秀榮　×

閉買之後遂無見立此断字永遠發達為據

於此興名下手買為業憑中談定價史銀拾叁兩捌錢叁分遂親手領明買田立断字典此為憑

十上門出断青典來賣

須田壹坵約合叁石干代禁禁引上故先給田下抓溪左松坡方放溪四至分明楮

□□□□田於入苗埂龍先許今下為閉錢少費用自愿將先年得買土名溪辺烧□□□□後應從買立耕種管業賣主不得異言如有不清俱在賣理落不

100.（1898）光绪二十四年七月初七日
龙先祥断卖田与张忠兴约

立断卖田约人苗埂龙先祥名下，为因要银使用无出，自愿将到祖父得买地名苗埂牛打田右边田壹丘，约谷捌百廿斤，粮照老约完纳。上下抵杨姓之田，左抵先银之田，右抵大路，四至分明，今凭中出断卖与本寨张忠兴名下承买为业。凭中议定价银拾壹两零肆分八厘整[1]，亲手领足应用。其田自卖之后，恁从买主耕种管业，卖主内外人等不得异言。如有不清，俱在卖主理落，不关买主之事。恐后无凭，立此卖字发达为据。

外批：内添乙字。

凭中　龙先禄

光绪贰拾肆[2]年七月初七日　亲笔　立

注：

（1）此处钤有朱文契中印一方，详见原件。

（2）此处钤有朱文契中印一方，详见原件。

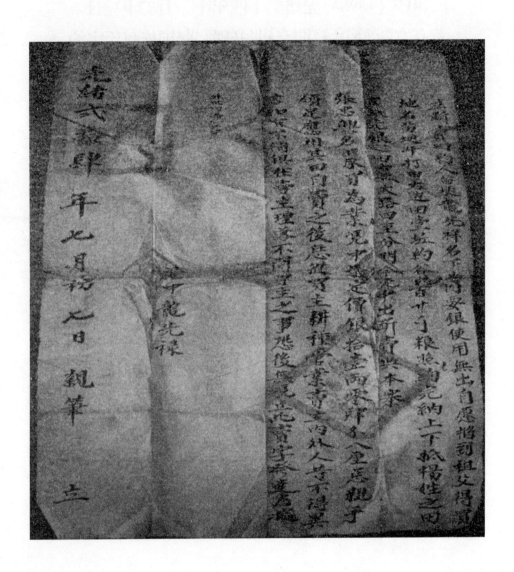

101.（1898）光绪二十四年十一月二十三日
黄有宽断卖山场并土与张开理、张国栋叔侄字约

　　立断卖山场并土字约人八受寨黄有宽，为因缺少费用无处得出，自愿将到地名汉阳盘沟外坎山一幅，上凭盘沟，下凭溪，左凭小岭，右凭盘沟头枧却（脚）为界，四至分明，今将出卖，先问房族弟兄人等，无人承受。自己请中上门问到苗埂寨张开理卒（叔）侄国栋名下承买为业。当日凭中议定断价钱壹仟乙伯（佰）捌拾八文，亲手领足应用，并无下欠，分文不少。其山场自卖之后，恁从买主修理栽插管业，卖主不得异言。倘有不清，俱在卖主理落，不关买主之事。一卖百了，父卖子修（休）。恐后无凭，立此断卖字永远发达存照为据。

　　凭中　赵连生
　　代笔　龙德明
　　光绪贰拾肆年十一月二十三日　立

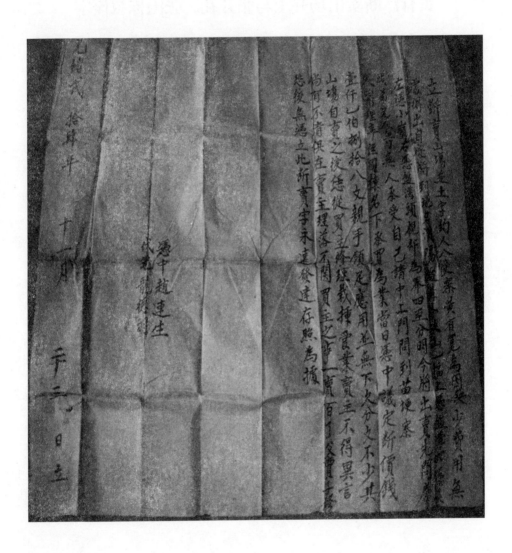

102. （1899）光绪二十五年二月二十七日
黄有泽断卖山场并土与张开礼、张国栋叔侄字

　　立断卖山场并土字人八受寨黄有泽，为因缺少费用无得出，自愿将到地名汉阳盘沟外坎山乙幅，上凭盘沟，下凭溪，左凭小岭，右凭盘沟头枧脚为界，四至分明，今将出卖。先问房族弟兄人等，无人承受，自己请中上门问到苗埂寨张开礼叔、侄国栋名下承买为业。当日凭中议定断价钱壹仟零八十文正，亲手领足应用，并无下欠，分文不少。其山场自卖之后，恁从买主修理栽插管业，卖主不得异言。倘有不清，俱在卖主理落，不关买主之事。一卖百了，父卖子修（休）。恐后无凭，立此断卖字永远发达存照为据。

　　凭中　姜朝海

　　代笔　陈贵卿

　　光绪廿五年二月廿七日　　立

103. （1901）光绪二十六年十二月初五日
赵□□断卖田与张国兴字约

　　立断卖田字约人本寨赵□□，为因家下缺少银用无出，自愿将到先年得买族内堂□之田，地名乌有冲田叁丘，约谷叁石，代（载）粮贰斤拾两，今凭中出断卖与本寨张国兴名下承买为 业 。当日凭中议定断价银玖两陆钱捌分整，亲手收回应用，并不下欠分厘。其田自卖之后，恁从买主开坎（垦）耕种管业，日后卖主族内人等不得异言。倘有不清，俱在卖主理落，不与买主相干。恐后无凭，立此断卖字发达为据。

　　凭中　赵辛酉

　　代笔　姜时中

　　光绪贰拾陆年十二月初五日　　立

立断卖□田字約的人本寨桥

庶间到光年得買族内堂　　　之田地名乌有冲田叁坵約谷叁

　　　　　　　　　　　因家下缺少银用無出自

后代價式斤拾毋今退中面断卖與

本寨张可州名下承買為業當日憑中議定時價銀玖两陸錢

則分登親手收回應用並不下少分厘其田自卖之後恁從買主

开坎耕種管業日後卖主族内人等不得異言倘有不清俱在

卖主理落不與買主相干恐后無憑立此断卖字碟達為據

憑中趙辛酉

代筆姜時中

光绪式拾陸年　十二月初五日立

104.（1901）光绪二十六年十二月二十七日
龙武敌革除贼子字

　　立革除贼子字人上乌有山龙武敌，所生一子名唤长春，不务正业，素行不法之徒，朝夕游手好闲，串八会匪，三五成群，二八为党。情因于光绪贰十六年十二月十一日夜偷到下乌有山蒲新元楼内猪一双，重乙百觔（斤）有余，失主追寻擒获。当时伸鸣地方，鸣罗喊寨，齐集公论。殊不知，长春是夜逃走，不知去向何方。众等一齐是问武敌，赶尔儿子归回，向众款首较议。武敌出言，忤逆不孝之子，如狼似虎，不从父教，反持器械毒欧（殴），焉能赶得回家。自愿立出章程，交与乡正、众款首张开理、杨明庆、龙先铃、黄有岑等之手收存。如有长春不日回家，自报地方头首，捆拿办罪，送官究治。倘有藏匿不报，地方查出此人者，愿凭款首将我全家逐出境外，不准境居住，毫无争端异言。恐口无凭，立有革除贼子章程存照是实。

　　代书　姜时佐

　　□□月二十七日[(1)]　　立

注：

（1）结合《（1901）光绪二十七年六月二十日龙先开担保承认字》该份文书时间应为光绪二十六年十二月二十七日。

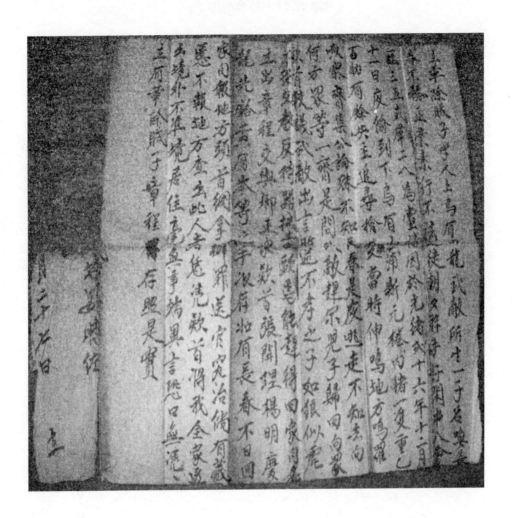

105. （1901）光绪二十七年六月二十日
龙先开担保承认字

　　立耽（担）保承认字人龙先开，今因堂弟龙先进偷窃蒲姓猪一事，当即拿获，众等隔处了局。自后狼心未改，行凶报复，众等捆绑送官。现有堂兄龙先开见事不忍，哀求乡团救活生命，承认耽（担）保，自愿遵禁罚处，书立戒约与地方收执，甘心了结。自今以后，不得为此翻行滋扰，坏事多端。倘有再行凶恶地方，恁凭龙先开一面承当，致干领罪。恐后无凭，立有耽（担）承字永远为据。

　　　　　　苗埂张开理

　　凭乡团　扣黑杨钟学

　　　　　　雄黄罗再发

　　依口代书　杨应周

　　光绪贰拾七年六月二十日　立

（抄件）

106.（1901）光绪二十七年十月初二日杨秀林、杨秀荣断卖杉木山坡并土与张□礼、黄有苔等字

　　立断卖杉木山坡并土字人龙里司杨秀林、杨秀荣，为因缺少银用无出，自愿将到地名苗埂党都洞边山乙块，上凭盘路，下凭溪，左［凭］田冲下溪，右凭田角下溪为界，四至分明，今凭中出断卖与苗埂张□礼、黄有苔、杨明庆三人名下承买为业。当日凭中三面议定断价银六两八钱整，亲手收足，分厘无欠。其山土至（自）卖之后，恁凭买主栽种修理管业，卖主族内叔侄弟兄不得异言。恐有不清，俱在卖主理落，不关买主之事。恐口无凭，立卖字是实。

　　外姚（批）：山内上下盘沟二系。

　　　　　　黄昌言
　　凭中证人　李正高
　　　　　　杨新邦
　　光绪二十七年十月初二日　秀荣亲笔　立

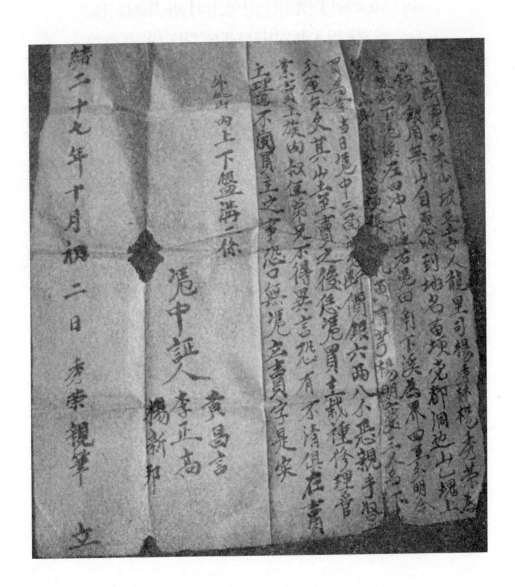

223

107.（1901）光绪二十七年十一月初三日
蒲新才断卖田与张国兴字约

　　立断卖田字约人乌有蒲新才，为因家下缺少银用无出，自愿将到地名乌有冲田乙丘，约谷贰石，代（载）粮一斤八两，今凭中出断卖与苗埂寨张国兴名下承买为业。当日凭中议定断价银六两贰钱八分整，亲手收回应用，并不下欠分厘。其田自卖之后，恁从买主开坎（垦）耕种管业，日后卖主族内人等不得异言。倘有不清，俱在卖主理落，不与买主相干。恐后无凭，立此断卖字发达为据。

　　外批：内天（添）二字。

　　凭中　蒲新元

　　光绪贰十七年十一月初三日　亲笔　立

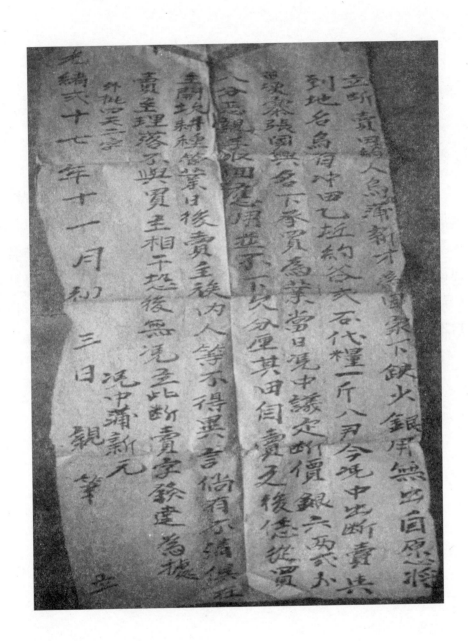

立断卖田契人乌蒲新十〇〇〇〇下缺火银用无出自愿将
到地名乌有冲田乙垃约谷文石代粮一斤八另今凭中出断卖共
西梁黎国与名下举卖为业当日凭中议定断价银六两武〇
人今马翻〇业田庭开坐一〇另分厘其田自卖之后任从买
主开坑耕种管业日後卖主後内人等不得异言倘有不清係在
卖主理落不與买主相干恐後無凭立此断卖字籤蓬為據
外批四天二字
凭中蒲新元
光緒武十七年十一月初三日　親筆　立

108.（1902）光绪二十八年四月初四日姜正元、姜正开兄弟向张开理、张天喜叔侄等讨阴地字

　　立讨字人苗岑村居住姜正元、正开弟兄二人，为因父亲亡故，无地安葬，自己登门讨到晚岳父张开理、旧（舅）台天喜、天恩、天寿、忠吉、天保、天财叔侄之地名杨梅岭[1]阴地乙棺安葬父亲名岂德。今凭亲等安葬之后，送主弟兄叔侄房内人等不得异言，恐易（异）姓不清，俱在送主上前理落，我等弟兄存殁占（沾）恩，日后不得以祖坟争山。日后两家永远发达。今恐无凭，立此讨为据。

　　　　　　　游百斌
　　凭中　道师
　　　　　　　龙五桥
　　代笔　吴天祥
　　光绪二十八年四月初四日　　立

注：

（1）杨梅岭，位于苗埂寨西侧，为张氏家族主要墓地之一。

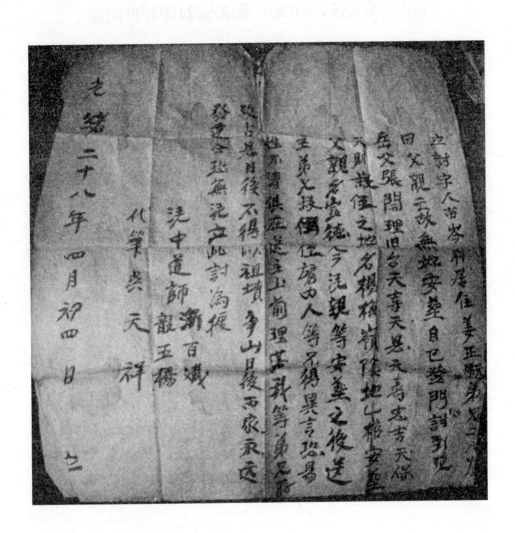

109.（1902）光绪二十八年十一月初二日
张天喜、黄有用等众人分山合同

　　立分合同字人苗埂张天喜叔侄弟兄、黄有用、龙德元众人，先年买有山场，土名岑里山乙块，上凭界田，下凭河，左凭吊水洞，右抵蒲姓之山。为因界限不清，经中理论，言定此山贰股均分。张天喜叔侄弟兄占左边，上凭盘路，下凭河，左凭吊水洞，右凭台田左边冲，抵龙、黄二姓之山。黄有用、龙德元占右边，上凭田，下凭河，左凭台田左边冲，抵张姓山为界，右抵蒲姓之山为界。二彼（比）先有契约不为足，今分合同为定，不得异言。恐后无凭，立此合同贰纸，各执乙纸永远为据。

　　　　　　杨必荣

　　　　　　杨秀文

　　凭中　吴国宏

　　　　　　杨明庆

　　　　　　杨钟学　笔

立分合同为据（半书）

光绪贰拾捌年十一月初二日　立

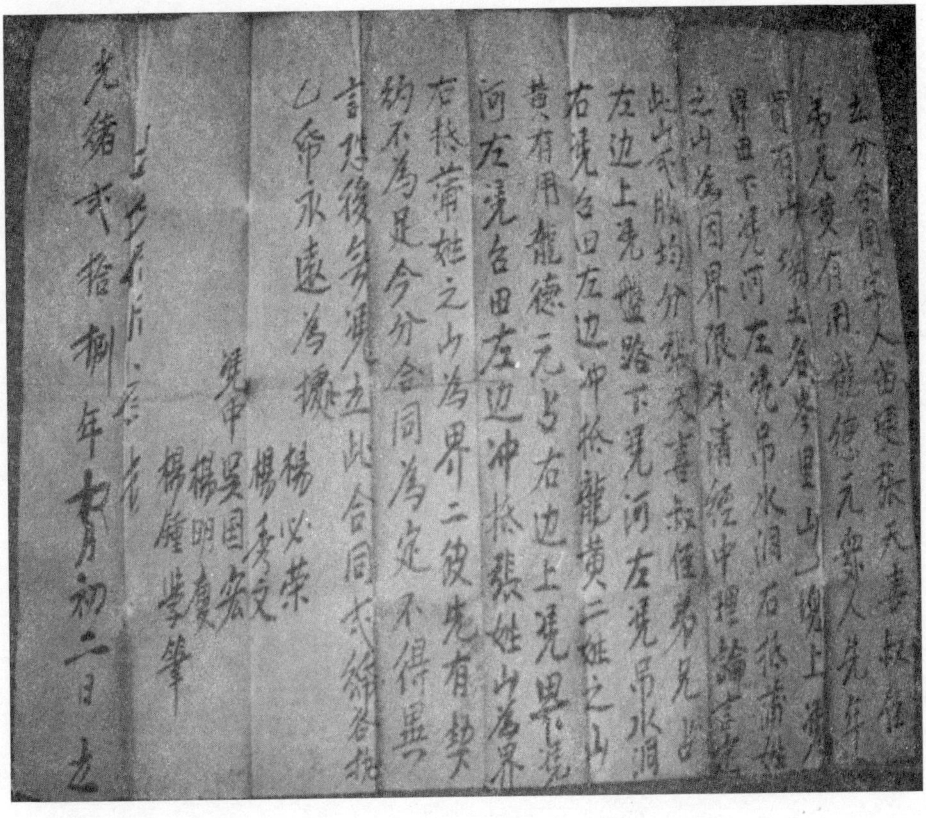
立分合同字人苗疆张天喜叔侄
弟兄黄有用龙德元契人先年
買有山場土名岑里山一塊上抵
界田下抵河左抵吊水洞右抵蒲姓
之山為因界限不清經中理論言定
此山我們均分张天喜叔侄弟兄占
左边上抵盤路下抵河左抵吊水洞
右抵台田左边冲抵龍黄二姓之山
黄有用龍德元占右边上抵界抵
河左抵台田左边冲抵张姓山為界
右抵蒲姓之山為界二彼先有契
約不為足今分合同為定不得異
言恐後無憑立此合同式紙各执
乙纸永遠為據
杨必荣
杨秀文
凭中 吴国宏
杨明夔
杨耀学筆
[illegible]
光绪贰拾捌年十月初二日 立

110.（1903）光绪二十九年二月十六日
张国元、张国正等兄弟断卖田与张国兴字约

　　立断卖田字约人本寨张国元、国正、国朝、国鼎弟兄，为因缺少纹银用无［出］，自愿将到地名党兜田二丘，约谷拾乙石，今凭中出断卖与堂兄张国兴名下承买为业。当日凭中议定断价纹银六拾四两八钱八分整，亲手收回应用，并不下欠分厘。其田自卖之后，恁从买主耕种管业，卖主不得异言。倘有不清，俱在卖主理落，不与买主相干。恐后无凭，立此断字为据。

　　外批：粮照老约。

　　　　赵连生
凭中
　　　　张国贤
光绪二拾九年二月十六日　　亲笔　立

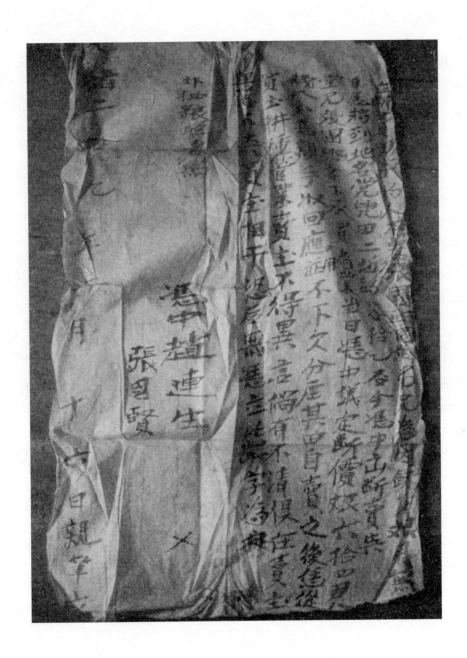

111. （1904）光绪三十年四月十八日王光陆、王光元等兄弟断卖山场杉木并土与张国定、张国兴等兄弟字

　　立断卖山场杉木并土字人本寨王光陆、光元、光照弟［兄］三人，为因缺少银用无出，自愿将到地名冉牛山壹所，上凭界，下凭者格之山为界，左凭白岩梁，右凭童子毫（壕）为界，四［至］分明。此山分为拾伍股，王姓占十乙股，三人出卖七股半，今凭中出卖与本寨张国定、国兴、国先、国珍、国贤、国栋弟兄名下承买为业。当日凭中议定价银伍两八钱整，亲手收回应用。其山场自卖之后，恁从买主修理管业，买（卖）主内外人等不得异言。如有不清，俱在卖主理洛（落），不干买主之事。恐后无凭，立断卖承（存）照为据。

　　外批：内途（涂）一字，添三字。

　　　　　　赵连生

　　凭中

　　　　　　王起才

　　代笔　杨秀洪

　　光绪三十年四月十八日　立

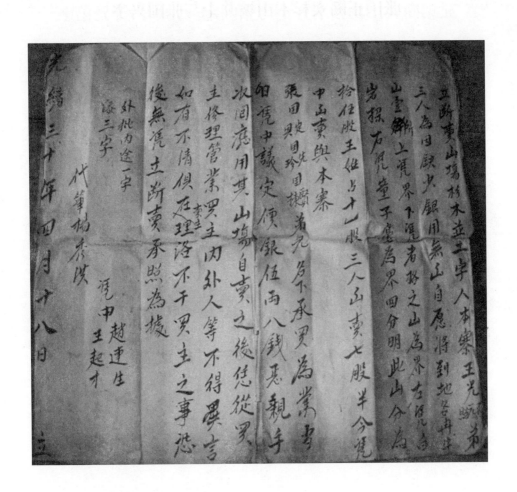

立断卖山塲杉木並土字人本寨王光蚖弟
三人為因顧火銀用無山自願將到地名坪
山坐落上下憑界下還者聽之山為界左憑
岩探右憑童子塝為界四介明此山今為
拾住殷王位占十一股三八山賣七股半今憑
中山賣與本寨
張田殿目玲目棬為兄
柏憑中議定便銀伍兩八錢恶親手
收回應用其山塲自賣之後恁從買
主修理管業買主内外人等不得異言
如有不清俱在理洛不干買主之事恁
後無憑立断賣承照為據

外批内途一字
淤三字

憑中　趙連生
　　　王起才

代筆楠秀悛

光緒三十年四月十八日

112. （1904）光绪三十年五月十八日
张国正断卖杉木山坡并土与张国兴字

立断卖杉木山坡并土字人苗埂寨张国正，为因缺少钱用无出，自愿将到先年得买党都洞边山乙块，上凭盘路，下凭溪，左凭田冲下溪，右凭田角下溪为界，四至分明，今凭中出断卖本名之股与本寨堂兄张国兴名下承买为业。当日凭中议定断价钱四百五十八文，亲手收足应用。其山场自卖之后，恁从买主栽种管业，卖主不得异言。恐有不清，俱在卖主理落，不关买主之事。恐后无凭，立此卖字为据。

外批：内添四字。

凭中　张国栋

光绪卅年五月十八日　张国正亲笔　　［立］

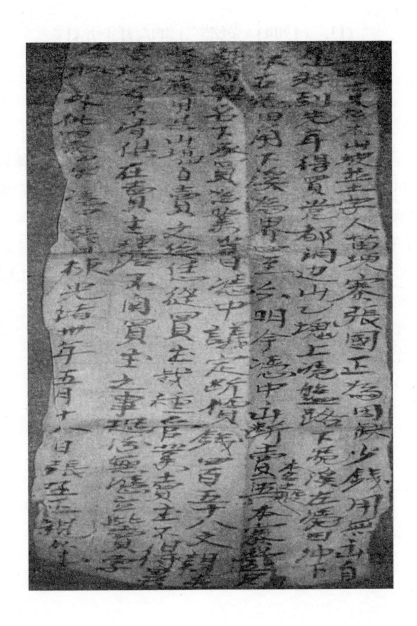

113. （1904）光绪三十年六月十九日
蒲新元断卖田与张国兴字

立断卖田字人乌有蒲新元，今因家下缺少银用无出，自愿将到南推田乙丘，约谷九石，随代（载）原粮六斤，今因出卖与苗埂张国兴承买为业。当日凭中议定价银肆拾五两肆钱八分整，亲手岭（领）回应用。其田自卖之后，恁从买主开坎（垦）耕种管业，卖主不得异言。倘有不清，狗（俱）在卖理落，不关买主。恐口无凭，立有断约永远子孙发达为据。

凭中代笔　蒲新财

光绪三拾年六月十九日　立

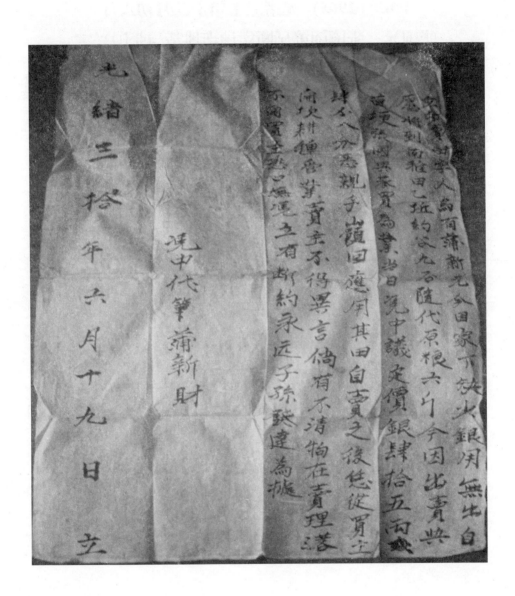

114. （1905）光绪三十年十二月初八日
张国元、张国朝弟兄断卖屋连地基与张国兴字

立断卖屋连地基字人苗埂寨张国元、国朝，为因缺少费用，无处得出，自愿将到先年与买主共造横屋贰间，国元、国朝弟兄占壹间，其四抵：上抵国贤，下抵路，左抵路，右抵买主，四至分明，凭中出卖与房兄张国兴名下承买为业。当日凭中议定价银壹拾肆两八钱八分整，亲手收足应用，不欠分文。其屋地基自卖之后，恁从买主管业，卖主弟兄人等不得异言。如有不清，俱在卖主理落，不关买主之事。恐后无凭，立此卖字是实发达存照为据。

凭中笔　张国正

光绪三十年十二月初八日　立

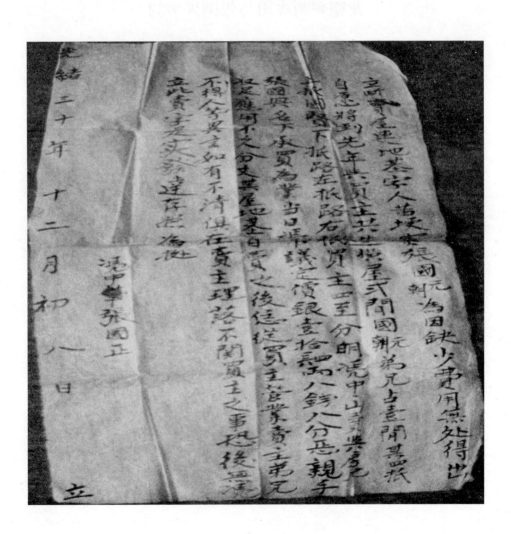

115. (1905) 光绪三十一年三月初三日
龙德兴断卖田与张国兴字约

立断卖田字约人苗埂寨龙德兴，为因缺少银用无出，自愿将到党都卡朋凹田乙丘，约谷四旦（石），出卖与本寨张国兴名下承买为业。当日凭中议定价银叁拾五两五钱捌分整，亲手收回应用。其田自卖之后，恁从买主开坎（垦）耕种管业，日后弟兄族人等不得异言。倘有不清，俱在卖主一力呈（承）当。恐后无凭，立此卖自（字）永远发达为据。

外批：代（载）粮三斤。

凭中　赵连生

光绪叁拾壹年三月初三日　亲必（笔）　　立

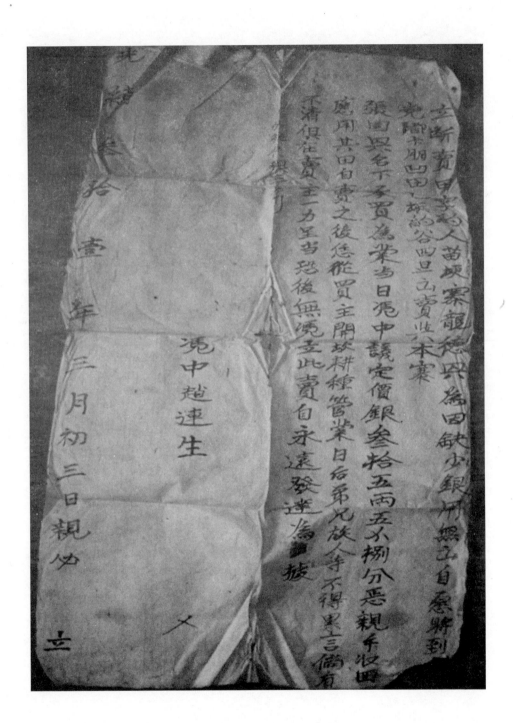

立断卖田字约人苗顾寨龙德兴，兴为田缺少银用，无从自愿骑到
光顾卡明四田坵约谷四旦正卖与本寨
苗面吴名下手买为业为日凭中议定价银叁拾五两五分捌分恶亲手收回
应用其田自卖之后恁从买主开故耕经管业日后弟兄族人等不得异言倘有
不清但在卖主一力生当恐后无凭立此卖自永远发达为据

凭中赵连生
（押）

光绪　　年　三月初三日亲印
立

241

116. （1905）光绪三十一年八月十三日龙德恩断卖田与张国兴字

　　立断卖田字人本寨龙德恩，为因缺少银用无出，自愿将到凹悖（背）田乙丘，约谷乙百五十斤，上祇（抵）张姓之田，下祇（抵）杨姓之田，左祇（抵）路，右祇（抵）杨姓之田，凭中出卖与张国兴承买为业。当日凭中议定断价银九两一钱八分整，亲手收足应用。其田自卖之后，恁从买主开坎（垦）耕种管业，卖主房族人等不得异言。如有不清，俱在卖主一力承当。恐后无凭，立此卖字永远发达为据。

　　凭中　龙德高

　　光绪三十一年八月十三日　亲笔　立

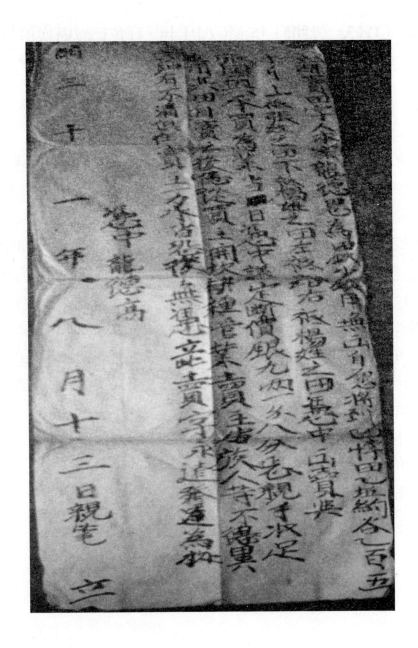

117.（1905）光绪三十一年□月二十八日
张国元、张国朝兄弟等断卖山场并土与张国兴字

立断卖山场并土字人苗埂寨张国元、国朝、国鼎弟兄三人，为因缺少银用，无处得出，自愿将到地名洞边山场壹块，与买主所共，此山分为三大股：黄姓占壹大股，杨姓占壹大股，张姓占壹大股。壹大股分为三小股：国兴占壹小股，国贤占壹小股，国正、国元、国朝、国鼎弟兄四人占壹小股。壹小股分为四小股，国正先卖壹小股，余三小股，国元、国朝、国鼎三人占三小股，凭中出卖与堂兄张国兴名下承买为业。当日凭中议定价纹银九钱贰分八厘，亲手收足应用，不欠分文。其山自卖之后，恁从买主修理管业，卖主人等不得异言。如有不清，俱在卖主上前理落，不关买主之事。恐后无凭，立此卖字是实，永远发达存照为据。

外批：界限照与老约管业。

中笔　龙德元

光绪叁拾壹年□月二十八日　立

118.（1906）光绪三十二年□月二十五日
张国正兄弟等断卖木与杨应琳约

　　立卖杉木交单字人苗埂 寨 张国正、国元、国朝弟兄三人，为因缺少粮食难过新年，无出，自愿将到祖父□之山地名归靠冲左边罗家地杉木乙团，上凭坳以路，下凭芳（荒）坪， 左 凭 坳破下冲，右凭坳破下冲为界，四至分明。此山杉木分为六大 股 ，□□三人所占乙大股，自将乙大股出卖与本寨。先问房族人等，无人□受。自己请中上门问到本寨杨应琳名下承买为业。当日凭中□定价艮（银）捌两九钱捌分整。恁凭买主合火（伙）砍发（伐）下河，照股均 分 ， 一 关，山内自栽的子木不卖。倘□内外不清，俱在卖主乙面承当□□，不关买主之事。银字两交，分文不欠。恐后无凭，立此卖交字为据。

　　　　张国栋
　　凭中
　　　　龙德高
　　光绪叁拾贰年□月二十五日国正亲笔　立

119.（1906）光绪三十二年四月初三日
姜正明断卖栽手杉木与张国兴字

　　立断卖栽手杉木字人姜正明，为因缺少钱用无出，自愿将到先年佃栽本寨张性（姓）岑理之山乙块，其山界白（址）：上凭凹，下凭沟，左凭田角下沟头为界，右凭半沟以上为界，自愿将到佃栽之木出卖与土主张国兴名下承买为业。当日凭中议定断价钱乙两八钱八分整，亲手收回应用。其栽手自卖之后，恁凭买主修理管业，卖主不得异言。倘有不清，但（俱）在卖主理落，不关买主之事。恐后无凭，立此卖为据。

　　凭中代笔　姜老明

　　光绪三十贰年四月初三日　立

立断卖裁手松木字人姜正明为因
缺火钱用无出自愿将别先年但
裁本寨张雌峰鉴理之山乙塊
界白上淮田田下凭满右凭田角下
苗頭為界右凭半满以上為界
自愿将别但裁之木出卖凭親出尖
張國興八名下承買為業当日凭
中議定断價钱已西八分为悉親
手必圓應用其裁手白盡買火
後慿凭買主修理管業盡買主
不得異言倘有不清但在卖買手
理谷不關買主之事恐後々無
凭立此卖為楗
凭中代筆　姜光明

120. （1906）光绪三十二年六月初二日
张国正断卖油山杉木并土与张国兴字

　　立断卖油山杉木并土在内字人苗埂寨张国正，为因缺费无出，自愿将到乌周屋后油山乙块，上抵杨姓油山，下抵路，左抵埋岩为界，右抵买主之山为界，四字（至）分名（明），今凭中出断卖与本寨房兄张国兴名下承买为业。当日凭中议定价钱六百乙十八文整，亲手收足应用。其油山自卖之后，恁从买主管业，卖主不得异言。如有不清，俱在卖主理落，不关买主之事。恐后无凭，立此卖字为据。

　　凭中　张国栋

光绪三十二年六月初二日　亲笔　立

121.（1906）光绪三十二年六月初七日
张国栋断荬杉木栽手与张国兴字

立断卖杉木栽手字人堂弟张国栋，为因缺少艮（银）用无出，自愿将到所栽汉阳沟坎下杉木乙团栽手出卖与堂兄张国兴名下承买为业。当日凭中议定价艮（银）九钱零八厘，亲手收用。其杉木自卖之后，任从买主修理畜（蓄）禁管业，卖主不得异言。如有不清，立此卖字是实，永远发达承（存）照为据。

外批：界止（址），栽种为界。

凭中　张国贤

光绪叁拾贰年六月初七日　亲笔　立

立断卖杉木载卑字人堂弟张
国栋為因欠少艮用無出自愿
将到所栽漢陽薄坎下杉木一團
亲手立卖與堂兄
張國興名下承買為業當日凭中
定價艮九钱寒八厘親手况用其
杉木自卖之後任從買主修理
嘗禁管業卖主不得異言如有
不清立此賣字是实永遠參遠
恐臨為捉

外批明此载秤點界

光緒參拾貳年六月初七日親笔立

　　　　　　　凭中張國賢

122.（1906）光绪三十二年六月十五日
张国元、张国正兄弟等断卖山场杉木并土与张国兴字

　　立断卖山场杉木并土在内字人苗埂寨张国元、国正、国朝兄弟三人，为因缺费无出，自愿将到汉阳沟坎下山乙块，左右上下照衣（依）老约管业，凭中出卖与本寨堂兄张国兴名下承买为业。凭中议定价钱叁百零八文整，亲手收足，分文不欠。其山场杉木自卖之后，恁从买主修理管业，卖主弟兄不得异言。如有不清，俱在卖主理落，不关买主之事。恐后无凭，立此卖字永远为据。

　　凭中　张国栋

　　光绪叁拾贰年六月十五日　亲笔　立

123.（1906）光绪三十二年六月十八日
张国朝、张国正等断卖山场并土与张国兴字

　　立断卖山场并土在内字人苗埂寨张国朝、国正、国元，为因缺费无出，自愿将到岑里包恼（垴）田角左边山乙块，上凭路，下凭河，左凭吊水洞，右凭冲抵龙姓之山为界，出卖本名乙股；又将归靠读（独）田坎下山乙块，此山栽手分为九股，出卖本名之股；又将高岭岩良（梁）却（脚）山乙块，此山分为六股，出卖栽手乙股与本寨房兄张国兴名下承买为业。当日凭中议定断价银伍钱捌分整，亲手收足，分文不欠。其山场自卖之后，恁从买主修理畜（蓄）禁管业，卖主不得异言。倘有不清，俱在卖主理落，不关买主之事。恐后无凭，立此断字永远存照为据。

　　凭中　赵连生

　　光绪叁拾贰年六月十八日　亲笔　立

124.（1907）光绪三十三年六月初六日张国正断卖山场杉木并土与黄有芹字

　　立断卖山场杉木并土在内字人苗埂寨张国正，为因缺费无出，自愿将到地名归靠山乙所，上凭界，下凭垹（荒）坪抵者格杨姓之山，左凭童子毫（壕），右抵龙、杨二姓之山为界，四至分明。此山分为乙拾捌股，出卖本名乙股与党都寨黄有芹弟兄名下承买为业。当日凭中议定断价银九两八钱整，亲手收足应用。其山自卖之后，恁从买主修理管业，卖主不得异言。如有不清，俱在卖主理落，不关买主之事。恐后无凭，立此断字为据。

　　凭中　杨忠和

　　光绪卅拾三年十月廿八日

　　外批：此山卖与国兴、国贤管业，价艮（银）拾两〇八钱整。

　　光绪卅拾三年六月初六日　　亲笔　立

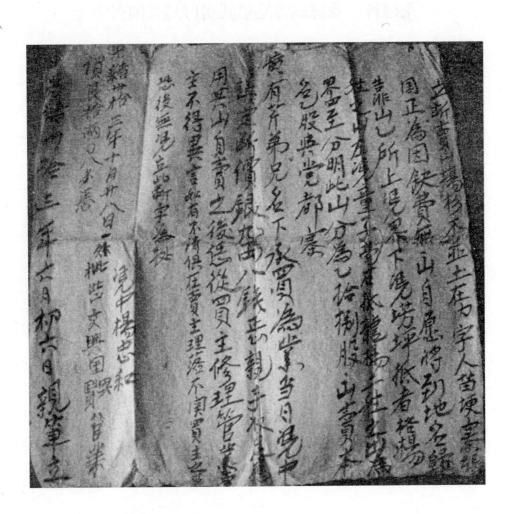

125. (1907) 光绪三十三年十月十四日
龙德科、龙德高等兄弟断卖田与张国兴字

　　立断卖田字人苗埂寨龙德科、德高、德恩弟兄三人，为因母亲亡故，缺少银用无出，自愿将到地名苗埂寨脚冲口过路四方田乙丘，对门田二丘，约谷五石，随代（载）愿（原）粮五斤，先问房族人等，无人承受，自己上门问到本寨张国兴名下承买为业。当日凭中议定断价银叁拾贰两捌钱八分整，亲手收足应用。其田自卖之后，恁从买主开坎（垦）耕种管业，卖主族内人等不得异言。倘有不清，俱在卖主理洛（落），不关买主之事。恐口无凭，立此卖字永远发达承（存）照为据。

　　　　龙先开

凭中

　　　　粟明元

代笔　龙德兴

光绪叁拾三年十月十四日　立

立断卖田字人苗埂寨龙德高科

弟兄三人为因母亲亡故缺少

银用无出自愿将到地名苗埂魏脚冲口过路四方田乙坵对门田二

坵为谷五石坵代愿粮五斤先问房族人等无人承受自已上门

问到本寨

张宣兴名下承买为业当日凭中议定断价银叁拾贰两捌钱

八分亲手收足应用其田自卖之后任从买主开坎耕种管业

卖主宗族内人等不得异言倘有不清俱在卖主理洛不关

买主之事恐口无凭立此卖字永远发达承照为据

龙先开

凭中粟明元

代笔龙德兴

光绪叁拾三年十月十四日　立

126.（1908）光绪三十四年七月二十六日
张国正断卖油山杉木并土与杨应寿约

　　立断卖油山杉木并土约人苗埂寨张国正，为因缺费无出，自己愿将乌周屋后油山乙幅，上抵油硬（埂）抵应林之山，下抵盘路，左抵买[主]之油山为界，右抵张天寿油山为界，四至分明，上门出断卖与叩黑杨应寿名下承买为业。当日凭中议定价纹银肆钱玖分整，亲手收足，分厘无欠。其油山自卖之后，恁从买主管业，卖主不得异言。如有不清，俱在卖主理落，不关买主之事。恐后无凭，立此卖字永远为据。

　　凭中　张天喜

　　外枇（批）：此油山交与国兴管业。壬子枇（批）。

　　光绪叁拾肆年七月廿六日　亲笔　立

127.（1908）光绪三十四年十月二十二日
龙德高断卖菜园与张国兴字

　　立卖菜园字人难勇寨龙德高，为因费用无出，自愿将到苗埂冲口田以坎菜园壹副（幅），上抵卖主之田，下抵买主之田，左右凭德恩之园埋岩为界，四至分明，欲行出卖。先问房族人等，无人承受，自己上门出卖与苗埂寨张国兴名下承买为业。当日凭中议定价钱叁百五十八文，亲手收足应用。其菜园自卖之后，任从买主耕种管业，卖主人等不得异言。倘有不清，俱在卖主向前理落，不与买主相干。恐口无凭，立有卖字为据。

　　中笔　龙德元

　　光绪叁拾肆年十月廿二日　立

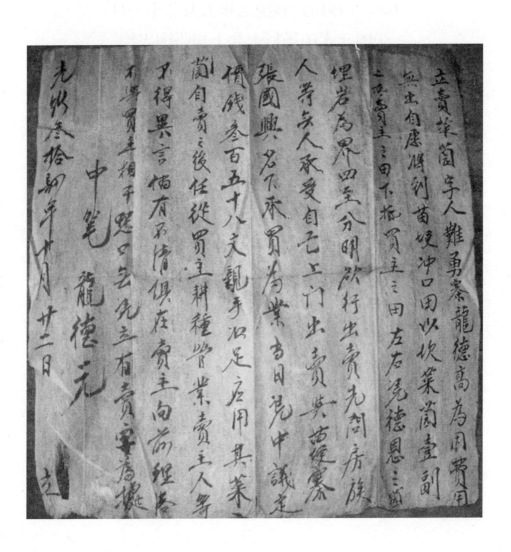

立賣菜菌字人難勇寨龍德高為因費用
無出自應將到苗埂冲口田以坎菜菌壹副
之座賣主之田下抵買主之田左右凭德恩之間
埋岩為界四至分明欽行出賣先問房族
人等无人承受自己上門出賣其苗埂寨
張國興名下承買為業當日凭中議定
價錢叁百五十八文親手沼足店用其菜之
菌自賣之後任從買主耕種管業賣主人等
不得異言倘有不清俱在賣主向前理落
不與買主稿干恐口无凭立有賣字為據

中笔　龍德元

光绪叁拾肆年十月廿二日　立

128.（1910）宣统二年五月二十一日
张国元卖山场杉木并土与张国兴约

　　立断卖山场杉木并土约人苗埂寨张国元，为因缺费无出，自愿将到地名对门坡山乙块，上凭油山更（埂）破领（岭），下凭盘路，左凭岭，右凭大冲为界，四至分［明］。此山分为乙拾捌股，本名占乙股，出卖本名乙股与堂兄张国兴名下承买为业。当日凭中议定价钱六百八十文整，亲手收足无欠。其山场自卖之后，恁从买主管业，卖主不得异言。恐后无凭，立此卖字为［据］。

　　外批：内添四字。

　　凭中笔　张国正

　　宣统贰年五月廿一日　立

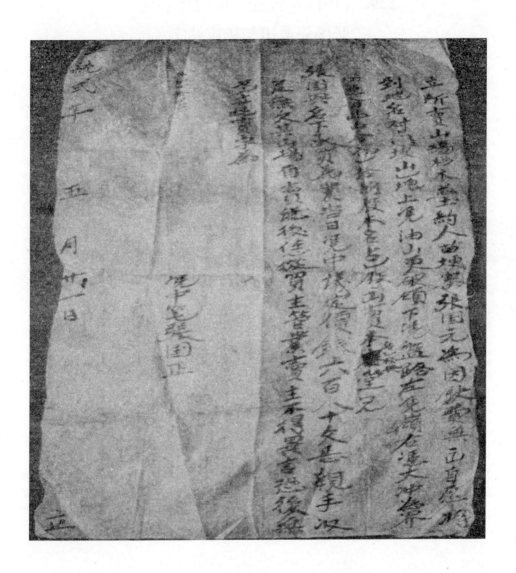

129.（1910）宣统二年六月十四日
张国先典田与杨应林字

　　立典田字人本寨张国先，为因缺少钱用无出，自愿将到地名党都田乙丘，约谷乙石半，出典与杨应林名 下 承买为 业 。当日凭中议定典价典钱肆千四百文整，亲手收用。其田自典之后，任从钱主耕重（种）管业，典主不得异言。恐口无凭，立此典字为处（据）。

　　中笔　张国栋

　　凭 谷贰佰四十四斤半，每斤谷大钱十八文。

　　宣统二年六月十四日　立

立典田字人本寨張國先為因缺少錢用無出
自愿將到地名党都田乙坵約谷乙石半出典與
姓楊應林名下承典為業當日憑中議定典
價錢肆千四百文正其親手收用其田自典
之後任從錢主耕種管業典主不得異
言恐口無憑立當典字為外
憑中 張國棟
[illegible]每千谷大禾十八文
宣統二年六月十四日 立

130.（1910）宣统二年十二月二十日
张国元典田与张国珍字

立典田字人苗埂寨张国元，为因娶婚缺少费用无出，自愿将到地名宰郎台田乙丘，约谷伍石半，凭中出典堂兄张国珍名下承典为业。当日凭中议定典价大青钱[1]拾仟贰伯（佰）八十文整，亲手收足。其田自典之后，言定日后价到归续。恐口无凭，立此典字是实为据。

      张国定

凭中

      石灿忠

宣统贰年十二月廿日　国正笔　立

注：

（1）大青钱：一般指大清铜币，清光绪后期及宣统时流通的一种货币，当以制钱十文。当时锦屏地区流通的大青钱多为四川所铸。

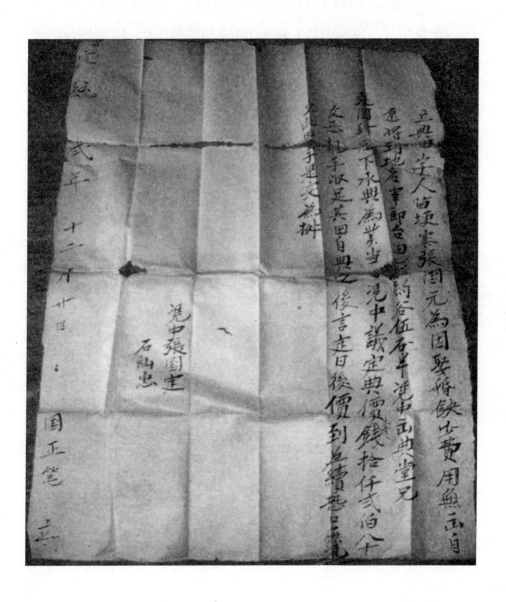

131. （1911）宣统三年四月初二日杨秀琳、 杨秀荣兄弟断卖山土杉木油树与张国贤、赵辛酉字

　　立断卖山土杉木、油树字人龙里司杨秀琳、秀荣、秀华弟兄等，为因家下缺少费用无出，自愿将到坐落地名董谒山土一块，上凭盘路，下抵田，左抵张姓之山，右抵田冲为界，四趾（至）分明，今凭中上门问到张国贤、赵辛酉二人名下承买为业。当日凭中言定断价钱叁仟捌佰捌拾文整，亲手收回应用。其山土字（自）卖之后，恁凭买主修理管业，卖主不得异言。恐有不清，俱□□□理落，不关买主之事。日后无凭，□□卖字发达为据。

　　外批：老约付□□□琳之手，日后倘有接（揭）出老契，系□

　　外批：内添一字。

　　凭中　杨胜德

　　代笔　龙先行

　　宣统叁年四月初二日　立卖

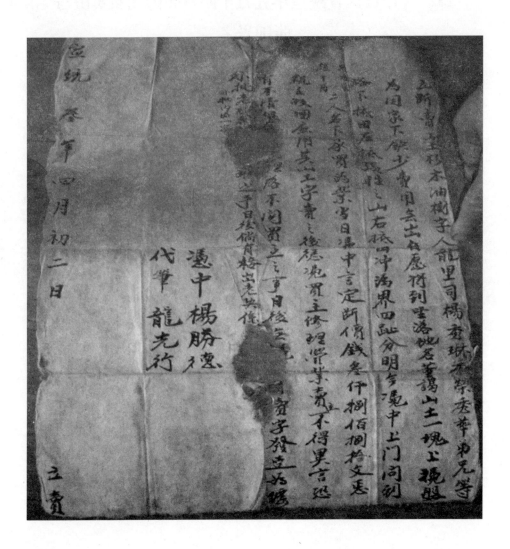

132.（1911）宣统三年五月十四日张国元断卖田与张国兴字

立断卖田字人堂弟张国元，为因缺少银用无出，自愿将到地名宰郎台子田壹丘，约谷五石半，今凭中出断卖与堂兄张国兴名 下 承买为业。当日凭中议定断价钱肆拾仟零□百捌十文整，亲手收足应用。其田自卖之后，凭从买主耕种管业，卖主不得异言。如有不清，俱在卖主理洛（落），不关买主之事。恐后无凭，立此卖字永远发达为据。

外批：内添三字，外有粮照依老契完纳。

凭中　龙先行

族兄　张中吉

宣统叁年五［月］十四日　立

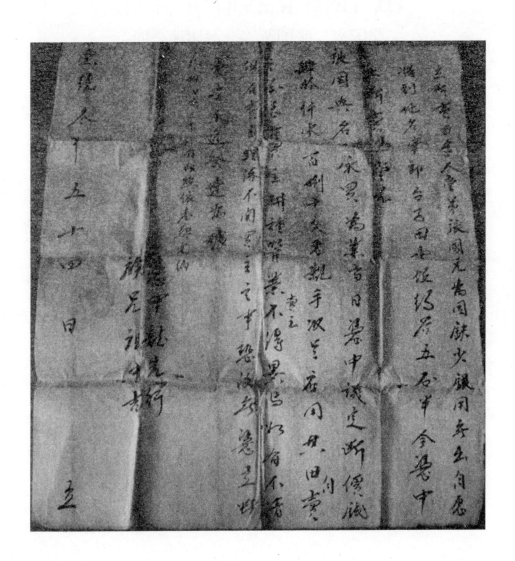

133. （1912）民国元年四月二十八日
张国兴、张国贤等分派阴地合同

　　立分派合同字人苗埂、苗庄张国兴、国贤，因本年与本处赵姓得买座屋门口包恼（垴）阴地壹穴，立为五棺，四股分派为棺，国贤占贰棺，贤棺已立，余四棺分为上下贰排左右，贤妻姜氏占上排左棺，国定占下排右棺，国兴占上排右棺，杨必荣占下排左棺，四人同心抛阄分派，并无强争。今以书立合同四纸，各执壹纸，永远发达存照为据。

　　外批：其买契国兴收执。

　　凭中　杨秀文

　　代书　杨承仲

　　大汉壬子年四月二十八日　立

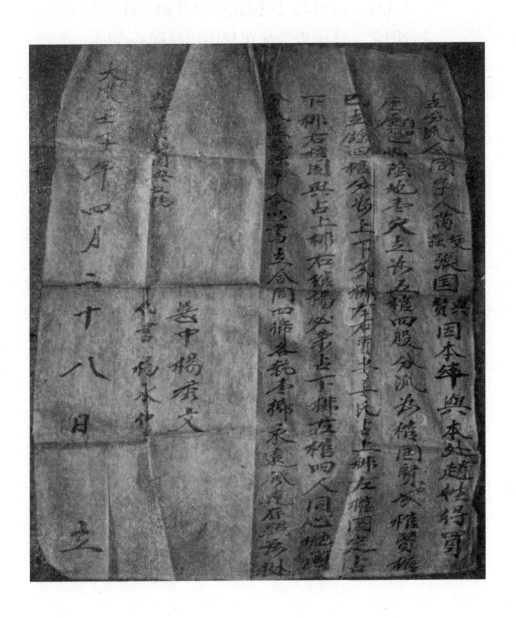

134. （1912）民国元年六月初一日
张国定、张国兴等兄弟杉山纠纷同心合同

立分合同弟兄字人张国定、国兴等所共归靠杉山乙块，屡管无异，因去岁三月内出卖与高受杨秀荣斫伐，突被龙里司杨秀林阻止，二比经中理论不清，控告在府陈[1]案下，蒙府主断结至今，讹传此事不休。复又经官，如其无事则已，倘其有事，弟兄同心照股出资上城，不得推委躲闪，人人齐心，各将立业作抵，至临用有误，众等将业发卖开销，众等俱无异言。恐后无凭，立有同心合同为据。

批：国定弟兄占乙半，国兴弟兄占乙半。

定：屋后外间田、走路田二丘，约谷六石。

栋：者郎下丘田壹丘，约谷六石。

兴：大田冲外间田贰间，约谷六石。

姜氏：者郎阳（杨）梅树田上下三丘，约谷六石。

大汉壬子年六月初一日　杨承仲笔　立

注：

（1）府陈：指的是黎平府倒数第二任知府陈鸿年。同治元年（1862）出生，浙江海宁人，举人，于宣统二年（1910）到任，次年7月因"体弱才平，前当局差，办事疏误"而免去职务。

135.（1912）民国元年六月十二日杨老明杉木欠限字

立欠限字人高受杨老明，今买到河口李云聘、姜聘之名下归靠山平水条木[1]叁百余株，凭中议定价足宝银捌拾捌两整。其银限至本月二十日□交归，过限期，此木到江，木归原主，姜、李另自发卖，我杨老明不得异言，所花伏费作为帮补，卖主费用自干情愿。此山之木，经有苗埂龙先和、塘东[2]彭宏钧断决，以（已）砍、未砍之木概归姜、李管业。倘后如有张姓妄行横争此，恁从姜、李执字禀官。恐口无凭，立此欠限字为据。[3]

　　　　彭宏钧

凭中

　　　龙先和

民国元年六月十二日　立

注：

（1）平水条木，即平水木，砍伐之后搬运到河边的木材。与之对应的是"青山木"，指已经长成或等待伐卖的木材。

（2）塘东，即今锦屏县河口乡塘东村，侗语地名，意为树木荫蔽的水塘。

（3）原文书中，有两处删改，"自干情愿"后之删除文字为："倘后张姓妄行争横，惟杨老明一担"，"此山之木"后删除文字为："倘后归□妄行横争，□□此砍"。

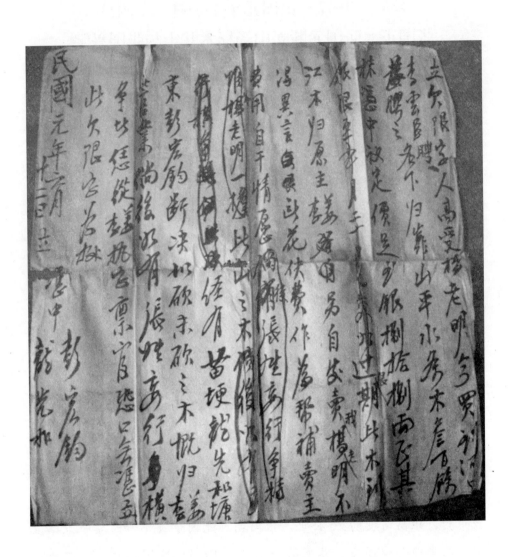

136. （1912）民国元年十一月二十四日
张国正、张国元断卖山场杉木并土与张国兴字

　　立断卖山场杉木并土在内字人苗埂寨张国正、国元，为因国朝鳌鱼嘴安葬[1]，国朝用费无处得出，自愿将到地名党都盘路以坎山场壹副（幅），其有四抵：上凭油地硬（埂），下凭盘路，左凭岭以上油地硬（埂），右凭大冲，四至分明。此山分为拾捌股，国朝占壹股，二人将此壹股出卖与堂兄张国兴名下承买为业。当日凭中议定价钱叁伯（佰）八十文整，亲手收足，出鳌市安葬国朝。其山自卖之后，恁从买主修理管业，卖主不得异言。倘有不清，俱在卖理落，不关买主之事。恐口无凭，立此断卖字发达存照为据。

　　外批：内添壹字。

　　中笔　龙德元

　　民国壬子元年十一月廿四日　　立卖

　　注：

　　（1）国朝鳌鱼嘴安葬：鳌鱼嘴，也称鳌市，即今黎平县敖市镇敖市村，距离苗埂约 26 公里。张国朝可能因辛亥革命时黎平北路互卫总局事件而被屈杀，参见第三卷"（1913）民国二年二月二十一日张国正、张国元典山场字"。

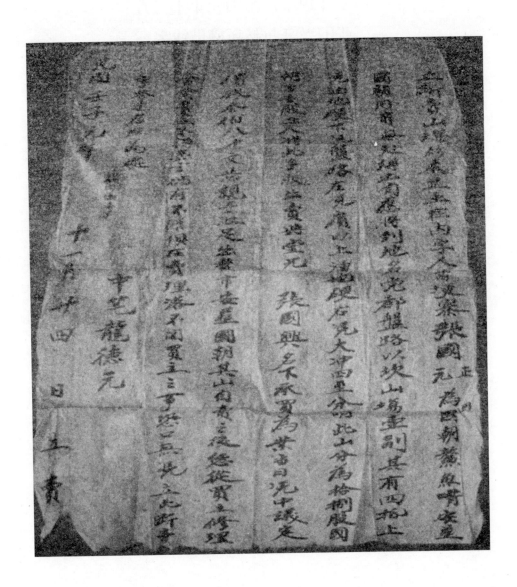

137.（1912）民国元年十二月
张国兴等向赵新盛借钱字

　　立借钱字人苗埂寨张国兴、国珍、光禄三人，为因有案在城，缺少钱用无出，自己请中上门问到黎平赵新盛名下，实借过九折钱肆拾柒仟捌百文，亲手收回应用，分文不欠。其钱言定每仟照月三分行息。自借之后，限定开年正月内准定本利归清，不得有误。如有过限，任凭钱主坐校（轿）登门取讨，借主不得异言，自愿将到三人猪牛作祗（抵），听从钱主便（变）卖作本。恐口无凭，立此借字为据。

　　　其有 言 断之纹银，付与主家火食。

　　　　　龙先和

　　　凭中　罗耀明

　　　　　胡 儒 洲

　　大汉壬子年腊月 □□

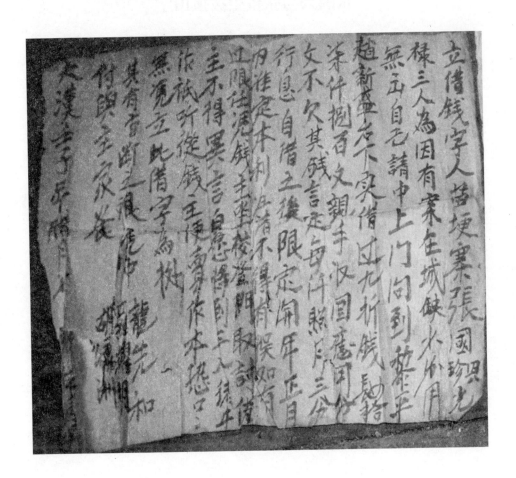

138.（1913）民国二年六月初六日
张国兴与张桥生拨换田字

　　立拨换字人张国兴名下，今将鄙己领（岭）黄土田乙丘，约谷乙石半，换到桥生党都大路边田乙丘，约谷乙石半，换与国兴名下管业。恐后无凭，立此换字为永远发达为据。

　　外批：代（载）粮乙斤。

　　中笔　张国栋

　　大汉癸丑年六月初六日　立

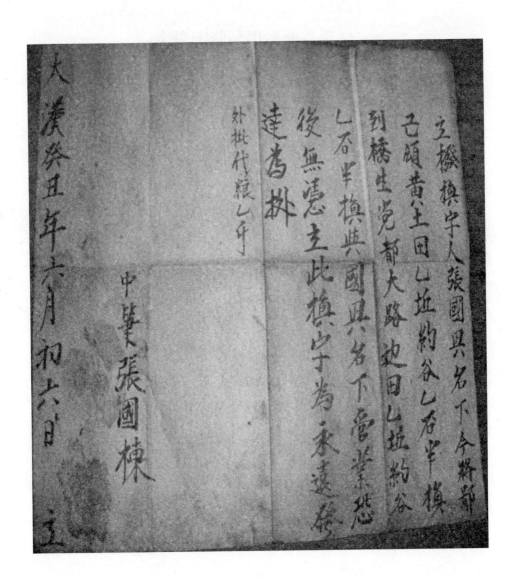

立撥換字人張國興名下今將郤
己頃黃土田乙坵約谷乙石半撥
到橋生覺都大路边田山坵約谷
乙石半換與國興名下管業恐
後無憑立此撥字為永遠為
達為拱

外批代糧乙斗

中華張國棟

大漢癸丑年六月初六日　立

139.（1914）民国二年十二月二十四日
张桥生断卖田与张国兴字

立断卖田字人侄桥生，为因缺少钱用无出，自愿将到地名大田冲田乙丘，约谷三石，凭中出卖与堂叔张国兴名下承买为业。当日凭中议定断价钱拾贰仟二百八十文整，亲手收用。恐后无凭，立此断卖字永远发达为据。

外批：杉、杂在内，粮半斤。添二字。

凭中　赵连生

中华民国二年十二月廿四　国栋　立

立断卖田字人住桥生为因缺

火钱用无从自愿将到地名

大田乙班约谷三石凭中立卖

与堂叔、

张国具名下承买为业当日凭

中议定断价钱拾式仟二百八

十文悉亲手波用恐后无凭

立此断卖田字永远发达

为据、

外批杉杂在内粮半另添二字

凭中　赵连生

中华民国二年正月西国炼出

140.（1914）民国三年五月初三日 张桥生断卖田与张光中字

　　立断卖田字人堂弟张桥生，为因缺少钱用无出，自己愿将地名大田冲田乙丘，约谷捌十斤，出卖与堂兄张光中名下承买为业。当日凭中议定价钱三仟四百八十文整，亲手收用。其田自卖知（之）后，恁从买主耕种管业，卖主不得异言。恐口无凭，立此卖字永远发达为据。

　　外批：杉、杂在内。

　　中笔　张国栋

　　大汉甲寅年五月初三日　立

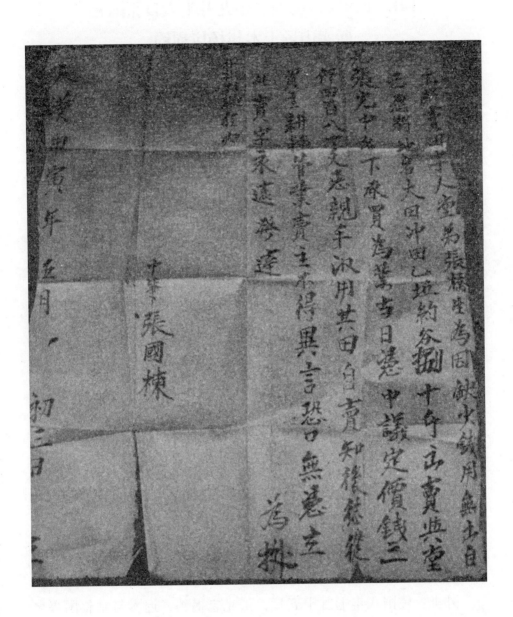

141.（1914）民国三年九月十六日张国元断卖山场土木与杨应周约

　　立断卖山场土木约人苗埂张国元，为因缺少用度无出，自愿将到祖上得买归靠山场乙所，本名分占乙副（幅），小地名罗家地乙团，上凭界，下凭下盘路坎上栽岩为界，左凭丿坡抵栽岩为界，右凭小岭中间破下冲抵栽岩为界，四字（至）分明。先问房族，无人承受。请中上门出断卖与扣黑村杨应周名下承买为业。三面议定断价钱柒千八百八十文整，亲手领足无欠。自后恁从买主管业，卖主内外人等不得异言。倘有不清，俱在卖主理落，不干买主之事。恐后无凭，立此断字永远发达子孙存照。

　　外批：内添六字，其有老契数张，付与张国兴手收执。

　　凭中

　　　　张光禄

　　代笔

　　民国三年甲寅九月十六日　立

　　外批：民国七年七月十八日，应周揭约，卖与张光忠名下照契管业，议作价钱拾贰千零捌拾文整，收清无欠。此据。

　　　　　　　　　　　凭中　张国正　亲笔批

　　买张国元归靠山土契。

　　外批：民国八年七月十五日，张光忠揭约，退卖与堂叔国兴名下照契管业，议作价钱七千二百八十八文整，收清无欠。此据。

　　　　　　　　　　　凭中　张国良　亲笔立

142. （1917）民国六年九月十一日
张光忠断卖田与张国兴字

　　立断卖田字人侄光忠，为因缺少钱用无出，自愿将到地名大田冲长水头田乙丘，约谷五十斤，凭中出卖与堂叔张国兴名下承买为业。当日凭中议定价钱贰千七百贰拾八文整，手领回用。恐后无凭，立此断卖自（字）四（是）实，永远发达承（存）照。

　　外批：内杉、杂在内。

　　凭中　张光隆

　　民国丁巳年九月十乙日　亲笔　立

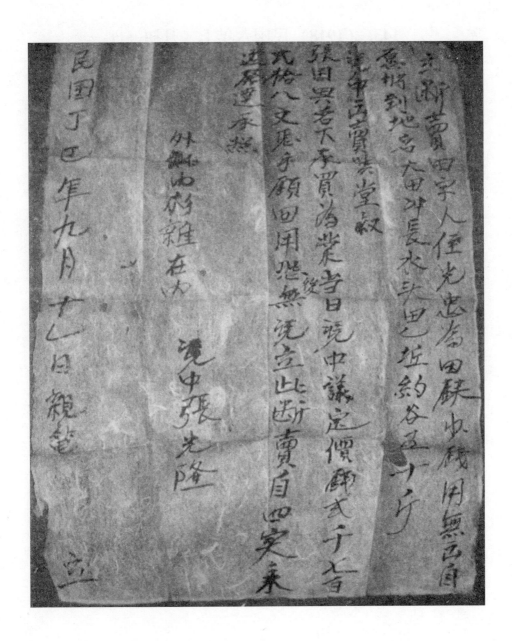

立断卖田字人侄光忠为田赋少钱用无出备
愿将到地名大田冲长水头田一坵约谷五十斤
兑与叔实卖堂叔
张田昊老下承买为业当日凭中议定价国式千七百
戈拾八文瓶手顾田用无凭立此断卖自此实卖
进历迁承照

外纸山杉杂在内

凭中张光隆

143. （1918）民国六年十二月初一日
张国正断卖田与张国兴字

　　立断卖田字人张国正，冤遭刘有绸去押卡，用费钱多，众等弟兄帮产子冲过路田乙丘，约谷乙百斤，此田分为贰大股，国定、国栋、国珍、桥生占乙股，国兴、国正、晚福占乙股，送与国正出卖与族兄张国兴名下承买为业。当日议定断价钱陆仟四百八十文整，亲手收用。其田自卖之后，恁从买主管业，卖主弟兄等不得异言。恐口无凭，立有卖字为据。

　　外批：桥生之股价钱各收。

　　　　黄有芹

凭中

　　　　杨明珊

民国丁巳年十二月初一日　国正亲笔　立

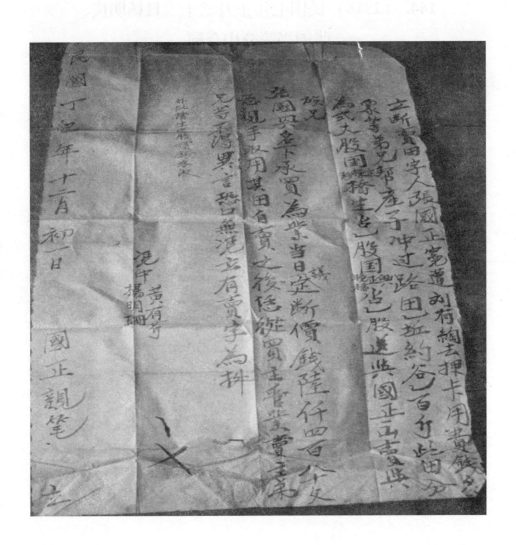

144.（1918）民国七年正月二十二日杨明庆、张国兴等分山合同

　　立分合同人苗埂寨杨明庆、龙德盛、张国兴、蒲新才、蒲新成，所共之山地名小苗光寨右边总颈山壹所。龙文远、龙文相、龙德和、姜吉盛四人佃到读（独）田坎上山壹服（幅），上凭塝（荒）坪，下凭读（独）田，左凭冲，右凭冲，以上至丿坡所栽为界，四至分明。日后木植长大，贰大股均分，土占壹大股，栽手所占壹大股。倘有栽手壹大股出卖，先问土主，二比不得异言。恐后无凭，立此分合同贰纸发达存照为据。

　　　　　　吴朝陞
　凭中
　　　　　　赵志元
　代笔　杨应琳
　民国戊午年阴历正月二十二日　立合同
　立分合同贰纸，各执壹纸（半书）

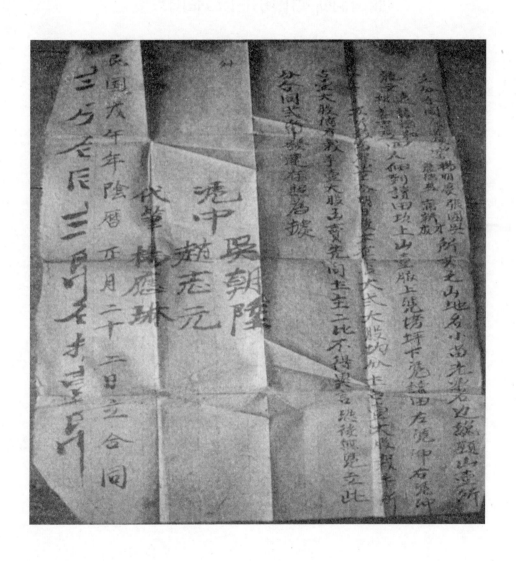

145.（1918）民国七年三月二十一日 张国洞断卖山场并土与张国兴字

　　立断卖山场并土在内字人张国洞，为因缺少钱用无出，自己愿将地名汉阳沟外坎山乙块，其山界限：上凭沟，下凭溪，左［凭］台子田岭下简（枧）头为界，右凭简却（枧脚）为界，四字（至）分明。此山分为十三两，本名占乙两六钱一分，出卖与族兄张国兴名下承买为业。当日凭中议定价钱乙千三百八十文整，亲手收用。其山场自卖之后，恁从买主修理管业，卖主不得异言。恐后无凭，立此卖字永远发达为据。

　　凭中　张国梁

　　民国戊午年三月廿一日　亲笔　立

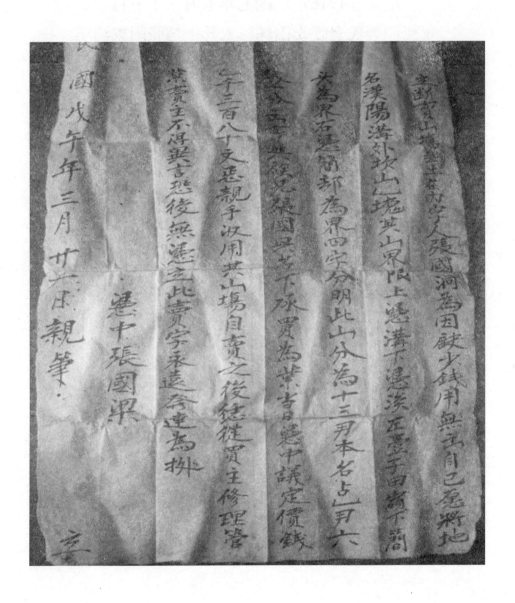

立断卖山场基主在竹字人张国洞为因缺少钱用无处目己基将地
名汉阳沟外北山一块其山界限上悬沟下悬溪左壹于田岭下阔
头为界石悬简都为界四字分明此山分为十三男本名占男六
父父兄尽乃卖乃卖国只乃兄下承买为业书当基中议定价钱
壹千三百八十文悬亲手汉用其山场自卖之後德徒买主修理管
照卖主不得异言悬後无悬立此卖字承远今连为拱
悬中张国梁
民国戊午年三月廿六日亲笔
立

146.（1918）民国七年五月二十五日
张门姜氏老晚卖山场杉木并土与张国兴约

　　立断卖山场杉木并土约人苗埂寨张门姜氏老晚，为因缺少费用无出，自愿将到地名归靠山，此山分为三团，分为贰大股，出卖本名乙大股与张国兴名下承买为业。凭中议定断价钱拾捌仟陆佰八十文整，亲手收足，并无下欠。其山场杉木自卖之后，恁从买主修理蓄禁管业，卖主不得异言。如有不清，俱在卖主理落，不关买主之事。恐后无凭，立有断卖字为据。

　　外批：此山界限四抵照依老约合同管业。

　　凭中　吴美才

　　代笔　张国正

　　民国七年五月廿五日　立

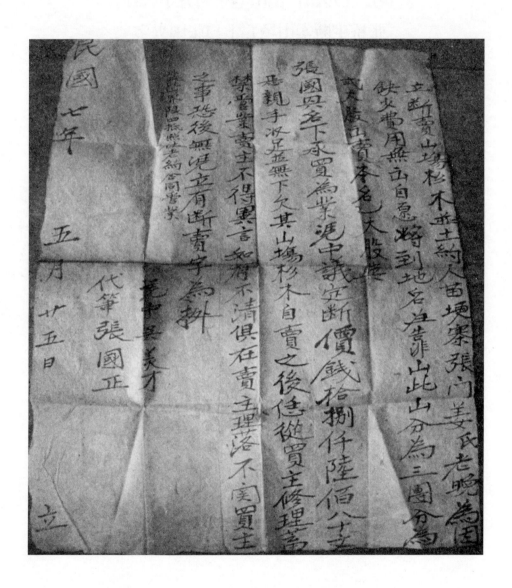

立断賣山場杉木并土約人苗垻寨張門姜氏老晚為国

钦火带用燕山自愿將到地名为岩非此山分為三团分為

武大股立賣本名⋯大股⋯

張國哭名下承買為業凭中議定断价钱拾捌仟陸佰八支

是親手汶足並無下欠其山場杉木自賣之後恁從買主修理萬

禁⋯業主不得異言如有不清俱在賣主理落不宍買主

之事恐後無凭立有断賣字為抖

民國七年

五月廿五日

代筆張國正

凭中吴癸才

立

147.（1918）民国七年六月十六日 张桥生断卖山场并土与张国兴字

立断卖山场并土在内字人老引子桥生，为因缺少钱用无出，自愿将汉阳山场，分为十三股，本名出卖乙股半。其山界限：上凭沟，下凭溪，左凭台子田岭下简（枧）头为界，右凭简（枧）脚为界，四字（至）[分]明，凭中出卖与张国兴名下承买为业。当日凭中议定价钱八百〇八文整，亲手收用。其山自卖之后，恁从买主修理管业，卖主不得异言。恐后无凭，立此卖字发达为据。

民国戊午年六月十六日　国栋　笔中　立

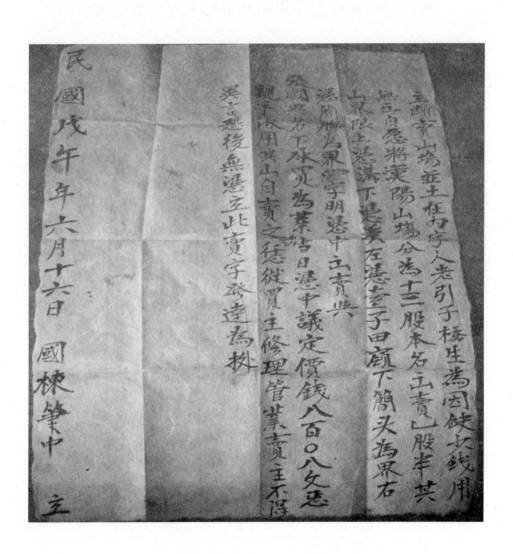

立断卖山场并土性内字人卷引子桥生为因缺大钱用
无言自愿将汉阳山场分为十二股本名五卖一股本其
山界限上港满下建奥左凭壹子田顶下简头为界石
港间㭊为界字明迁中立卖典
癸国兴为下承页为业结日凭中议定价钱八百○八文迁
观平汉用其山自卖之悉从买主修理管业卖主不得
异言悬后无凭立此卖字为达为拟

民国戊午年六月十六日 国栋笔中

立

148.（1920）民国九年十一月十六日
赵长寿断卖地土并阴阳栽手杉木等与范克廉字

　　立断卖地土并阴阳栽 手 杉木在内字人苗埂赵长寿，为因缺少钱用无出，自己请中上门将到苗埂门口包恼（垴）乙个，其界至周围凭田外凭沟，此山土分为贰大股，将长寿占乙大股出卖与培亮范克廉名下承买为业。当日凭中议定断价钱拾贰仟六百八十文整，亲手领回应用不欠。日后恁从买主修理管业，卖主不得异言。如有不清，俱在 卖 主理落，不关买主之事。恐后无凭，立有断卖字为据。

　　凭中

　　　　张国正

　　代笔

　　民国玖年庚申十一月十六日　　立

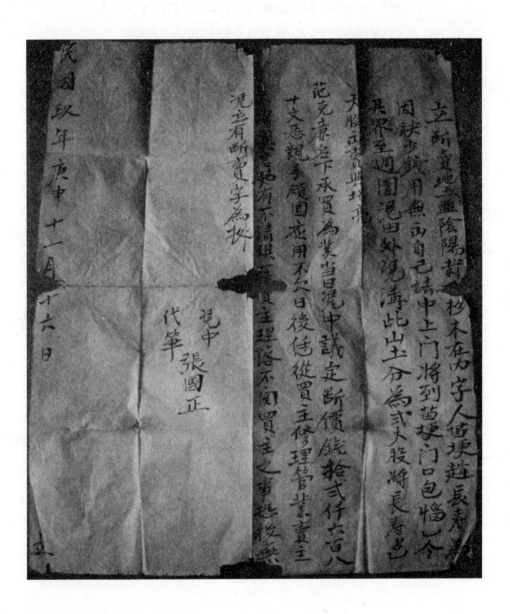

立所賣地壹盤陰陽對杉木在內字人西埂趙長壽弟

因缺少錢用無再自己請中上門將到茜埂門口包惱一令

其界至週圍泥田外泥溝此山土分為貳大股將長壽占

大股己賣與培亮

范克亮名下承買為業當日泥中議定斷價錢拾貳仟六百八

十文憑親手顧回应用不久日後恁從買主修理管業賣主

不得異言阻限此係二比情愿各無反悔恐口難憑

混立有斷賣字為抝

　　　憑中
　　代筆　張國正

民國玖年庚申十一月十六日

149.（1921）民国九年十二月二十六日
石灿宗断卖栽手杉木与张添寿字

立断卖栽手杉木字人苗埂寨石灿宗，为因家下缺少费用，无处得出，自愿将到地名对门小冲栽手乙团，上凭油地埂，下凭买主栽手为界，右凭买主栽手，左凭坂边为界，四至分明。除土卖栽，凭中上门问到本寨张添寿名下承买为业。当日凭中义（议）定价钱六百零八文，亲收回应用。自买（卖）之后，恁凭买主修理管业，卖主人等不得异言。恐有不清，居（俱）在［卖主］理落，不关买主之事。恐有异言，立此断卖字是实。

外姚（批）：内添二字。

凭中

　　　赵学明

代笔

民国庚申年十二月廿六日　　立

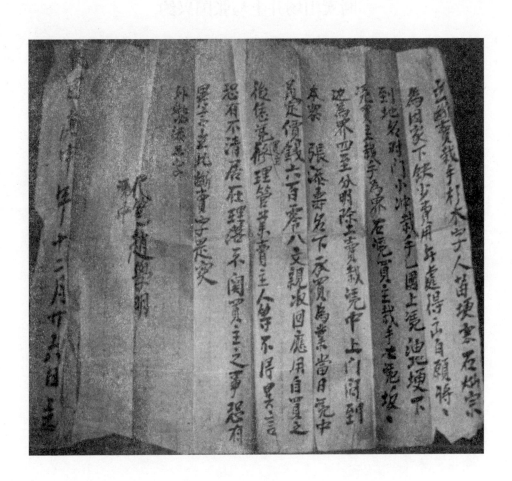

150.（1921）民国十年二月初九日张姜氏老晚
断卖山场并土与张国兴约

　　立断卖山场并土约人苗埂寨张姜氏老晚，为因缺少费用无出，自愿将到地名对门冲路上坎山乙团，上凭油地却（脚），下凭路，左凭领（岭），右凭冲，四字（至）分名（明），今凭中出断卖与本房张国兴名下承买为业。当日凭中议定价钱六仟四百八十文，亲手领回应用。其山自卖之后，任凭买主修理管业，卖主日后不得异言。如有不清，具（俱）在卖主理落，不关买主之事，乙卖乙了。恐后无凭，立此断字为据。

　　外妣（批）：此山分为拾捌股，出卖本名四股。

　　外妣（批）：内 除 从（枞）树八根在外。

　　凭中　张光忠

　　代笔　吴美才

　　民国辛酉年二月初九日　立

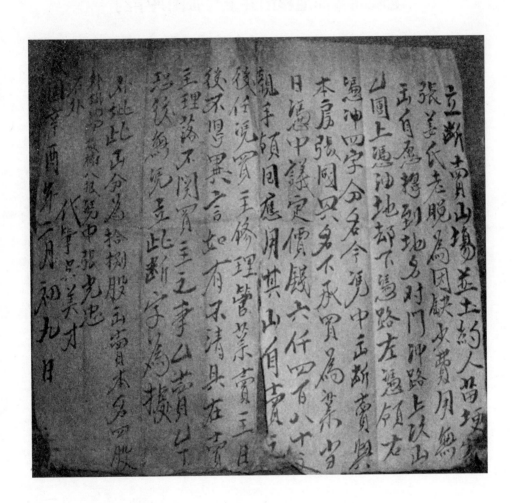

立断卖山场并土约人昌垣玉
张姜氏老脱因缺少费用无处
正自愿想到地名对门冲路上汥山
山圆上冯油地郡下连路左边顶右
连冲四字分名今凭中立断卖与
本房张同只兄不承买为业当
日凭中议定价钱六仟四百八十文
其山自卖之
亲手领回应用其山自卖之
后任凭买主修理管业卖主日
后不得异言如有不清具在卖
主理路不关买主之事山卖此
恐后无凭立此断字为据
此山计分为拾柒股五亩贯本房四股
外将冯姜藏八股内张光忠
不外
　　　　　代笔吴美才
　　　　　民国辛酉年二月初九日

151.（1921）民国十年二月初九日张门姜氏老晚断卖油地杉山并土与张国兴字约

　　立断卖油地杉山并土字约人苗埂寨张门姜氏老晚，为因缺少钱用无出，自愿将到地名归溪油地乙幅，上凭大路，下凭田，左凭买主之山，右凭领（岭）边破下田角哉（栽）岩为界，四字（至）分名（明），今凭中出断卖与本房张国兴名下承买为业。当日凭中议定断价洞（铜）钱九仟贰百八十文整，亲手领回应用。其油山字（自）卖之后，任凭买主畜（蓄）近（禁）管业，卖主日后不得异言。如有不清，具（俱）在卖主理落，不关买主之事。恐后无凭，立有断字是实为据。

　　凭中　张光忠

　　代笔　吴美才

　　民国辛酉年贰月初九日　立

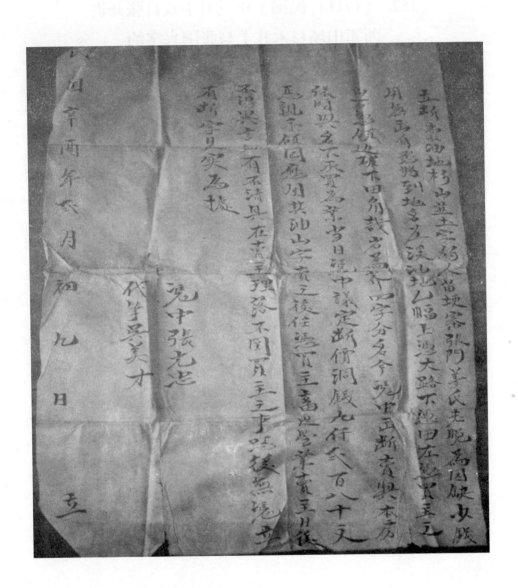

152. （1921）民国十年三月十八日张开贵
断卖山场杉木并土与张国兴字约

　　立断卖山场杉木并土在内字约人本寨张开贵，为因缺少钱用无出，自愿将到汉阳山场分为乙两四钱，开贵出卖本名三分三力（厘）三毛（毫），凭中出卖与张国兴名下承买为业。当日凭中议定价钱五百〇八文整，亲手收用。其山字（自）卖□后，恁从买主修理管[业]，卖主不得异言。恐□无凭，立此卖字为据。

　　凭中伐（代）笔　张开明

　　民国十年辛酉年三月十八日　立

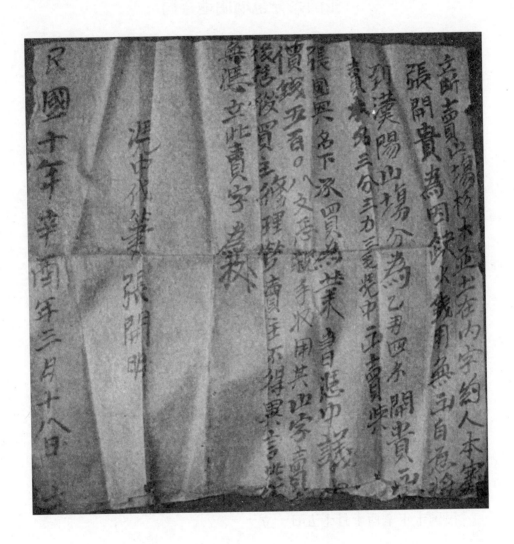

153. （1921）民国十年十月十五日赵学明、张国兴分包垴阴地合同

　　立分合同字约人苗埂寨赵学明、张国兴二人，所分屋对门包脑（垴）棉花地土，凭中所分为四幅。张国兴得买永富之乙小股，分占左边包脑（垴）乙幅，赵学明分占右边包脑（垴）之三幅。其棉花地土凭栽岩分定，各管各幅。惟有现荒阴地，又园坪四个，杉杂木乙切在共，照依四股均分。日后永远子孙照依合同贰纸为据。各执一纸。

　　外批：包脑（垴）山土四抵，凭勾（沟）凭田为界。此山土先年字约分为贰大股，志元占乙大股，永富占乙大股，作为贰小股，张国兴买乙小股，赵学明买乙小股。

　　外批：内添二字。

　　凭中　张国栋

　　代笔　杨应琳

　　合同贰纸永远发达（半书）

　　外批：又添现荒二字□共（半书）

　　代笔　杨文魁（半书）

　　民国十年辛酉十月十五日　立

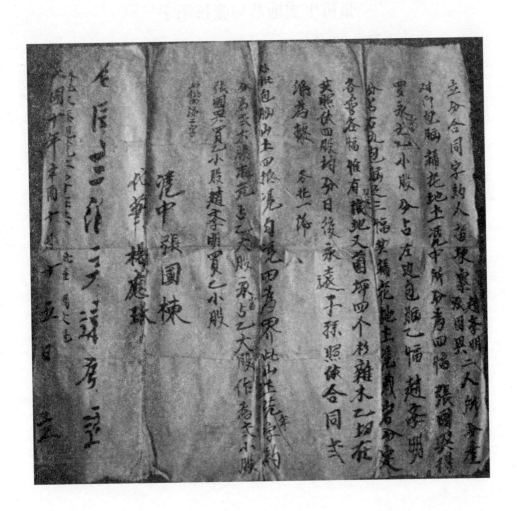

154. （1923）民国十二年七月二十日
张桥生卖地基与张桥弟字

立卖 地基 字人堂弟张桥生，为因缺少钱□无出，自己愿□□地基乙半出卖与堂兄张桥弟 名 □承［买］为业。当日□□□ 定 贳（价）钱肆千□ 百 八十文整，亲手收用。其地基半间▭，不得异言。恐口无凭，立此卖 字 永远发达为据。

外批：添二字。

中笔　张国栋

民国癸 亥年 七月廿日　立

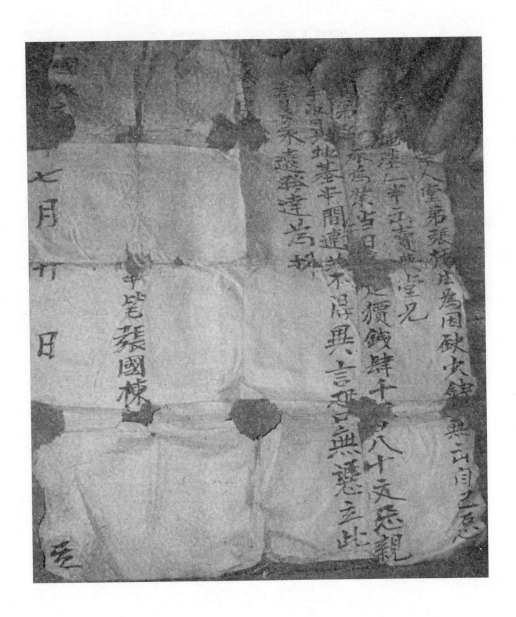

155.（1926）民国十五年六月十六日
张国正断卖屋与张国兴字

　　立断卖屋字人苗埂张国正，为因家下缺少口粮，无所出处，自愿将到本名所坐之屋半间并地基在内，乙概出卖与堂兄张国兴名下承买为业。议定断价光洋贰元又明钱壹仟四百八十文整，当时钱约两交，并无下欠。其屋并地基自卖之后，恁从买主进坐管业，卖主不得异言。若有不清，俱在卖主理落，不关买主之事。恐口无凭，立有断字子孙永远发达存照为据。

　　凭中　吴美才

　　民国拾伍年丙寅六月十六日　亲笔　立卖

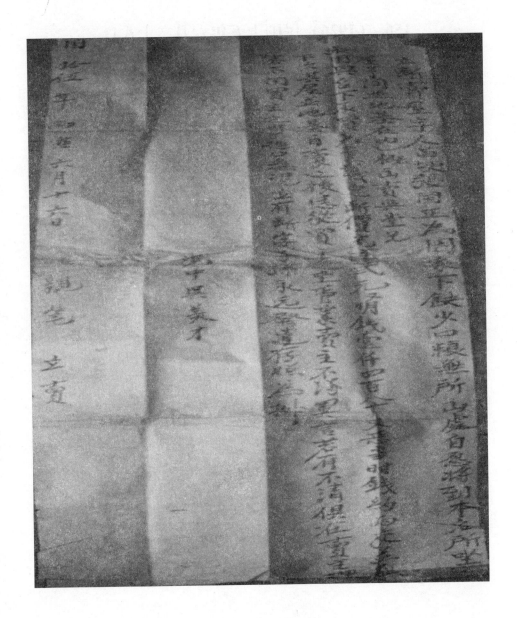

156.（1926）民国十五年六月二十八日
赵长寿断卖栽手杉木与张国兴字

　　立断卖栽手杉木字约人苗埂寨赵长寿，为因缺少钱用无出，自愿将到得栽五岭山头路坎上小冲乙接（截），本名栽手乙半出断卖与本寨张国兴名下承买为业。当日凭中议定断价钱贰封八百八十文整，亲手收回应用。其栽手自卖之后，恁凭买主修理管业，卖主人等不得异言。恐口无凭，立此断卖字为据。

　　凭中笔　赵学明
　　民国丙寅年六月廿八日　立

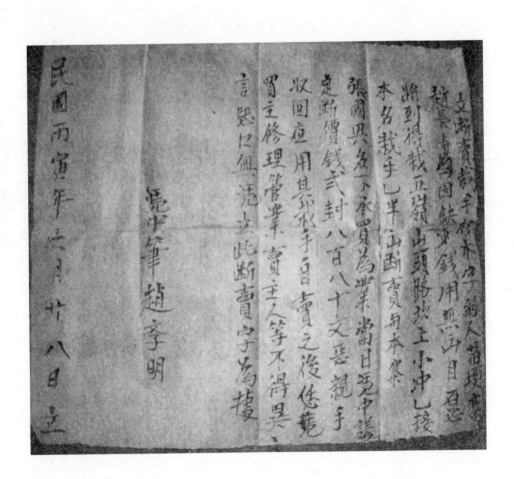

立断卖裁手杭字行壹件翁人习坦埂

赵长喜为因缺文钱用兴山目日运

将到祖裁五领 山头胳兴上小冲乙接

本名裁手乙半凴断卖与本案

张国兴名下承买为业当日凭中议

定断价钱贰封八百八十文恶亲手

收回应用其间取手自卖之后凭凴

买主修理管业卖之卖主人等不得异

言恐口凴凴去此断卖字为据

　　凭中笔　赵孝明

民国丙寅年六月十八日立

157. （1926）民国十五年七月初四日
张国栋向张国兴借钱限字

　　立限字人张国栋，为因缺少钱，限到国兴钱玖千八百文整，限在本月廿日归还，不得有误。如有误者，自愿将台子田，约谷乙半作抵。恐口无凭，立此限字为据。

　　凭中　龙志光

　　民国拾伍年七月初四日　清（亲）笔　立

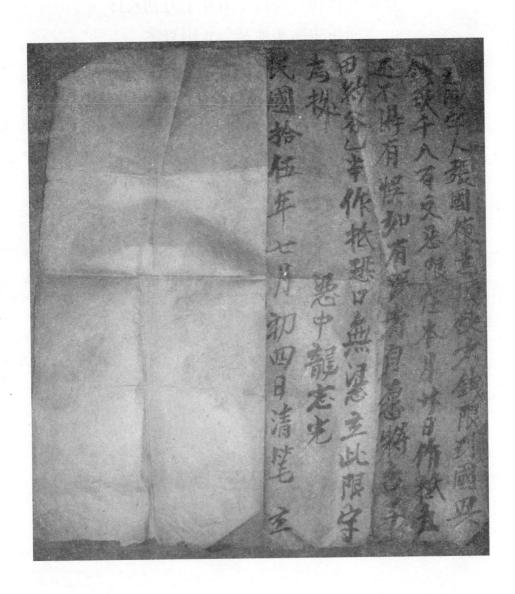

158. （1926）民国十五年七月初八日
张桥生断卖地基与张国兴字

    立断卖地基字人张桥生，为因缺少钱用无出，自愿将地基二间，宽一丈八尺，右凭买主坐屋，左凭国栋地基，凭中出卖与堂伯张国兴名下承买为业。当日凭中议定典断价元钱陆千四百八十文整，亲手收用。其地基自卖之后，恁从买主修理管业，卖主不得异言。恐口无凭，立此卖字永远发达为据。

    凭中笔　张国栋

    民国拾伍年七月初八日　立

立断卖地基字人张桥生为因缺
文钱用无立目愿将地基二间觉
一丈八尺石凭买主坐屋左凭国栋
地基恁中山卖与堂伯
张国具名下承买为业当日恁中
议定典断价元钱陆千四百八十文
恁亲手汝用其地基目卖之後慝
従买主修理营业卖主不得异言
慝口无恁立此卖字永远芏达为拠
墨中毛张国栋
民国拾伍年七月初八日
立

159.（1928）民国十七年五月十八日
张国栋断卖地基与张光全字

　　立断卖地基字人张国栋，为 因 缺少钱用无出，自愿将地基 二 间，左凭卖主知（之）地基，右凭买主知（之）地基，出断卖与堂侄张光全名下承买为业。当日凭中议定价钱叁千乙百八十文整，亲手收足。其地基自卖之后，恁从买［主］管业，卖主不得 异 言。恐口无凭，立此卖字永 远 发达为据。

　　凭中　张光隆

　　民国戊辰年五月十八日　亲笔　立

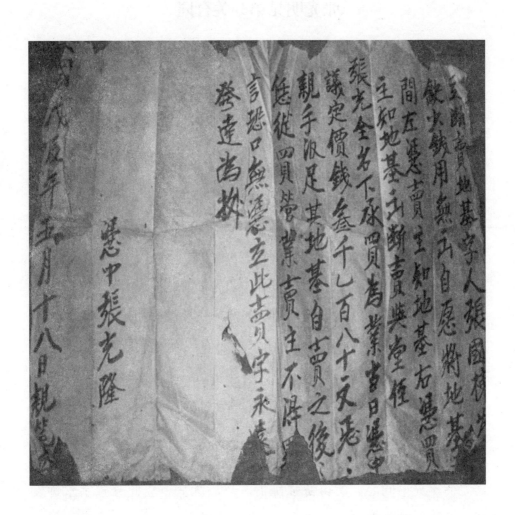

160. （1930）民国十九年二月二十八日张光前、
张光明兄弟分关合同

　　立分关合同字人苗埂寨张光前、光明兄弟二人，为人善地，开日用众大，一人难以承当，是此兄弟同议，各分方能资（支）持，⬚将⬚祖父遗□□田丘钧（均）分，⬚党都大小⬚田二丘，莫家长⬚田⬚一丘，对门过⬚路⬚田一丘，冲口四方田一丘，溪边央（秧）田一丘，凹背过路田外坎一丘，以上等处之田分落兄光前名下管业。党都台子田一连三丘，冲口菜园脚连田二丘，凹上央（秧）田一丘，宰郎坡脚连田二丘，此上等处之田分落弟光明管业，田已分尽。外有木山，归靠山叁团，乌有盘路坎脚与族人所共一团，杨梅岭菜园一团。□祖坟与吊洞｛与｝族人所⬚共⬚二团，汉阳沟外坎与族人所共一团，党都盘路外坎与杨姓所共一团，对门大冲边山一幅，门口胞脑（包垴）与赵姓所共一团，晓苗亢独田以坎与杨、蒲姓所共一团，油山杉木以上等处山。园普（圃）同（桐）未分。其有所分田产各管各业，永无异言。各宜勤耕为本，当知创业艰难，要晓守成无易。从此分居之后，兄弟同心，勿得恃强翻悔。恐后无凭，立此分关字永远发达，各执一纸为据。

　　外批：内添七字。

　　外有油山，光全分得凤形外边乙幅，宰郎以（里）边乙幅。光明分得凤形以边乙幅，宰郎外边乙幅。外乌有盘路外坎之山，光明另买得张门姜氏之股。又有胞脑（包垴）之山分为八股，光明另买乙股。又买小苗光独以坎，另买栽手，分为四股，买股。

其有房屋地基，买国正半间，买国栋地基，此父买之业，在共。外洪路□□典田三石所共。

光 忠

凭族人　张国珍　　光隆

　　　　　　　　　　光志

代　笔　赵学明

立分□□□□纸□□存照发达为据（半书）

民国十九年二月二十八日　立[(1)(2)]

注：

（1）原文书有删除，文字为"其有房屋地基，买国正半间"。

（2）此份文书与张明锡家藏文书基本相同，前者为弟张光明所藏，该文书为兄张光前所藏，有个别字词的增减，为不同人代笔。

161. （1936）民国二十五年闰三月二十九日 杨文魁断卖杉木并土与张光明字约

　　立断卖杉木并土字约人苗埂本寨杨文魁，为因缺少用度无出，自愿将到地名洞口台田外坎杉木乙团，上凭田，下凭沟，右凭田角破下水毫（壕），左凭大路，此山分为四两，本名出卖贰钱二分；又将到地名党都盘路外坎杉木乙团，上凭路，下凭溪凭大沟，右凭田角，左凭田冲破下田，此山分三两，本名出卖六钱乙分，四字（至）分明，凭中出卖与张光明名下承买为业。当日凭中议定价元钱肆拾贰仟八百八十文整，亲手领足，并不下欠分文。其山自卖之后，任凭买主修理管业，卖主内外人等不得异言。倘有不清，俱在卖主理落，不关买主之事。恐后无凭，立此断字发达承（存）照为据。

　　外批：内天（添）一字。

　　　　赵学明

　　凭中

　　　　龙志光

民国丙子年后三月二十九日　　亲笔　立

立断楷木並土字约人曰硬木条杨文魁为因缺火用度无出自将
将到地名涧口巨田外坎杉木一围上悉田下悉满右悉甬角破六水壹左后
大路止山分为两木名出卖式不二分又将到地名党部盤路外坎杉
木一围止悉路上悉溪荒大满左悉田角右悉田冲破下田此山分三丹
本名出卖六公一分四字分明悉中出卖每
张先明名下承卖为业当日悉中議定价无铁肆拾式佰八十文悉
亲手领足並不下欠夕文其山自卖之后任悉買主修理晋业卖主
内外人等不得異言倘有不清俱在卖主理落不関買主之事悉
後無憑立此断字奔遠承照为凭

外批又一字

民國丙子年後三月二十九日親筆
　　　　　　　　立

　　　　　　憑　趙學明
　　　　　　中　龍志光

333

162. (1944) 民国三十三年四月初五日
赵学明断卖园坪与张光全字

立断卖园坪字人九桃赵学明，因迁居，遗下苗埂龙志文屋角园坪未能照料，今将出卖与苗埂寨张光全名下承买为业。当日凭中议定断价大洋壹元又答（搭）市洋四拾捌元整，亲手领回应用。其园自卖之后，任凭买主开种管业，卖主人等不得异言。恐口无凭，立此卖字永远存照为据。

外批：内添乙字。四抵：上下抵砍（坎），左抵买主之园，右抵志文屋角裁岩为界。

凭中　杨承品

民国三十三年四月初五日　亲笔　立

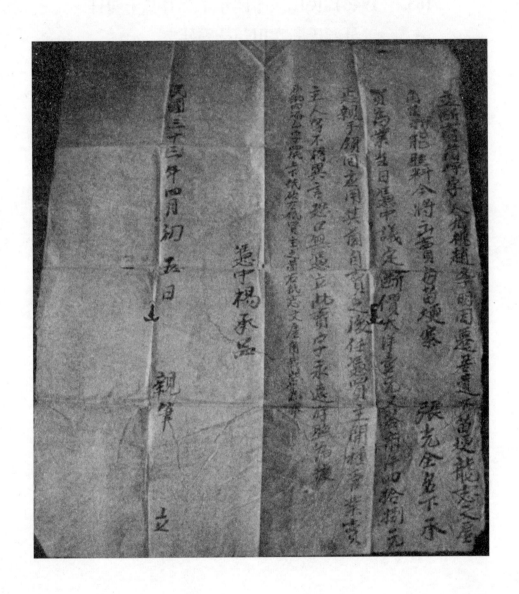

163. （1946）民国三十四年十二月二十四日
吴颜氏断卖田与杨秀廷字

立卖田字人本寨吴颜氏，为因缺少用费无出，自愿将到俾楼田壹丘，约谷叁石；又对田贰丘，共谷贰石，共谷五石，今凭中出断卖与本寨杨秀廷名下承买为业。当日凭中三面议定断价大洋叁拾捌元八角八仙，亲手领足应用。其田自卖之［后］，恁凭买主━━言。恐后无凭，立此卖一纸存照为据。

外批：管业证未揭。

凭中　龙世清

代笔　吴锦琼

中华民国三十四年乙酉岁十二月二十四　立

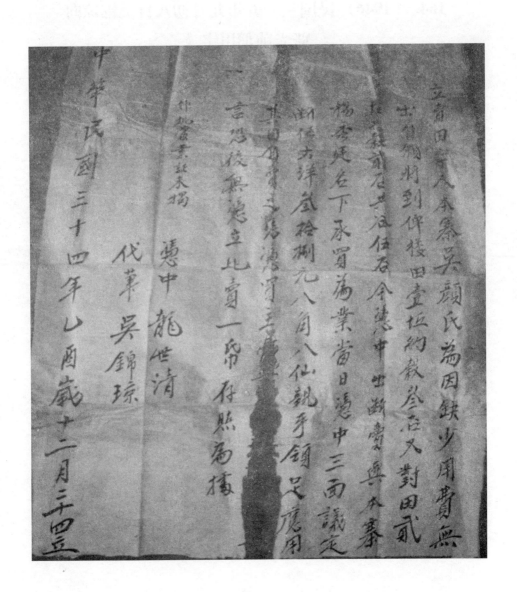

164.（1946）民国三十五年九月初八日吴锦琼向
张光前佃田字

立佃田字人在格寨吴锦琼，自愿登门佃到苗埂寨张光前名下得买在格寨地名俾楼之田，大小三丘，共约谷伍石，耕种长久，每年至秋收请田主收看分花，不得缺少斤两。恐后无凭，立此佃字是实。

内加二字。

凭中　杨秀桂

民国三十五年九月初八日　亲笔　立

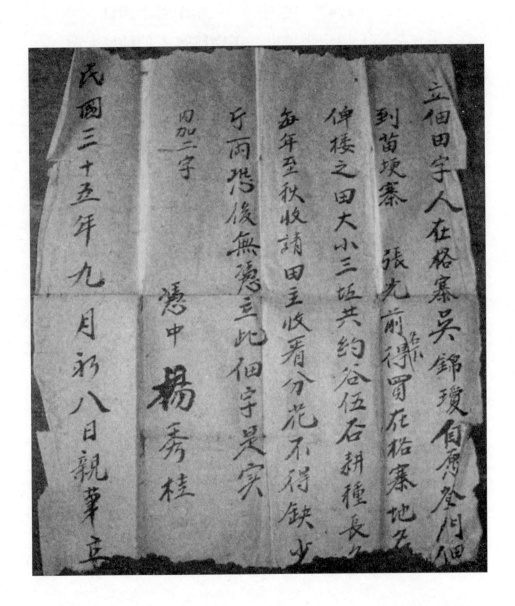

立佃田字人在格寨吳錦瓊自愿登門佃
到苗埂寨　張光前禮買在格寨地名
俾樓之田大小三坵共約谷伍石耕種長久
每年至秋收請田主收看分花不得缺少
于兩恐後無憑立此佃字是實
　　　因加二字
　　　憑中　楊秀桂
民國三十五年九月初八日親筆亲立

165.（1947）民国三十六年十月十四日
张光全等人招到张光忠、王宗培等人佃种杉木字

　　立招佃字约人苗埂寨张光全叔姪二人，招到俾己、乌周二处堂兄张光忠、张光□、王宗培、本名张光全是（四）人佃重（种）归靠山壹福（幅）。此山界止（址）：上凭大界，下抵方平（荒坪），左抵神宋之山，右抵光荣、光乐之山，是（四）抵分名（明）。此山哉（栽）木承（成）林长大，土股占一半，哉（栽）手占一半，二比心平意愿，并无鸭必（压逼）等情。恐口吾（无）凭，立有招佃字永远承（存）照为据。

　　外批：脚木宋（送）与重（种）山之人。

　　外批：内添二字。

　　凭中　杨承要

　　笔　张光忠

　　立分合同三纸（半书）

　　民国三十六年丁亥十月十四日　立

166. （1948）民国三十七年六月二十日
罗银连断卖田与张光全字约

　　立断卖田字约人本族罗氏银连，为病疾未有钱用，困难无出，自愿将到地名湾田乙丘，约谷伍石，今凭中出卖与本族叔张光全承买为业。当日凭中浦（蒲）正球、吴连明、吴传生议定断价大洋拾贰元整，亲手领回应用。其田字（自）卖之后，任凭买主分花管业，卖主不得异言。恐后无凭，立有断字永远发达承（存）照为据。

　　　　吴连明

凭中

　　　　浦（蒲）正球

代笔　吴传陞

民国卅七年六月廿日　立

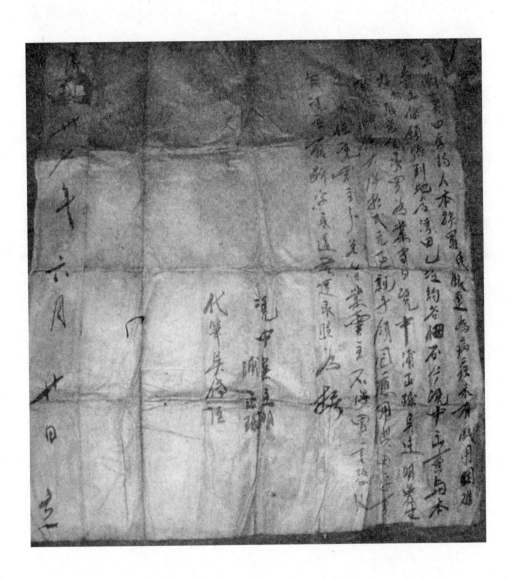

167. （1954）公元一九五四年七月二十六日张昌万过继字

　　立过继一子字人本姓张光隆之长子张昌万[1]，承蒙地方、亲戚人等讨论说合，将昌万顶张光全为子承兆（桃），永作螽斯跌跌（蛰蛰），爪瓞绵绵，已作长庚之子，万代荣昌，富贵同亨（享）。今凭地方、族人、亲戚人等收张长林占常产壹仟贰佰陆拾斤，其有山场、猪牛，张长林占三份之一，家农具平分，笑合同坐，如有反悔，日后二人照字管业。张长林收亲，张昌万负完全责任，其有下余家业，张昌万全部管理。当凭地方、族人、亲友，并无反悔异言。若有妄为良意，众族将规严形（刑），儿等自无异言。恐后无凭，立此过继字双方发达为据。

昌辉

昌魁

凭族人　张光乐

光荣

杨通早

凭亲友　蒲正高

杨承勋

王荣富

代　笔　张昌全

立合同二纸各执一纸（半书）

公元壹玖伍四年七月二十六日　立

注：

（1）张昌万，生于 1931 年，殁于 1986 年，1951 年参加工作，曾任锦屏县启蒙区裕和公社党委书记、黔东南州第七届人民代表大会代表。

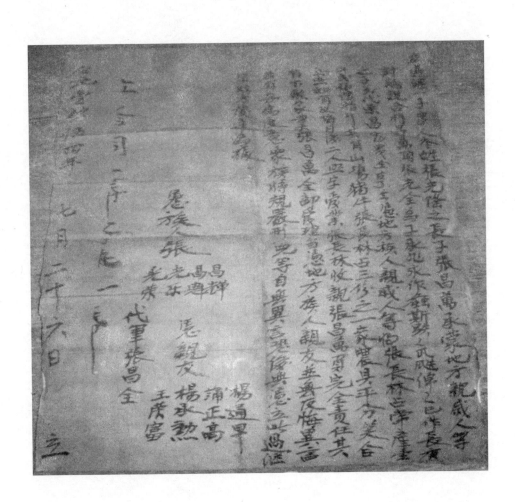

168. （1954）公元一九五四年十一月二十二日龙志光、龙志标等断卖地基与张昌万字约

　　立断卖地基字约人本寨龙志光、志标、志远等，先年祖遗得买王姓门口地基乙幅，上抵王姓之地基，下抵田，左［抵］路，右抵竹圆（园），四字（至）分明，今凭中出卖壹半右边与本寨张昌万名下承买为业。当日凭中议定□价人民币壹拾伍萬捌仟元整，当面收足应用。其地基自卖之后，恁从买主启（起）造房屋管业，卖主族内人等不得异言。倘有不清，俱在卖主理落，不关买主之事。恐口无凭，立此断卖字永远发达存照为据。

　　凭中　　杨承勋

　　公元乙九五四年十一月廿二日　　龙志远笔　立

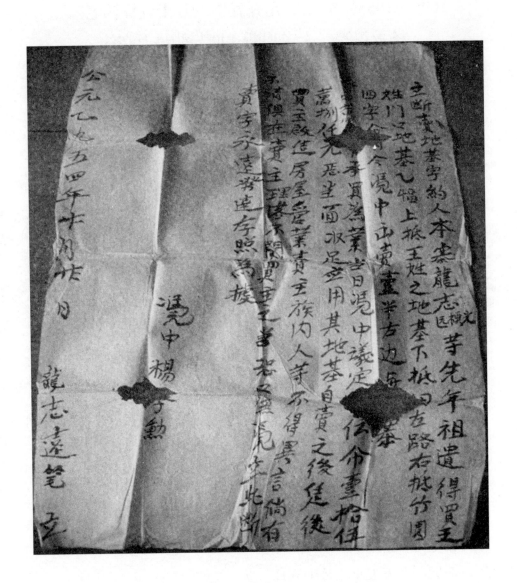

立断卖地基字约人本寨龙志□芽先年祖遗得买王
姓门之地基乙幅上抵王姓之地基下抵□左路右抵竹园
四字令凭中山卖尽半方边□□墓
□承买为业当日凭中议定□价□□
嘉州任先□□生面收足无用其地基自卖之後建後
买主启任房屋营业卖主族内人等不得异言倘有
□□□在卖主理落□买主□□□□言倘有□□此断
卖字永远券远存照为据

凭中杨子勋

公元乙亥五四年十月初作日
龙志远笔立

347

169.（1955）公元一九五五年三月十五日杨老二、杨承识等二十二户断卖塘与张昌万字约

　　立断卖塘农合字约人杨老二、杨承识、杨承万、杨承贵、杨承美、杨德明、杨纯超、杨应启、张光隆、张昌全、张昌魁、张昌锦、龙志标、龙志远、蒲正高、蒲正先、蒲正全、蒲志贵、蒲正木、赵成英、王永发、杨德兴等贰拾贰户，同意自愿出卖与苗埂张昌万名下□□业。当日开会议定卖价人民币陆拾元零捌□，出卖人亲手领足应用。其塘自卖之后，任凭买主修理管业。其界字（址）：上凭□□，下凭埂，左凭路，右凭坪子脚。还有右边坪子玖股，占壹股，其界字（址）四至分明，出（除）埂走路。出卖人并无翻悔异言。如有不清，俱在卖主理落，不关买主之事。恐口无凭，子孙永远发达存照为据。

　　　　　　杨德信

　　　　　　杨德礼

　　凭证人　蒲正全

　　　　　　张昌锦

　　出笔人　杨承识

　　公元一九五五年三月十五日　立

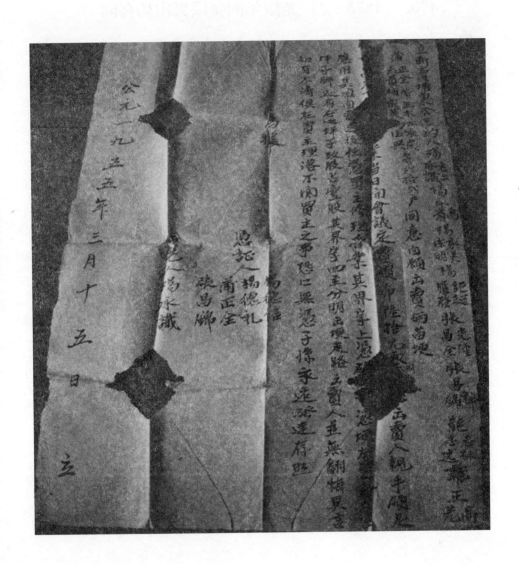

170.（1875—?）光绪年间张国兴山场合同[1]

立分合同字人张国兴，与黄姓得买汉阳沟坎却（脚）之山，分为拾肆股，本名所占贰股。其山界止（址）一照老约，日后叔侄不得异言。如有异言，立此合同永远发达承（存）照为据。

余承（存）一股，在十三股共。

凭中　赵连生

代书　张国贤

立分合同▭▭（半书）

注：

（1）该合同文书所立时间脱落，联系订立契约的双方和凭中、代笔来分析，应该订于光绪晚期，估为1890年至1908年间。

171.（1875—?）光绪年间张国正山场合同[1]

　　立分合同字［人］张国正，与黄姓得买汉［阳］沟坎却（脚）之山，此山分为拾肆股，本名所占贰股。其山界止（址）一照老约，日后不得异言。如有异言，立此合同永远发达承（存）照为据。

　　余承（存）一股，在十三股共。

　　凭中　赵连生

　　代书　张国贤

　　立分合同▭（半书）

注：

（1）该合同文书所立时间脱落，联系订立契约的双方和凭中、代笔来分析，应该订于光绪晚期，估为1890至1908年间。

172.（1875—?）光绪年间张国先山场合同[1]

　　立分合同字人张国先，与黄姓得买汉阳沟坎却（脚）之山，此山分为拾肆股，本名占三股。其山界止（址）壹照老约，日后不得异言。如有异言，立此合同永远承（存）照为据。

　　余承（存）一股，在十三股共。

　　凭中　赵连生

　　代书　张国贤

　　立分合同▭▭　（半书）

注：

（1）该合同文书所立时间脱落，联系订立契约的双方和凭中、代笔来分析，应该订于光绪晚期，估为1890至1908年间。

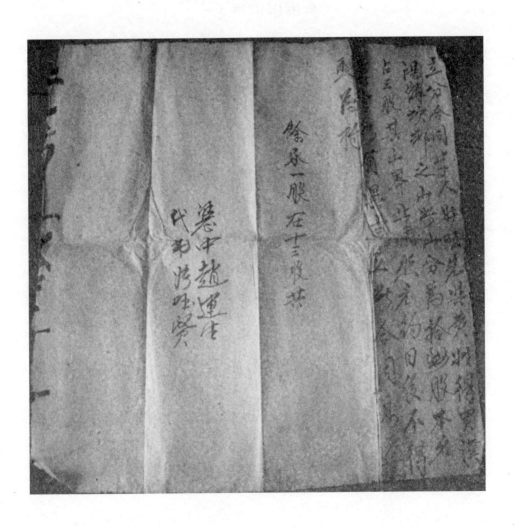

173. （1940—?）民国□年四月十三日张光前向粟伯伦借钱字[1]

立借钱字人苗埂张光前，为因缺少洋用无出，自己请中上门问到上刘[2]粟伯伦名下，实借过市洋壹万元整，亲手领回应用。其洋自借之后，每元任照月加叁行息，不得短少为误。倘有误者，自愿将党都大笿田壹丘，约谷捌石着（作）抵。当日凭中言定此洋只限五月十三日归还。若有过了限期者，任凭洋主将此□□分花管业，借主并无翻悔异言。若有翻悔者，立有借字将田着（作）抵是实为据。

凭中笔　吴传陞

四月十三日　立

注：

（1）该借字文书所立年份未写，结合上下文应订于民国后期（1940 年之后）。

（2）上刘，即今黎平县大稼乡归斗村上刘寨，距离苗埂寨约 10 公里。

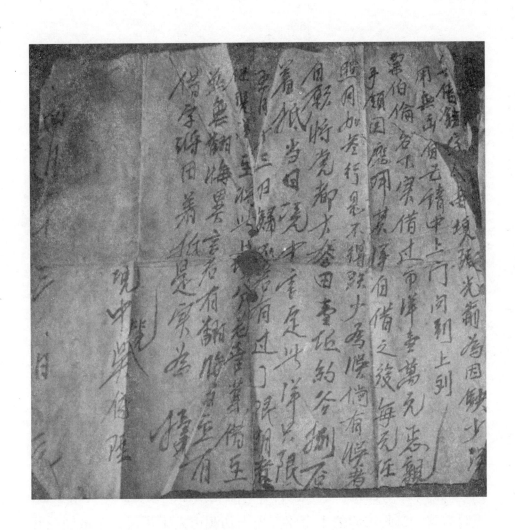

二、诉讼文书

174．（1893）光绪十九年
杨玉邦因叔祖坟被挖控诉张老益、杨明光诉讼稿⁽¹⁾

告状人民杨玉邦

为刨冢开田、尸棺抛灭、阴阳两害事。缘民祖居龙里司苗埂，于道光二十九年内，因家不幸，民叔祖杨光彩与族人光本、光璠争产不清，以致将叔祖杀毙，报蒙验勘，饬令就地安埋。约十余年，忽遭叛乱，民祖携眷逃至天柱度（渡）马糊口。每至清明，往苗埂拜扫，并无异议。至去岁清明，民往拜扫，不见叔祖光彩坟墓，惨遭刨冢开田，尸棺无存，民乃骇异。当时寻访地方隐瞒，坚不肯认，莫可如何，故向牌长张迎春、龙先和、蒲遥克等□引据，牌长称云："张老益、杨明光开田。"民又经纲首张竖子、老□向张老一、杨明光言及，虽伊等开田，尸棺抛于何处？据伊等回云"开田是真，并无尸棺"等语，凭纲首愿与服礼招谢。惟杨明光堂兄杨明庆于中阻挡，既伊等未有刨挖尸棺，岂肯甘心服礼招谢。分明伊等自相矛盾，不攻自露，窃此坟约数十余年。先未伤犯，人丁可保，今遭刨挖开田，家中老幼不顺，民命攸关，事不再让。为此告乞台前作主，赏准提究，追还尸棺施行。

据呈各情是否属实，候勘提讯断。

注

（1）联系前文相关文书，该诉讼文书疑为光绪十九年（1893）。

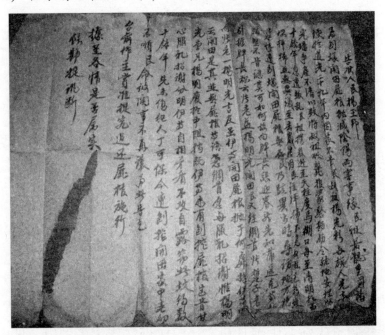

（稿件）

175. （1912）民国元年张天寿等人归靠山场杉木纠纷案诉讼文书⁽¹⁾（一）

为倚近盗砍、恃挡妄争，告恳提究事。缘民曾祖杨光玉[2]所生祖父七人，长房受任司职，曾祖遗业自二及七均分，长作官不受家业。于嘉庆七年分家后，照分关各管各业，其契约奉曾祖命，概交长房放置，各房存收图簿，始得平稳，而重家规。至咸丰间，苗匪叛乱，契约印信概失，当存有案可稽。至今家运坎坷，祖遗山一块，地名归靠，此山系在乌下江苗埂寨边，距司鸾远，照料荒疏，欲是砍伐出售得资生活。于本月初六，民雇得砍伕十名到山，见山中已有数十人将木砍倒七十余株。民当骇异，向问是谁家砍伐，该数十人无承认，惟听峄（喊）打。民即跑往苗（硬）埂再三访问，始言是张大奇。细察其人，即是结联洪匪之张天寿者。其人兇（凶）势堂堂，随身者不下数十。民莫敢与敌，惟伸鸣该地龙先行，即往苗硬（埂）附近之瑶光九寨自治公所⁽³⁾，将一切情形报明。蒙该所当崙（差）所丁赶张赴所理论，殊自知善恶，不能并 立畏惧 捕捉，意匿不赴已。因寒微全烟，惟作靠此，只得将此山木植出卖与同兴发，即木商砍伐。而张朝夕扬言刧（劫）杀。现在烦横行之日，若不告究，恐匪党得势，□众作害，民与买主两不善终，地方赤（亦）无安靖。情迫汤火，为此告乞 台 前 作主，赏准差提蚤（早）究施行，公侯万代。

告状人年岁：杨秀良卅，秀华卅，秀琳廿五，距城六十里，往

（住）龙里司。

批：杨秀琳禀张天寿一案，暨投自治公所，邮（由）所员理息。批。

注：

（1）联系前文相关文书，该纠纷案件诉讼文书立于民国元年（1912年）。

（2）杨光玉（1768—1838），清代龙里长官司土司官，1781年承袭土司官职务。

（3）瑶光九寨自治公所，1911年中后期设置，驻地瑶光，负责管辖区域地方事务，属于黎平府北区。1912年九寨并入三江九寨团防总公所，1914年年初被第五区团防总局取代。

176. （1912）民国元年张天寿等人归靠山场杉木纠纷案诉讼文书（二）

为勾奸霸砍、愈阻愈卖、告落究提事。情民于同治年间得买李国极等土名归靠杉山壹所，红契炳据，窃此山乃曾祖讳起才先年卖与龙里司杨光隆而杨于道光年间出卖与本姓，经李□转卖与民开成为业。所有张、杨、李等姓各老契皆已接收，是据审呈。自民△买后，其老木概行砍卖。始于光绪刀（初）年，复招张岩寿等栽蓄子杉，乃于光绪中年立约，所栽之子木一半转卖与△，逐年自行薅休（修）管业无异。讵至本年△月突遭龙里司著名滥棍杨秀林，朦串苗光河口姜聘之，发柬至惯行霸道之李天保，估将△家业过数，至砍栽两次，契据迭存清白之山，覆□妄卖△。当经中等，幸有岑龙先行理阻。不日，该恶□称既砍要卖，任△控告，决不轻休等语，似此平（凭）空霸占，愈阻愈拖。若不告究，木化乌有，只得告乞大人台前作主，赏准将木先行□阻，提讯究断施行。

告禀民：张国栋年三十五岁，张国贤年三十七岁，张国兴年四十岁，张光禄年廿九岁，距城一百廿里，苗埂。

　　　　杨秀林

系被告　姜聘之

　　　　李天保

六月十三日　歇主　赵兴盛

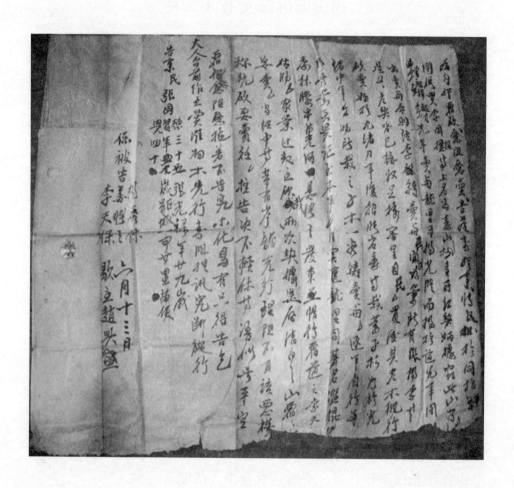

177.（1912）民国元年张天寿等人归靠山场杉木纠纷案诉讼文书（三）

为呈清卖明、反伤捏控、艮（银）木两空、渎恳追缴事。缘民于□□□得买□与苗埂寨张天寿等之杉木，挑砍二百余株，议价足艮（银）三钱七分□厘，当兑足艮（银）共数六十余两，去被张、杨两姓控，经府陈任内断。今此山木仍归张姓管业，因反正停搁，主今于本年五月内民商搬运伊到瑶光河口。突出恶棍之李天保、姜聘之等串合一局，勾伙龙先和无辜明中暗主，霸阻民商之木，反伊匪名加之，一不实不知之。伊为图骗，背灭天良，霸道之张天寿等。民商与伊买清之木不与姜、李相干，民当赶卖主，乃伊并无理落，民当骇异。贿通龙先和多人各带枪械蜂入民家，不由分说将民圈内养猪一只、耕牛一头护去。民全家姓（性）命，胆兢（战）心轻（惊），天地古道，买卖皆然。民本无归，突被冤遭张、龙、李等姓心怀叵侧（测），得笼（陇）望烛（蜀），利己害人。使非有霸道之夺骗，而将天寿我敢何奈？况此木原与张清已可概见。兑此价里伊亲手所须，民商板伏等项。该民商伊有恃据可凭，临审存阅，而张、李等捏词诬控，一时朦喊天聪。若不告恳追缴，将来艮（银）木两空，良民受害匪浅。怀古难已，只得喊叩渎乞大人台前作主，赏拘差提一干到案，追缴原牛等项，占（沾）恩不朽。

批：各情是否兹堂讯结属实？催质伊收未收之数，已为重究。

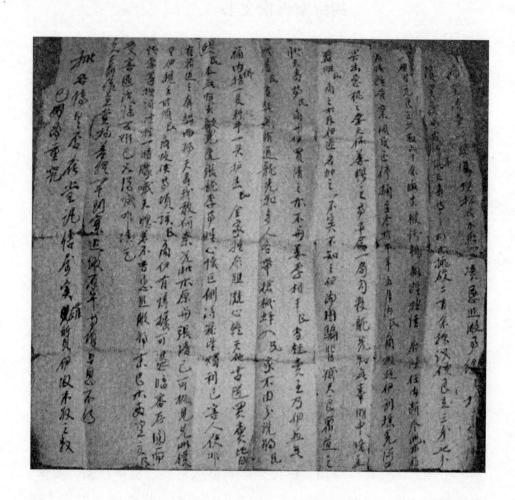

178.（1912）民国元年张天寿等人归靠山场杉木纠纷案诉讼文书（四）

为笼买架云、艮（银）木两愁、告恳提断事。缘于去春三月，有苗埂张天寿、张天才、张天喜、张天保弟兄及其子张老苟，自将归靠山杉木卖民砍伐，议定砍倒点数，每株价足艮（银）三钱七分八厘。民当雇夫实砍得木二百四十六根，当兑去足艮（银）六十一两叁钱零，又净大钱三十千零九百六十文，其有尾数俟木卖补清。及至本年阴历五月尾间，始行运至苗光、河口，拖夫水脚二共去足艮（银）五十余两。于六月初一日，突有河口李天保、姜聘之将民木▢▢交乡团姜祥赓、周送乔理问，渠称民木价买不清。令民转至苗埂向该卖主张天寿等理落，殊张天寿等畏不往理。欺民忠厚不故，为何诡谋崀清。龙先和挺身耽（担）承，替伊等随民往向李天保等理论。张天寿等理屈难胜，蒙中人姜祥赓断。

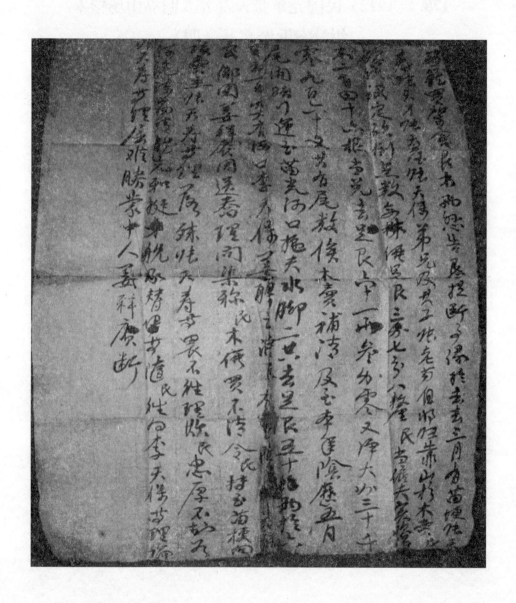

179.（1912）民国元年张天寿等人归靠山场杉木
纠纷案诉讼文书（五）

为素惯捆口、串勾抢夺、札派兵团、协拿解办事。缘民口仰众
捆殴等情，控叠案如麟之李天保等在案，一切各情备口，蒙准差提，
理宜静候，与恶口口口强口骇口口口口，于十三使弟李地保口带领
廿余人，各执刀炮凶入民家。是日，幸民在辕，未遭毒害，恶等胆
将民家之鸡四只杀吃，后牵抬猪三只，约二百余觔（斤），耕牛贰只
拿去。民室伸鸣，邻居黄有芹、杨明远口往阻，退猪转一只，耕牛
中途打脱转回。恶等大口声言，开太（泰）无官，任从我等所作所
为。至本年入春以来，发资与滥痞在小河沿江一带，拰敢入山，盗
砍木植，滥山不下百余块，获木不少。现被业主呈控，该恶独霸河
口，时常串捆得纹银分肥，愈做愈深，洋洋得势。欠民木价不兑，
串通杨老明意欲全吞山中子木，情同盗匪无异。若不缕陈邀恳仁天
怜悯，派拨军队并札总理姜起琳、姜聘之等协同拿解，俾得归案，
剪除凶恶，救全小河各山之木不遭砍滥，理合恳乞老先生台前作主，
赏准派拨兵队并札饬总理姜起琳、聘之协拿解案，严追讯办，保全
各山不遭砍滥施行。

　　　　兴
续呈民　张国栋　　　　　光禄均在卷
　　　　珍
主家　赵新盛

做词　张□林

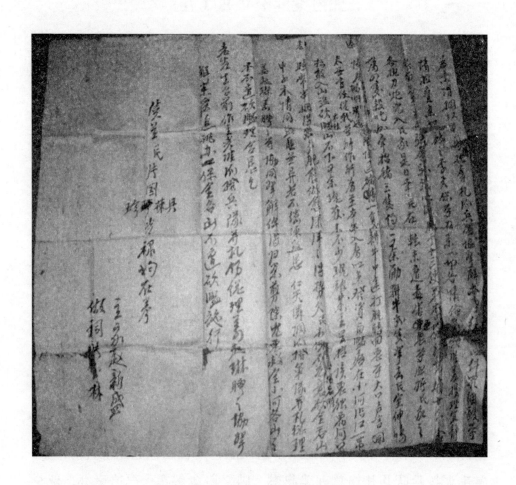

180. （1912）民国元年张天寿等人归靠山场杉木纠纷案诉讼文书（六）

令天寿等出艮（银）八十八两补偿李天保，其木亦应归民出售，该代替人龙先和央△替张姓出名写立买字，其艮（银）两至六月二十五日仍令张姓出艮（银）赎字等语。现凭塘东彭老六为证，△因获本情急，未能深思，况有龙先和一力耽（担）承，以为出名无事。不料转瞬逾限，张姓无艮（银）补偿赎字，该李天保即将△木贱售。△恐血本无归，□即任阻木艮（银）于茅坪内。该李姓等卖木被阻，当及龙先和捆吊以逼，令伊向该张姓偿补价艮（银）之意。不意龙先和不向张姓索取艮（银）两补偿，反使其岳姜老元带领十余人，将收△之猪牛一并牵去杀食。△现伸乡团杨□南、杨老连为证，窃龙先和被捆，系由张天寿等所让，△木被阻亦由天寿等所成，伊等笼买架（嫁）害，使△艮（银）木两怨。若不告究，血本必归乌有，不已告乞台前作主，赏准差提张天寿等到案，讯明究断施行。沾恩不朽。

批：此呈情词支离，本应置不予理，本府连接数呈，皆以木植控告李天保有案，其平日之恃势争夺，已可概见，姑候差提一干讯明究断，此谕。

181.（1912）民国元年张天寿等人归靠山场杉木纠纷案诉讼批条

批

张国兴

据呈祖远归□□山被李天保霸争，控请前府断归，该呈□管业。该呈等于控案未结之先已收卅木议卖与杨老明拖砍，当收山价银三十余两，合纹六十两。因反正停搁，杨老明向伊肯山，买清□。李天保等故将□□□□及请去之杨承仲等捆吊，逼写错悔字据。无此情理，姑荐差提集（缉）讯究饬。

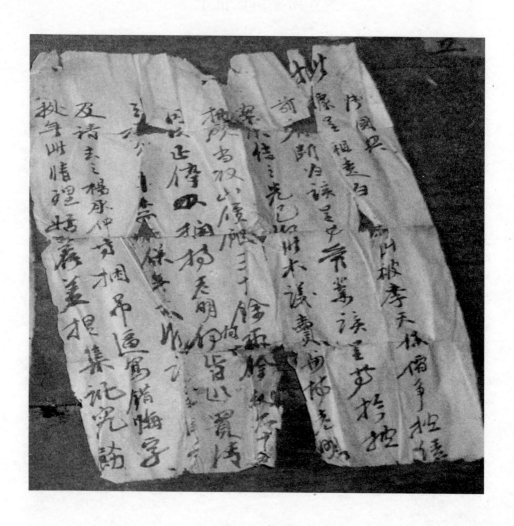

182. （1912）民国元年张天寿等人归靠山场杉木纠纷案诉讼费用分派文书

中华民国壬子年七月□□日，被杨老明串通李天保父片（覆骗）山价纹银不兑，无姑（辜）望（妄）争归靠杉山乙所。具审在府，用费 品 共算归钱 壹 百仟零叁仟贰百□□□。高岭木价钱 拾 千零六百六十文在内，▭ 猪贰只，扣钱 拾 壹千整。

此山分为 贰 大股，美（每）大股占钱伍拾壹千陆百文。

国元占贰小股，该出钱拾千零贰八文。兹占归靠山价钱伍千四百三十二 文 ， 该补 钱肆千捌百四十八文。国兴该出钱拾捌千整，□收钱陆千五百廿五文。张氏该出钱拾捌千整。□□□出钱叁千贰百乙十文。国定该出钱拾乙千五百□□□， 该 收钱贰千〇七十二文。国栋该出钱拾乙千五百八十文，该收乙千乙百四十二文。桥生该出钱拾乙千五百七十文，该补叁千捌百五十□。国珍该出钱拾乙千五百七十文，该收钱拾肆千五百八十二文。

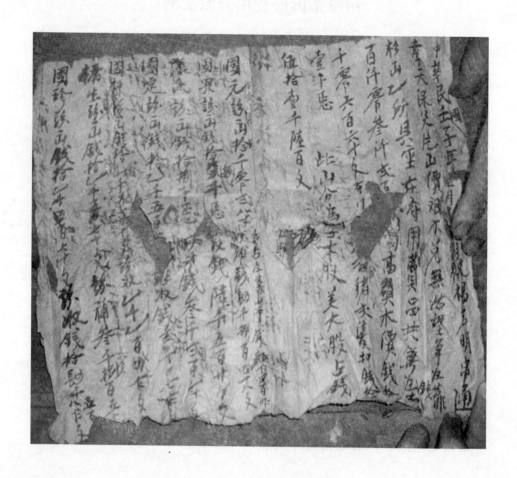

183.（1942）民国三十一年张光全涉牛案诉讼文书（一）

　　为明卖假失、获钱归囊，告恳提究事。缘民有乌黑田牛一只，于先年放与岑果寨吴金保喂养，怎奈民夫于去岁底亡故。之后，该金保见得孀妇身无主持，暗起盗心，将牛于去岁年底不知偷卖与何人。自卖之后，民往伊村请问未知下落，兼云□终无日，延搁至今。迨至本年本月初十日，胞兄张光全登门问伊不理不耳。复至十二日央请本村甲长杨文相与伊甲长吴美香、父老吴美顺登门询问，该伊东吱西唔，所言此牛移放与胞弟吴老晚喂养至今，不与伊相干，是何理乎？窃思此牛既不是伊偷卖，所□□□□□□民。及地方通知，明系明卖假失、得钱归囊。若不告恳，提究追缴收来盗贼，凡良民何能安堵□□。告乞主任赏准兵传到案，追缴施行。

　　张光全五十，住苗埂。

　　吴美元，住岑果。

184. （1942）民国三十一年张光全涉牛案诉讼文书（二）

　　具辩诉边沙⁽¹⁾联保三保岑果吴美元，年五八岁。为失物移祸、辩请详查、诉恳依律、严惩妄告、以儆效尤事。缘民家下寒微，无牛耕喂，幸蒙许赐黄母牛壹只，以得佃喂年余。至民国二十八年十月，曾经面退与望，而望仰送与本寨吴美恒佃喂，查有两年多矣，该牛已在美恒棬（圈）内生育牛崽贰只，其次牛崽在民国卅年生病已死，该桥望之妻及美恒等分食牛崽，之内通地咸知。查该牛已在美恒棬（圈）内失去，该望之妻无故控词，禀民明卖该牛。查该牛失去时，窃民并不在家，又不在民棬（圈）内。问地方则知。似此冤诬妄告，不得哀乞主任台前作主，准予诉明详查案禀，依律惩究，以儆将来施行。

　　谨呈

　　主任杨公鉴

注：

（1）边沙，即今锦屏县启蒙镇边沙村，为镇政府驻地。旧称"平沙"，古婆洞十寨之一，侗语称为"便夏"，有喜鹊坝之意，距离苗埂约 15 公里。

185.（1942）民国三十一年张光全涉牛案诉讼文书（三）

　　具状人张光全，年五十岁，住边沙苗埂。

　　为暗谋明验、捏词诬辩，恳依详稽细审、虚坐实究、赔偿耕牛、以维良民事。窃民故弟张桥望原畜有黑母牛一只，于民国二十七年二月，有岑果之吴美元千方百计向其邀求此牛牧养，以助耕作。民弟惜其寒苦无牛，不克耕种，即将此牛给伊牧养，不幸民弟于去岁物故。该美元闻之就欺民弟妇罗氏孀居，无人主持，以为鱼肉可噬，陡起狼心，于去岁腊底，竟将此牛暗谋盗卖。嗣民知之，往伊村访问下落，不卜卖与何［人］，音信杳无。兼之年周岁晚，无暇理落，因兹搁置中止。迨至今春二月初十日，民乃登门向伊询问其牛何在？殊伊不闻不耳。复至十二日央请本村甲长杨文相与伊甲甲长吴美香、父老吴美顺等再诣，其向言善询理论。该美元只是东吱西吾（唔），云｛云｝及此牛移放胞弟吴老晚喂养，或卖或失，殊不与我相关等语，横赖执不允偿还。似此，民乃具诉本处联保，该主任查确伊之事实，判伊出洋三百廿元作偿民弟之牛价（仰祈捆卷稽查）。该美元不服，反而控词朦混钧处，诉称此牛尚已凭证退回。竟究凭何人证？退与何人？民之弟妇无何不知？查此牛明系该美元亲自苦求给牧助耕，见民弟物故，欺死瞒生，暗谋明验之事显然。若揭为此，伏乞钧长鉴核，准予依律详稽细审，虚坐实究，赔偿耕牛，实沾德便。

　　谨呈：司法官赵

　　被告　张光全

　　原告　吴美元

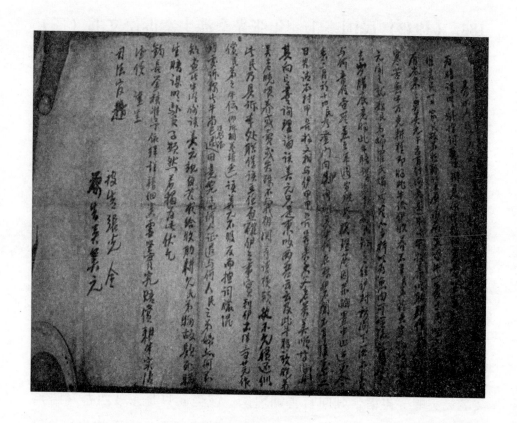

186.（1942）民国三十一年张光全涉牛案诉讼文书（四）

　　为飞灾架殃、含冤莫雪，告恳集（缉）讯劈断、以分泾渭而息负担重累事。缘民于民国二十□□二月曾向苗埂张桥旺佃获黄母牛一只，因家余丁乏人看管，仅喂年余，于民国二十八年八月□□牛凭证退归，该原主（指桥旺）承收自养无异，足征民对于此牛既脱离代养之因，系更复无□□之可言也！可怪者查此牛经民退转时当经该原主（指桥旺）将牛复招与本寨吴美恒承佃 喂 养，后于民国二十九年八月间亦在该美恒之牛圈内生下子犊一只，又民国三十年继生牛子一头。未几，于是年十一月初一日，其次牛子亦死于该美恒之牛圈内，又有吴美香经手与该桥旺及美恒之双方之妻代分。其间民并不在场，或占有丝毫之利益，种种事实即地方妇孺所共晓，尤有甚焉者。不料，是年十二月初九日夜间，其母牛亦在该美恒之圈内忽被盗贼偷去，查访无迹。该桥旺之妻想亦无处寻隙，竟于本年古历三月间，控以明卖假失等情，控民于联保处，虽蒙倚案集询，但杨主任□详察本案过去之事理，亦不据地方证人之公论，乃公然责令民出洋叁百廿元以作代，该美恒赔该桥旺之妻先年之□。民属乡愚，况当□□□□之下，难受恐吓不已，只得央请本寨吴美香及□更杨厚桂等二人转向主任邀求其□□在案，始蒙开释。窃民与美恒虽属堂兄堂弟，但彼此分居各炊二十余年，凡所有物产内系各管各业。纵有失牛纠葛，该失主张桥旺之妻仅能向其承佃人吴美恒交涉，与民无关，不得勒民赔偿。似得此飞灾架殃，实属含冤莫雪。

不已，惟有具状邀恳钧处赏准迅传被告张桥旺之妻张罗氏并吴美恒到案，以恳审理、依法判决、免缴赔款、免负重累、以分泾渭、实沾德信。谨呈锦屏县司法处审判官赵公鉴。

原告　吴美元

被告　吴美恒　张罗氏

187.（1949）民国三十八年三月初六日
张光前涉猪案诉讼文书（一）

民国三十八年三月初六日

被告张

窃民居住苗埂寨历有数年，所家境寒微，世等忠朴。突于去年十二月二十八日夜，有贼盗将民猪一只，重四十余斤，盗去。于同年廿九日清晨，始行发觉，当即口报甲长等。立即率领侄儿炳才分头出查，结果在贵乡属领（岭）湾村屋边小毫（壕）沟，距屋有内里，拾得猪脑浆一它（坨）。当即持往声明该贵乡所属甲长及各父老，并请得岭湾村龙德超及龙晚弟之妻桂凤二人到民拾得猪浆处勘验为凭。查该贼盗猪系用木棒击死，并非刀杀，其血痕由捲（圈）门一直滴至岭湾屋脚。查直兹青天白日之下，乃有如此恶盗欺愚民，任意所为，若不报请究办，将□结党成群，为患不小。为持拾得猪脑浆一它（坨）、击猪棒一根一并呈请钧长，准予令饬所属岭湾村赔偿，以为良善而儆来□□否之处，敬候示遵。谨呈

固本乡乡长杨

启蒙乡第五保居民张光前呈

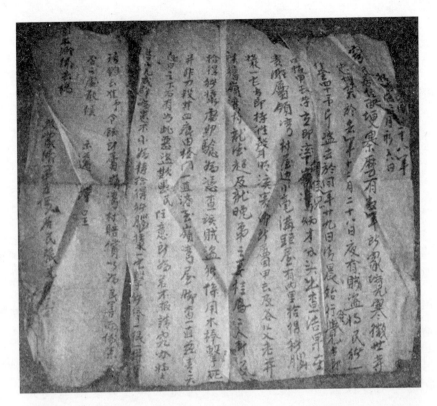

（草稿）

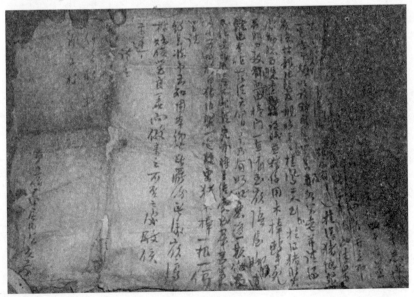

188.（1949）民国三十八年张光前涉猪案诉讼文书（二）

呈

本县启蒙乡第五保苗埂民张光前具愿

　　窃民于去年十二月二十八日夜被贼盗去猪壹只，于时发觉，追缉巡途理迹，跟至八受傍之岭湾屋边距寨最近的地方，查到在乾濠田角得猪修理具，遗有猪屎余肠、迫（破）启滴血等。可民当往岭湾请当地人龙德超、龙晚地（弟）之妻桂凤二人到地勘验，均能心肠目击、痛恨贼人。具理依实报告贵前乡长案下，只□边盗实现，殊知杨再培乡长去世，未致□府。民含冤未伸，只得报呈我大公无私的乡长严为巡办，追向岭［湾］人员责赔偿，以 张 良善，□惩□□途，沾威不朽。

　　谨呈

　　乡长胡汝明

189.（1946）民国三十五年十月二十五日
张光全拖运杉木诉讼文书

理由

具理由民第五保第十甲苗埂村张光金（全）、小瑶光吴廷明，年不一。为架（嫁）祸栽冤，登门放死，告 恳 提究通家可安事。缘民一生忠厚，叶落魂惊，情于本年月前砍伐自己之木，小钱百余株，包与者格之伏人王老喜范运架相，经过党都盘路外边相一条。里边系是黄昭银、杨应珍之木，包与岑兴[1]罗永先、潘世培拖运相一条。自架之后，日日工作，不拘经过，毫无异论，十九日雨下，伏依然拖木经过一天。谁相民棚之伏，因天下雨，二十日散而回家。至二十一日，该永先等拖木经过□伏之相，莫是天晴已久，马却（脚）索步干松。谁想而号倒，伤人不伤，一味不得知。□□弄其手续，经请龙志光登门，任民养伤等语，闻知骇异。即以加请甲长杨承棕、地方人罗秀福理论。□民于十八日下王找钱开伏，二十日下晚才已到家，二十一日清早复去小瑶光与廷明比议找钱开伏，在此饮食早饭，饭后转至乌有蒲正江之家，帮伊夹圈，熟水剃头，方吃午饭，下午将晚方可到家，现有活证可凭，十九日依还两棚之伏拖木经过，前后数日，尚不在家。如此言妄诬，愿以凭神赌咒。该伊仗其势力大，不容分说。蒙甲长、地方劝解，至二十四日，将伊伏二人背其登门放死，弄得 通 家 大小不安。切想近来地方各处病疾很大，诚恐此人因病而亡，□□民逼死重责，实难担当，似比架我栽□，登门放死，情迫不已□□。为此哀哀告乞乡长作主，台前赏准饬丁，明系良民，忠厚无□易□，提该永先、世培到劈究，将人退出，通家大小得安。顶祝鸿恩不朽。

民国三十五年古十月廿五日　　具

注：

（1）岑兴，即今锦屏县启蒙镇雄黄村岑兴自然寨，为侗语地名，有居住在山间凹地之意，距离苗埂约8公里。

190. （1952）土改时期张光全拖运杉木复诉讼文书[1]

锦屏县启蒙乡第五村第五组张光全诉苦书

情因在过去国民党反动派压迫穷人，剥削贫苦良善，弄其手续，冤往（枉）哭央。我贫苦忠厚，被罗秀章[1]、杨登魁[2]，杨承现、承林当此二人之那种狗腿，杨承现拿钱力、势力、武力壮匪首力量，冤往（枉）生端。是在民国三十五年七月，砍伐对门山之木，承现也砍木，是在路外坎，二人之木一齐搬运。杨承现恶霸不许我走他相路，我损补地之钱他亦不许言，后无奈我才架相拖走他相外边。共是那一月拖运，我的木包与宰格寨王老喜拖运，杨承现之木是包与岑新罗永先、潘老培二人搬运。我才架把他相外边，共相二条。因我无钱开夫（伕），去锦屏卖木找钱开夫（伕）。我于十一月十八日去的，廿日下午才是到家。此后他又挂走我相拉过，我也无奈，那时他财高气大，空弓办□。天晴已久，马却（脚）干松。那一日，他走我相经过跌落相来，不知为何情。杨承现那种恶霸狗腿，弄其手续鬼（诡）计，他的包头拉木过我相，不知伤其没有。他才将跌落之人抬上我门，弄得我通家老少不安。不知甚么缘故，请龙志光登门要我养伤，我急以加请地方甲长杨承棕、罗秀福二人理论，要我着草洋拾陆万元养其伤人。那时草洋很贵，我搬运之木卖来都不够，作（着）他这种恶霸搞搇人民，无礼生端。我组人民全被他剥削，为他之苦。民张光全穷为教化，今有解放以来，替我伸冤报仇，才能□活。现请求人民政府把他镇压枪毙，肯祈我沾不朽，具诉言是实。

镇长□此协力，继续枪毙，沾恩得便所据诉苦是实。谨呈

乡长吴

具诉苦人　张光全

【横排】勾结官僚、搞搕民等。传。杨承现就是一个地老虎，放账之利比别人高。□分之主，他好□是出借皆穷人之□，这种坏蛋□□。

注:

（1）本文书时间为1952年。

（2）罗秀章（1912—1952），启蒙雄黄村人，出身绿林，曾参与抗日，曾任固本、启蒙、瑶光等乡乡长（1942年起），后参与叛乱而被处决。

（3）杨登魁（1908—1952），启蒙雄黄村人，出身行伍，曾任启蒙乡长、县民政科主任科员等职，后参与叛乱被诛。

三、账单账簿

191.（1890）光绪十六年二月苗埂乌有计开田产文书

光绪拾六年二月 公众计开苗埂、乌有

姜吉生三石。

蒲廷珊、蒲廷琏田乙百廿九石。龙武乔田十石。黄光作叁十二石。张开盛廿五石。张开理廿五石。张天寿廿五石。张天恩柒十石。杨明庆上下乙百九十石。龙先祥四十石，又五石。龙先吉廿二石。龙武才乙百廿八石。龙昌田四十石。

赵幸[志]十石。范国瑞卅石。罗顺旺八石。何长发十五石。谭善心叁石。范顺发十四石。

乌有蒲廷珊乙股，贰百六斤。苗埂张开盛乙股，贰百六斤。

杨明庆乙股，贰百六斤。龙先银乙股，贰百六斤。

乌有该除谷乙百六十八斤半。

壹共八百廿四石，每石出谷乙斤六两。

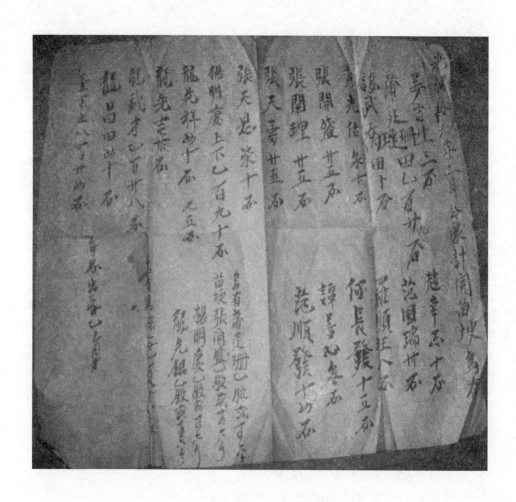

192.（1925—1931）民国年间张氏家族清明会座簿

癸酉年

张洪顺号

座簿乙本

正球来猪贰只，贰拾肆斤半，每斤乙封乙百文。

癸酉年三月初十日

计开肉单

杨文相去肉三斤半，又去十两。文通去肉三斤二两。杨照海去肉乙斤。正球去肉拾斤整。桥顺去肉三斤半。正江去肉五斤，当收钱二封二百文。先宏去肉八斤十两。正乔去肉二斤半，收钱乙封一。正泽去肉三斤三两。正□去肉二斤五两。正均去肉二斤半，收钱乙封三百文。光志去肉拾叁斤半，收钱五封。晚嫜去肉二斤九两。杨通早去肉六斤半。

乙共去肉七十乙斤六两。光明去肉八斤整。

面结光志下欠三封二百六十文。

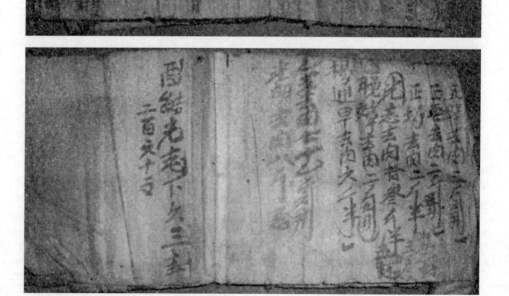

癸酉年十月十八日计借者格寨

杨秀兰大洋叁拾贰元整。又杨秀廷大洋拾元整。

蒲正求大洋拾元整。

又吴廷明大洋陆元整。

又弟光明大洋拾元整。

民国十四年乙丑九月廿五日 立

清明会仲（众）等号

出入簿记

戊辰年光隆、乔望交与光忠、光禄手。

张光全买簿扣谷二斤半。

光全丁酉年四月二十日子时建生。

妻杨氏己丑年九月十四丑时建生。

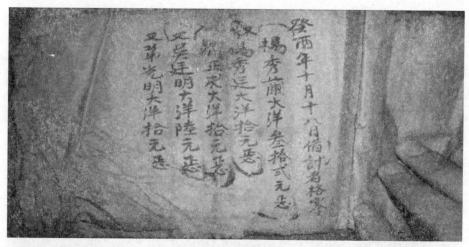

张光隆出谷叁拾斤，张光文出谷叁拾斤，管乙丑年。

张光全出谷叁拾斤，张光志出谷叁拾斤，管丙寅年。

张三弟出谷叁拾斤，张光荣出谷叁拾斤，张国正出谷叁拾斤，管丁卯年。

张光隆出谷叁拾斤，张光明出谷叁拾斤，管戊辰年。

张光禄出谷叁拾斤，张光忠出谷叁拾斤，管己巳年。

张姜氏出谷叁拾斤记（祭）祖，张月知出钱乙仟二百文，张光文出元钱二封，记（祭）祖，壬申年二月廿日。

张老卯、张光落将来占会。

丙寅拾五年二月十三日。

买猪肉拾斤，每斤折价□元□□，归钱捌仟六百四十文。

买硝乙斤，扣钱乙仟文。

买钱纸出乙仟二百文。

买火黄出钱三百文。

买行香出钱三百文。

买小炮出钱二百四十文。

买生盐出钱六百文。又算账米四件，扣钱六百文。

又出 谷造 酒廿斤，每斤折钱一百五十文。

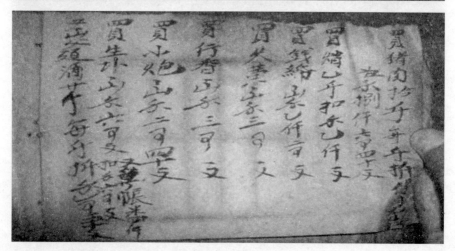

合共归同（铜）元钱拾五封捌百八十文，外存钱拾二封六百四十文。同日，光中耕（跟）国珍、国三会手借元钱叁封，美（每）封称却（脚）谷乙十六斤，凡（还）清。外领再光明借四封，二乙共凡（还）清。

同日，光全借元叁丰（封）。光隆借元钱二封，收清。

光禄借元钱四封，收清，下欠乙封九百文，凡（还）清。

光志借元钱六丰（封），收来乙丰（封），下欠四丰（封）贰百文，收清。三弟借元钱二丰（封）。

民国十六年丁卯年三月初四日。婆洞买来猪肉六斤，美（每）斤价元钱七百六十文，共归元钱四封五百六十文。

又买火黄三两，每两乙百廿文。又买前（钱）纸五把，归钱乙封乙百文。又买行香四把，归元钱七百廿文。又江口买硝乙斤半，钱乙封三百六十文。又买生盐八两，元钱四百四十八文，合共吃用归元钱捌仟七百卅六文。

又 造 酒出谷廿五斤。外扯台去水子钱二百，未老出的五□□。外扯算清，于（余）存元钱九丰（封）二百四十文。存称脚，每丰（封）乙十六斤，谷子行习（息） 加五 。

丁卯年国珍、国三二人领谷子一百 十斤 ，退去十四斤，借与乙未之手，得谷乙百〇五斤。

丁卯年记黄埂谷四百〇九斤。

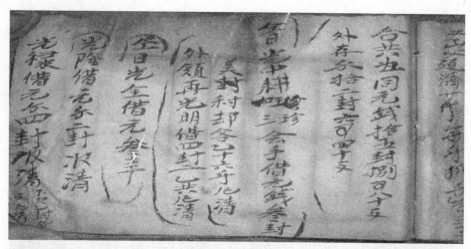

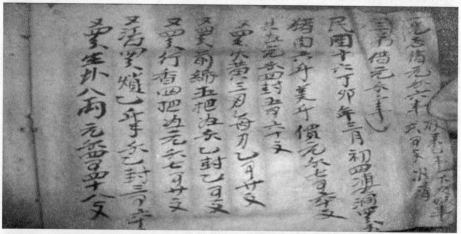

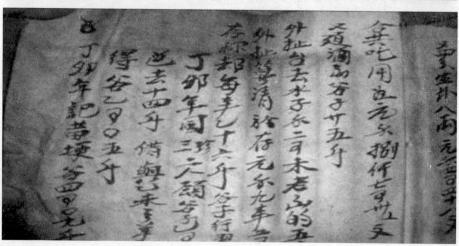

戊辰年后二月十五日仲清明□

买猪肉七斤，每斤价元钱五百六十文，算归元钱四封。买硝、火黄、行香、前（钱）纸、生盐、广交共□元三封九百廿文。造酒谷廿五斤，米四件，算帐（账）存元钱乙封三百廿文，称却（脚）每封十［六斤］。又存行香五百根，存光隆手领。

丁卯年秋，收光隆、光明领来谷四百〇九斤。到戊戌（辰）年后二月十六日，光忠、光昌、光海领手，光隆、光明谷叁佰七十八斤，色（折）去卅乙斤，美（每）石色（折）七斤。光隆该出谷乙百廿七斤，外有再（在）国珍领来五百文。光禄该出却（脚）谷廿九斤，光忠该出却（脚）谷七十六斤。仲（众）等算清之谷，陆百〇二斤。又出谷八斤，在晚娘家吃饭算丈（账）。

戊辰年二月十六日，光禄［放］借谷六百〇二斤。外有三弟、国珍该出却（脚）五斤半，扣钱□整。

光全借去伍十斤，光志借去伍十斤，光隆借去清明会谷六十二斤，光禄借去清明会谷二佰廿斤，光忠借去清明会谷二百廿斤，三弟欠，即借元钱乙封，光禄招借八百文。

己巳年三月初三日，算清清明会买贺（货），买前（钱）纸六把，归元钱乙封四百四十文。

又买小炮三百廿文。又酒谷廿斤。

又买行香乙孢（包），元钱三百五十文。

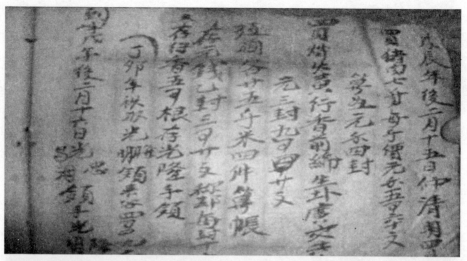

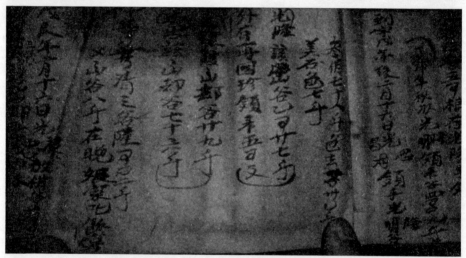

又买生盐半斤，元钱三百廿文。又纳子钱四十文。又买猪肉捌斤，每斤折元钱四百七十文，共归元三封六百八十文。

小笔钱二百文。又肖（硝）乙斤，火黄二两，归元壹封四百文，归元钱七仟六百五十文。

光忠凡（还）出买贺（货），算归元钱五封〇八十文。光禄凡（还）出买贺（货），算归元钱二封五百七十文。存谷六百四十斤。

各年吃用满扣，算清存谷六百四十斤。

庚午年三［月］初六日仲（众）等卦清记开买贺（货）单

光全、光志钱买肉十斤。又买行香三抱（包），归钱七百五十文。又买前（钱）纸八抱（包），归钱乙仟四百四十文。又买前（钱）纸壹大把，归钱二百四十文。又买火黄二两，归钱二百文。

光志出钱二丰（封）六百五十文。又买水花盐乙斤，价钱乙封。又买肖（硝）十二两，归钱乙封。又买前（钱）纸三把，归钱七百八十文。又买小炮二封，算归钱五百廿文。又酒谷贰十斤，光全出钱三仟三百文。又品共吃用乙十三封九百五百（十）文。又吃用谷归二百卅乙斤。又吃用丁存谷六百六十乙斤。

光全、光志存谷六百乙十乙斤。三弟领去五十斤。

庚午年八月初八日，收光志谷四百六十五斤，色（折）卅三斤。收光全谷四百卅二斤，色（折）谷廿三斤。

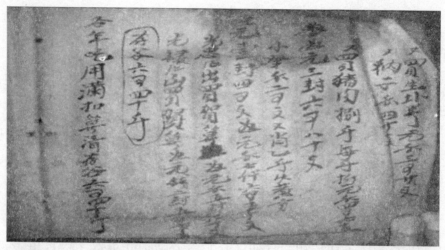

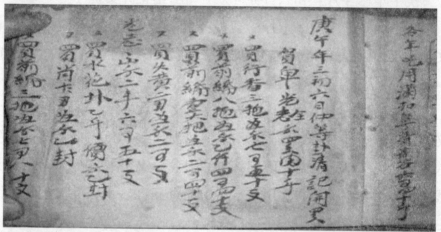

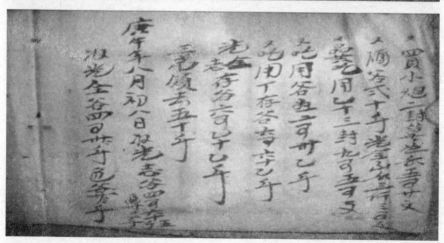

十一月初八日出清明会谷,补酒米二百六十三斤。存光前昌(仓)内之会谷壹百六十九斤。

[辛]未年二月初九日,三弟借谷七十斤。

九月十五,收三弟谷乙百叁十五斤,存谷三百九十二斤。

光荣借去乙百斤,外存酒米二件。

十月廿六日,借谷七十八斤。光明借谷乙百一十斤。晚娘借谷六十斤,收晚谷九十斤。三弟借谷乙百斤。光禄父子借谷乙百八十二斤。老卯借元钱二封二百文,转昌辉还□知乙封二百文。进肉钱乙封整。

甲戌年二月廿二日卦清乙共吃用廿仟〇乙百文。于(余)存谷四百廿捌斤,交会。

老卯欠钱贰仟七百廿文。光隆借清明会谷捌十二斤半。光禄借清明会谷乙百捌拾四斤。三弟借清明会谷乙百卅九斤半。光忠欠会谷廿二斤,算清吃去酒米□谷□□斤。

光明去猪肉乙斤半,归钱乙仟二百廿文。老卯开存钱乙仟五百文。[1]

注:

(1)本册清明会出入簿时间大致为民国十四年九月廿五日(1925年11月11日)至民国二十三年二月廿二日(1934年4月9日)

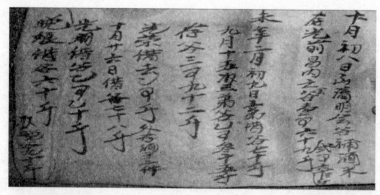

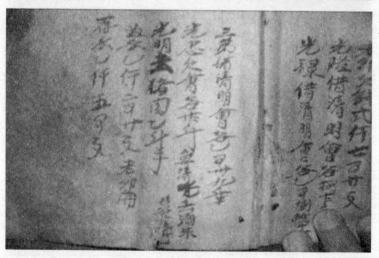

193.（1933）民国二十二年张氏吃用账单

癸酉年吃用归钱拾六封〇五十文。

癸酉年除吃用算清存谷四百二［十］九斤。

光禄除谷乙百九十二斤。

光宗除谷乙百九十二斤。

国珍除谷四十五斤。

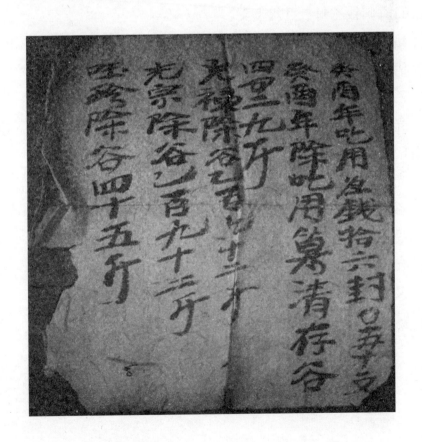

194. （1935）民国二十四年三月初一日清明节张氏账单

乙亥年三月初一日江口卖贺（货）。

买火药乙斤三封二百文。

火黄六百文，生盐半斤钱八〇文。

小炮六百，归钱五百六十文。

前（钱）纸三斤，归钱三封〇六十文。

行香归钱乙封二百八十文。

猪肉十二斤十二两，归拾封〇四百五十文。

酒谷廿斤。

乙共买货归钱拾玖封九百五十文。

光全买货，出去钱拾一封整，扣去酒谷，借谷六十二斤，该收谷五□。

光志该收谷七十斤半。

乙亥年三月初四日，算清存谷四百五十八五斤半，交与光荣、三弟手收。

光隆该出谷乙百九十玖斤。

又收光全、光志谷五十二斤，交与光荣手收。

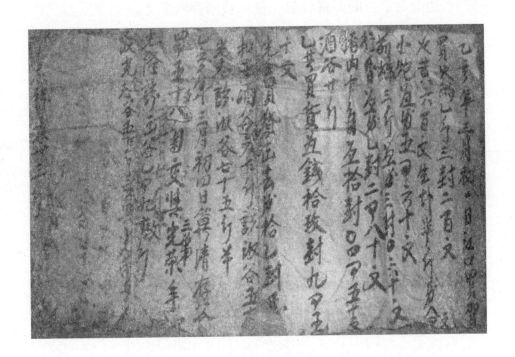

195. （1930—1935）民国年间张氏分股单[1]

右边分为十三股，每股阶（价）钱四百六十文。

光全、光明所占七股，一股分为三小股。又占一股，共归叁仟三百七十文。

十三股国珍所占三股半。又二小股共占乙千九百乙□文。光禄弟兄占乙股半，阶（价）七百五十文。

左边分为六大股，每股该钱乙仟五百文。

光全、光明所占乙大股，该乙仟五□□。

国珍占钱叁仟，小股又占五仟三百七十文。

光禄弟兄又占乙千一百二十文。

国珍左右占钱八仟二百八□□□。

光禄弟兄左右该一千八百□□□左右。光全弟兄共□四仟八百七十文。

注：

（1）根据上文文书可估此单约订于1930—1935年。

414

196. （1937）民国二十六年二月十一日
张光忠逝世收礼账单

丁丑年二月十一日寅时光志去世。

赵学明来礼钱乙千八百文。发戴旧（舅）来礼钱四千文。宋晚旧（舅）来礼钱二千文。官乔来礼二千文。开佑来钱二千文。杨老要来钱乙千文。王老培来钱乙千三百文。蒲正祥来钱乙千○五十文。蒲正均来礼钱八百文。二姨嬅来钱二千七百文。杨照海来米十一件。姜德生来礼钱乙千六百文。姜老岩来礼钱乙千文。罗秀怀来钱乙千八百文。黎旺书来钱乙千三百文。姜兴德来酒五件，又米十六件，又光洋乙元。吴美才来米拾件，又酒六件，又钱二千文。蒲新盛礼钱乙千文。

正球来钱二千文。吴廷明来钱二千文。杨老二来钱二千文。吴美先来米十二件，又酒十件，记丈（账）乙张，又光洋四元。

三福来礼钱乙千六百文。杨德盛来礼钱乙千文，又米四件。文斌来米八件。姜凤先来钱乙千文。龙先宏来钱乙千六百文。杨老岩来钱乙千二百文。杨□□钱乙千零五十文。杨德贵来米十件。杨文魁来钱八百文。□□

开路小里二千八百文，又三千二百文。地理小里九又三千三百文。杨文相来米□□

合共礼钱三□千三百文，共礼钱□千□百文，共用费□千□百文。

　　除开用费百般，于（余）存钱拾千三百五十，又招谢汶去钱乙千六百文博向。

197.（1930—?）民国年间张氏建房收礼清单⁽¹⁾

　　杨照珍礼钱四百文，酒叁拾五件，红一定（锭）。

　　杨连旧、杨珍旧礼钱三百文，米十八件，酒十四件，红一定（锭）。

　　杨启寅、杨启田礼钱四百文，红一定（锭），酒廿三件。

　　杨富保酒廿一件，红乙定（锭）。

　　姜顺先、姜手先来礼钱六百文，布半定（锭），酒十一件。

　　罗秀森礼钱乙千文，纸对乙付。

　　蒲新盛礼钱三百文。

　　罗再祝礼钱乙百［文］，又扣布乙定（锭），酒廿一件。

　　二

　　天无忌，地无忌，年无忌，月无忌，日无忌，时无忌。鲁班在此，百无尽（禁）忌。

　　【倒字】

　　杨世宏礼钱三百文，红乙定（锭），酒廿一件。

　　吴美才礼钱乙千文，扣布乙定（锭）。

注：

（1）根据上文文书可估此单为1930年以后，分居而建造房屋。

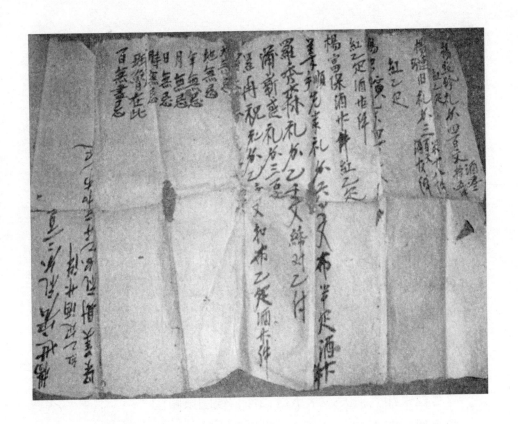

198.（1943）民国三十一年十二月二十日
张光全记逝世礼簿

民国卅一年十二月廿日

张光全记

礼簿

小礼去钱四。

拜仙去礼钱二元，又去小理钱二元，又去小理钱二元，又去小礼钱三元，又地礼钱十五元，又去道师钱三十元。

杨承品来钞洋伍元。

蒲正球来钞洋捌元，酒米拾陆件。三。

吴廷明来钞洋捌元，酒米拾伍年。三。

杨世玖来钞洋柒元。

杨承忠来钞洋伍元。

龙志文来钞洋陆元。

罗秀槐来洋壹佰元，米伍拾二件，钱□祭帐□。

罗秀槐、罗幸万、罗幸林来洋壹佰叁拾元，米伍拾件，钱一□，孝帐。

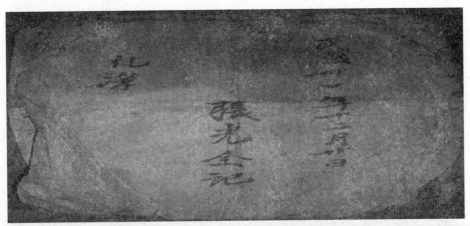

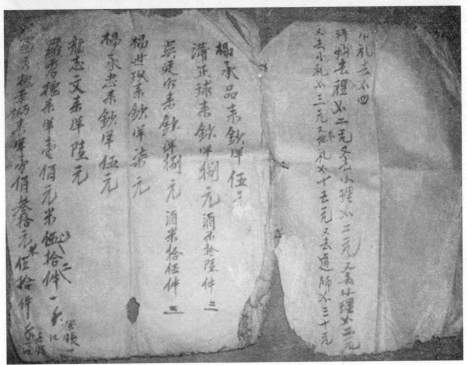

杨承勋来洋伍元。龙先宏来洋拾元。王宗和来洋四元。罗秀清来洋贰拾元，酒米卅件。三。

罗秀章来洋贰拾元。三。龙德胜来洋六元。杨文先来洋六元，又酒八。杨国锦来洋六元，米八件。姜老长来洋叁拾元，酒米四十件，孝帐一宠。

姜朝贵来洋伍元，酒米十件。姜官朝来洋拾元，米五件。姜曾发来洋七元，酒米十。王宗培来洋五元。吴传发来酒米拾三件，洋拾伍元。三。张志能来洋七元。杨德贵来钞三元。

吴传生来钞洋贰佰捌拾元，孝账一章，米卅斤。壹共单归礼钱柒百乙十四。

杨应启来洋三元。吴美能来洋拾元，来米七件。杨承要来洋伍元，来米十件。蒲新盛来洋伍元。吴美前来洋捌元。吴传榜来洋捌元。吴美田来洋五元。吴美曾来洋五元，米五件。杨金贵来洋四十元，糯米六件。杨秀廷来洋伍元，糯米十件。

姜显真来猪乙只，重玖拾斤，米卅五件，孝张一章，酒四十件。姜显瑞、姜显章共来洋十二元。

姜正田来洋贰十元。王汝培来洋伍元。

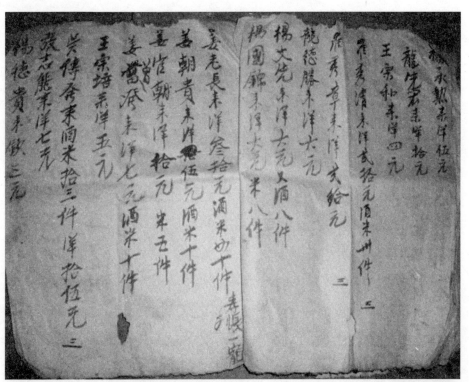

杨永熟来洋伍元
龙仕宏来洋拾元
王家和来洋四元
雁秀清来洋贰拾元酒米卅件　二
雁秀草来作贰拾元
魏德胜来洋六元
杨文先来洋六元又酒八件
杨国锦来洋大元　米八件　三

姜老长来洋叁拾元酒米如十件
姜朝贵来洋伍元酒米十件
姜信朝来洋拾元　米五件
姜鸾涨来洋七元酒米十件
王家培来洋玉元
吴传香来酒米拾三件洋拾伍元　三
茂志熊来洋七元
杨德贵来徽三元

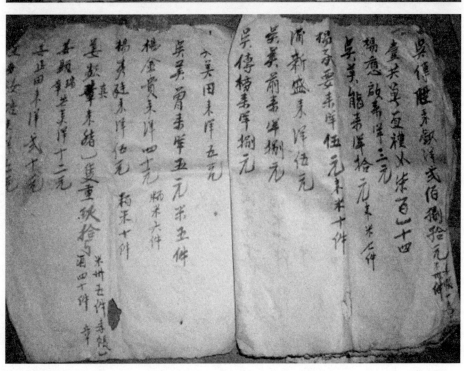

吴传礼来徽贰佰捌拾元……
姜天草亚礼火柴百二十四
杨恋故来洋三元
吴美能来洋拾元支米石件
蒲新盛来洋伍元米十件
杨家要来洋伍元米十件
吴美前来洋捌元
吴传桢来洋捌元

介美田来洋五元
吴美胥来洋玉元米玉件
梅金贵来洋四元粉米六件
杨秀廷来洋伍元稻米十件
姜数华来猪一隻重纹拾与两四十件
姜顾珠芸美作十二元

　　杨甫国来洋十五元。杨德隆来洋五元。杨安全来洋二元。杨照海来洋拾元。壹共前及单归洋捌百七十七元。

　　付罗秀恒名下之洋贰佰元，付罗再祝之洋壹佰元，付金棱之洋四佰捌拾元，主家收去洋陆元。

　　买口姻（烟）去洋三元，买纸章去洋拾乙元。

　　杨文先来洋六元，酒八件。杨国锦来洋六元，米八件。江口买布去钱七十四元，口又买布五丈三尺，归钱二百陆十五元。

　　称去肉归钱十四元。买珠砂去钱五元。买青油四斤六两，付价钱三十捌元，

　　买去钱十元，买姻（烟）去钱十元〇五角，买布乙丈九尺归钱九十五元，买酒壹佰件，买酒伍拾件，买桐油贰斤，去洋捌元。壹共用去钱一千九百八十一元二角。

　　付志光二千〇廿元，付志文八百七十五元，付长寿贰百元。

199. （1941—1947）民国年间罗氏引连田产收益清单文书[1]

罗氏引连

自耕田

党都田三丘，二十石，收益一千八百斤。

冲口田二丘，二石半，收益二百斤。

凹上田二丘，三石半，收益三百斤。

田霸（坝）田六丘，九石，收益捌百斤。

包恼（垴）边田一丘，三石半，收益三百斤。

宰郎坡却（脚）一丘，一石，收益五十斤。

出租

黄土田外坎八丘，八石，收益一半叁佰斤。

乌有冲田五丘，六石，收益一半，贰佰伍十斤。

洞头田一丘，二石，收益一半，五十斤。

注：

（1）本份文书年代可根据上文文书推测为 1941—1947 年。

200. (1948) 民国三十七年七月初八日祖坟山分单文书

⬚民国三十七年丁亥（戊子）七月初八日

杨承现来买祖魂（坟）山，何（活）木每两马（码）子义（议）价壹拾伍万捌千元整。

当日汉（收）壹拾捌万，光全汉（收）十万元，光忠汉（收）八万元。

此山借土上之木价，光隆汉（收）土上木价一万元，光□收土上木价一万元，昌魁收土上木价一万元，引连收土上木价一万元。

黄招纹银先付壹佰。

万菊承现手卖木。

招扣承万市洋壹十四万八千整。

此生义（意）分为四程（成），光全占三程（成），光忠占一程⬚成。

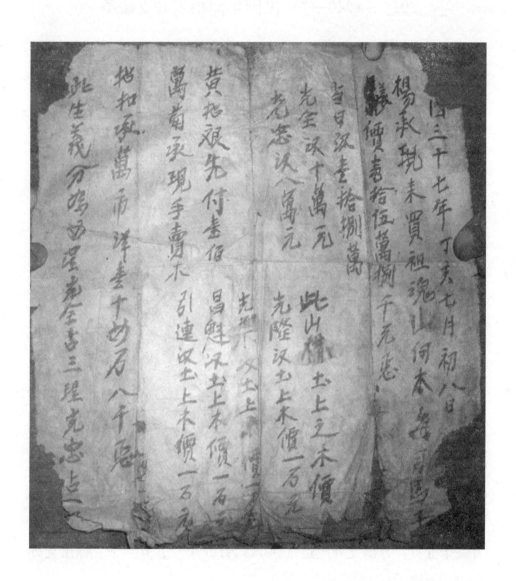

201. （1940—？）民国年间招木开支账单

记开九月十九日以来吃用，火食之数开列于左：

吃去米六十件，工（公）共卖米乙□□。下欠二十件。

又买酒四斤，该洋一万四千四百。又卖干肉贰斤，去洋□仟五百元。又买鸡二支（只），贰斤十二两，去洋九千五百。

又买酒贰斤，去洋柒仟二百元。又买米乙斗，去洋贰万元。又买猪肉五斤，去洋壹万五千元。又买生盐一斤五两，去洋四千元。又买酒五斤，去洋壹万八千元。又吃午饭，去洋壹千五百元。又去米粟四百元。又吃去黄豆壹件，折价六百元。下欠之米，折价壹万元。合计吃用九万四千七百元。外有四斤酒未算。

有禄存招木钱贰万乙千四百元，永标存招木钱壹万三千二百元。又存壹万二千元有禄之手。合计新旧吃用火食□仮休伏共去人币三十四万六千，出开支而外，下余人币一百二十六万八千六百二十。每股应近（进）十□五千。

□世章出支外应近（进）□□□。□出支外应近（进），出补九万四千一百。耀出支外应近（进）三千六百，□山三千四百。禄出支外应近（进）六万一千六百，□□□。富出支外应近（进）五万三千五百。万出支外应近（进）六万六千。五万六千。标出支外应出六万四千。

合共各人应进四十五万五千五百，亏欠七万七千八百。

202.（1940—?）民国年间红格纸涉肉账单

杨文相去肉三斤三，收洋五角	龙志标去肉二斤六两	王中培去肉三斤，收洋乙元	王三去肉乙斤四两	张光全去肉三斤	堆金积玉			
					光华书局			

注：

光华书局（1925—1935），民国时期上海四马路上一家有名的文艺书店。该账单应该不早于1925年，结合所涉及人物，应在民国后期。

432

203.（1948—1950）张光前自耕田收益账单

自耕实收谷二千二百斤。

自耕田拾二丘，实收谷二千二百斤，卅九年。

卅八年，实收谷二千二百斤。

卅七年，实收谷二千二百五十斤。

204. (1958) 公元一九五八年全社杉木无价归社各户名单簿

封面一

全社杉木无价归社各户名单

1958. 3. 20 补

封面二

全社杉木入社各名单

1958. 3. 20 补

表一

姓名	蒲正高	蒲正模	蒲正全	蒲兴盛	蒲正先	蒲正永	蒲志贵	蒲正祥	蒲志超	蒲桥顺	杨德兴	张昌万	杨德林	龙志清	龙志元	王永成
杉木自愿无持价转归社本人盖章																
契约官权																
自由用木权																
备注																

表二

姓名	杨德信	杨承勋	杨永品	张昌文	张光全	龙志标	龙芳林	张光隆	张光乐	张昌耀	张昌魁	张昌□	张昌全	张光荣	张昌品	
杉木自愿无持价转归社本人盖章																
契约官权																
自由用木权																
备注																

表三

姓名	杨老二	杨德仁	杨德礼	杨承美	杨承美	杨承美	杨承识	杨承万	杨德元	杨德昭	杨德明	杨安培	杨安全	杨纯超	杨德□	杨承贵
杉木自愿无持价转归社本人盖章																
契约官权																
自由用木权																
备注																

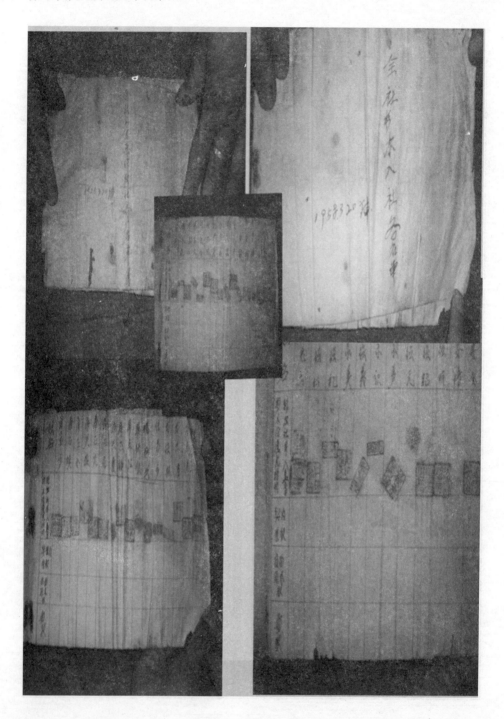

205.（？—1911）清末张氏分股纸片

天喜乙股。

天才乙股。

天保乙股。

天寿乙股。

老来、老和乙股。

忠吉乙股。

老乙一股。

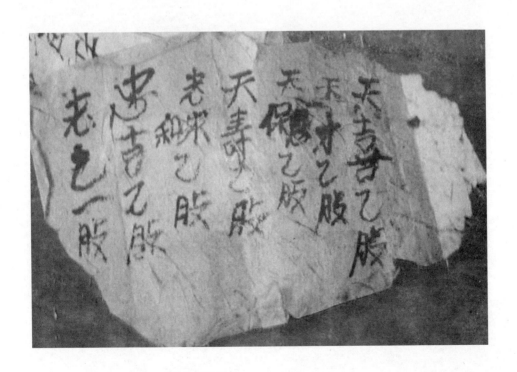

206.（? —1930）张氏账单

七月十二日收张国兴钱乙仟四伯（佰）五十文。

十三日乙共借主家钱乙仟三伯（佰）四十文。

又开田先生钱乙仟二伯（佰）文。

廿四日收国兴钱乙仟捌伯（佰）文。

廿五日龙乙共借钱乙仟三伯（佰）三十文。

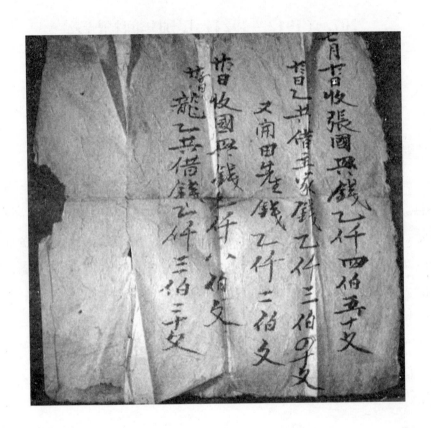

四、官方文告

207.（1912—1924）民国年间杨昌云
催缴军资文书抄条[1]

抄条

启此次奉令剿办土匪，各团壮丁已至数千余，集中于此，需粮甚急。着令宰蒙、宰娄、宰抹、虫黄、果坐、苗埂、扣黑、高酿、高受、魁硐、留硐、岑果、高表几团几村各办军米贰千碗，逐日送下巨寨以资军实。如有违误不解，则该几团几村即便放火焚烧，以绝匪人粮食。火速！切切！

于本日付来是为至祷。

此致

杨昌云　启

注：

（1）本抄条的时间大致为 1912—1924 年。

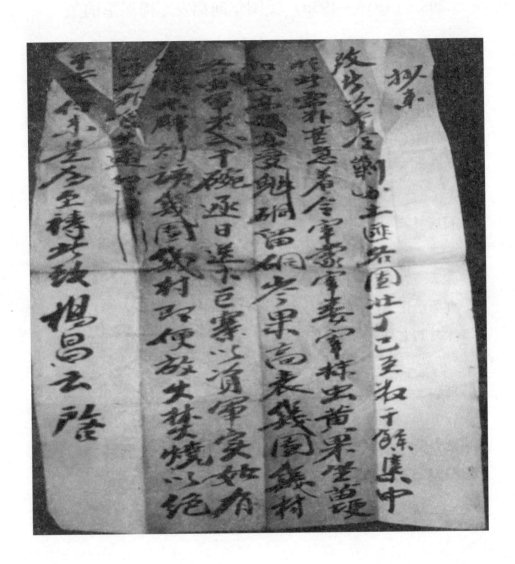

208.（1914—1930）民国年间招安军摊派军饷条

径启者。本月初二日有滇黔联军第 二 纵队一团独立连石连附（副）炳清统率招安军六十余人，至屋歇宿食用，去钱贰拾余仟之谱，以故特条请各同事，准于月初九日临局[1]结算，以好摊派为要。此致

杨应林

　　　列列均（钧）鉴

张天寿

此条沿途飞送，切莫失遗。

十月初七日　条

注：

（1）局，指团防局，可能是锦屏县第五区团防总局（驻瑶光），或团防分局（驻边沙），时间为 1914—1930 年。此份文书约成于 1914—1930 年。

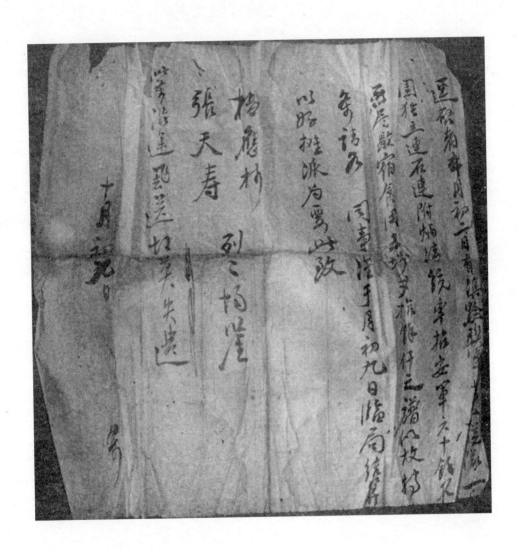

209.（1914—1930）民国□年十月八日
招安军军饷催缴文书

　　径启者。兹接纯钞条云，钞前奉县长命令，票奉财政所令发契税简章施行细则等，令等开所有本局各寨花户有契之家，凡未投税者，准于本月廿四日迅速清送来局，切莫隐瞒，俾得转交纯钞送县投税，以了自己责成。此致

　　　　　杨应琳
　甲长　　　　　均（钧）鉴
　　　　张天寿

　　再者，本月初二日，有招安军至局歇宿共食，用钱贰拾六千贰百八十文。今派贵处出元钱壹仟四百文，限五日内缴送来局俾得开销为要。

　　古历十月八日　条

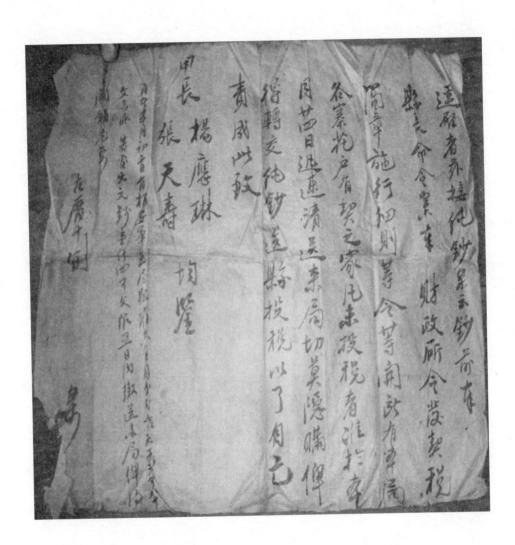

210. （1914—1930）民国年间涉军饷文书[1]

径启者。此次招待军队一节，烦各同事本月初五日午刻 驰 局开会，候算用费，切勿吝步有违，是所 至 要。切切。此致

张天寿

　　　均（钧）鉴

杨文湘

四月初四日条（印）

昨日□□军队买猪一只，重乙百斤，其价概议□□炊（催）各牌照出元壹千贰百文。

注：

（1）此份文书约形成于1914—1930年。文书中有底印"边沙团防局□□"。

211.（1923）民国十二年四月二十一日
苗埂地区赋税催收文书

　　径启者。所有阁下应送局米件数，除收，下欠若干，准于本日内携合同收条到局筹算登补，以维团务。否则，现今蒙县长派兵到局按户追缴如数。倘若仍前抵抗不送者，明日兵守追缴受累，休怪言之不先。此致。

清　杨应灵

　　杨应寿

清　张天寿

　　杨应周

　　蒲新顺

　　蒲新才

　　龙先和

　　龙德顺

　　赵新有

　　高受杨成运由壬戌二月起至本年四月，共十六个月，除收，下欠米乙百七十五件。

　　果两杨世德由壬戌二月起至本年四月，共十六个月，除收，下欠钱乙拾壹仟七百文。

　　列列先生同鉴

　　民国十二年阴四月廿一日　　条（印）

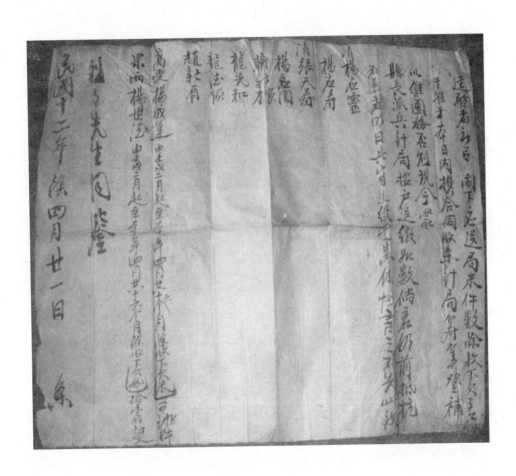

212. (1924) 民国十三年十一月初九日军饷催征文书

　　径启者。昨奉朱营长函，开内称奉军长命令：此次军事在即，需款浩繁，函应向五分区边沙团暂借生洋壹仟贰伯（佰）元，限三日内一律缴清，解送到部。仰该营长遵照从速催收，慎勿致误。如违，即以军法从事等。因奉此合行函达台端。准于本月初九日巳刻，一齐至边沙文昌宫磋商办理，切勿吝步。如有拒抗延误者，勿谓弟等报告营长，开兵按户坐追。事关军用，切切。此致。

　　再者，同事等照其谷石摊派，每石派落光洋贰角四仙。往来火（伙）食暨军人上下一切用费在内。此批。

　　　　　张天寿
　　甲长
　　　　　杨应寿

　　　　　杨积美
　　局长
　　　　　杨鸿法
　　民国十三年十壹月初九（印）[1]

注：

（1）落款处有条形"边沙团防局同□"印章。

213. (1924) 民国十三年四月二十二日
锦屏壮丁摊派文书

径启者。非无别事，因 锦 屏 县壮丁一名，要我半爪（抓）应仇（酬），请兵出元钱六拾千文，□□得安。各处甲长急将此元钱火速付来，以勉（免）受累。若各处甲长不能达（答）应，亲身到局分说以好派定，各甲长再不过来，勿谓先不言也。草字并请，不叙多言 泰 安。

扣黑、苗埂，出元钱 拾 五千文。

岑果，出元钱拾贰千文。

八龙，出元钱四千文。

流洞，出元钱捌千文。

者楼、并晃，出 元钱贰 拾五千文。

代路费、火（伙）食在内。

甲子四月廿二日　同事甲长传条

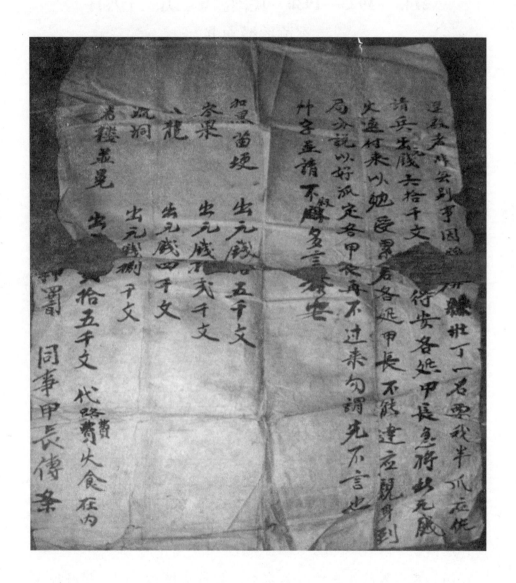

214. （1923—1930）民国□年二月二十八日
军饷催缴文书

　　径启者。前奉县长训令，令开奉滇黔联军指挥部令，饬筹款伍万元，并指定由锦屏瓮洞厘款项下归还，军食所关，刻不容缓等因。奉此，前曾经函达台端，预行开导各家富户措□斯款，业已公同聚议，照依谷石摊措，一切解费在内，每石应派光洋叁角叁仙。其贵处约共谷石贰佰叁拾石，烦列列同事迅速照数派齐，以便解县，事关军要，切切。此致。

杨应寿

张天寿　列列先生均（钧）鉴

杨文刚

贰月廿八日

　胜兰

杨国干　同启[1]

　积美

注：

（1）文书落款处左边有长方形"边沙团防局□□"字样印章一方。

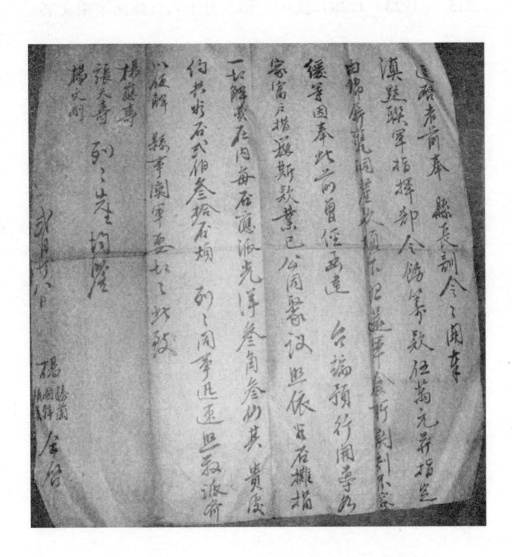

215.（1923—1930）民国□年二月十六日摊派军粮文书

　　径启者。本日接奉县长谕令本局筹备军米壹佰斗，限期缴解，以故特条达知各台。条至，速急摊派贵处各富户，其出米四斗，限壹日内并将担米赴县之工力钱一齐缴解来局，俾得转送县署。事关军食，切莫延宕。如有各户延玩，仰保安警察兵登门追缴，休怪言之不先。此致。

　　杨应琳

　　　　　均（钧）鉴

　　张天寿

　　　　　杨胜兰

　　保董

　　　　　杨国干

　　二月十六日[1]

　　注：

　　（1）本书落款处左下方有长方形"边沙团防局□□"字样印章一方。

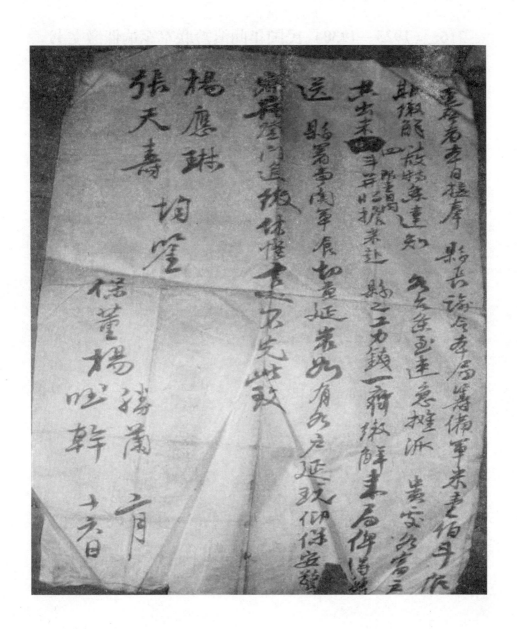

216.（1923—1930）民国年间滇黔联军军饷催缴文书

　　径启者。兹又奉县长训令内开奉滇黔联军指挥部令，饬筹款伍万元，并指定由锦屏瓮洞厘款项下归还，军食所关，刻不容缓等因。奉此，合行函达台端，准于本月二十五日巳刻，各同事一齐到局磋商，以凭摊派，幸勿吝步，不来违误，要公事关军界重件，为此仰该甲长等一体遵照，切切。此致。

　　候启者。军米一件甚为紧急，未卜贵处如何一粒不来？现今 要 员在局等候坐催，务须□速追不为□□□□门，特此预达从速付下，每斗派解费钱四佰八十文，一齐送至为盼。

　　　　　杨应寿

甲长　　　　　均（钧）鉴

　　　　　张天寿

贰月廿三日　启

定于廿五日开会视事。[1]

注：

（1）本书落款处左下方有长方形"边沙团防局□□"字样印章一方。

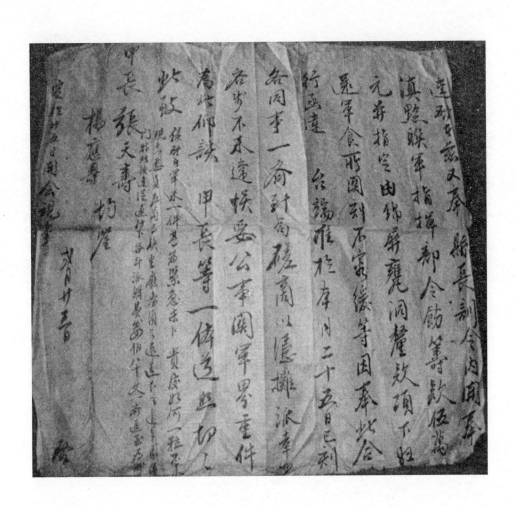

217. （1923—1939）民国年间龙青云摊派军饷文书⁽¹⁾

　　径启者。坎楼龙团长⁽²⁾沿途飞送来谕，内开明日清晨本团长率军队壹营由江口一带取道边沙投宿，令饬预备粮秣并办力伕贰佰名送玉巨寨，不得稍延误等因。奉此，合行飞函速达台端将速照派，每牌应派米□□，□伕三名，派钱壹仟贰佰文以作招待之□。□□初八日午刻时分，各项一齐解送来局，仰□甲长手交付以资军用。其各带粮食贰餐，不得违误，事关军要。此致。

　　杨应林

　　　　　均（钧）鉴

　　张天寿

　　再者，明日□刻时分，列位同事早早临局，请候团长以盼。此条即刻沿途飞送，勿得延宕，如违查觉，重罚不贷。

　　三月初七日戌刻

　　　　　杨胜兰

　　保董　　　启

　　　　　杨国干

注：

　　（1）本文书时间大约为：1923—1939 年。

　　（2）此龙团长可能是龙青云（1887—1939），锦屏敦寨亮司人。1923 年 4 月曾任滇黔联军第四纵队第一团团长，1929 年以"国民革命军第 25 军独立团"为番号。

五、其他

218.（1880—?）光绪年间黄有泽等拜字[1]

吴良必兄，见字得知弟黄有泽、有宽二人，鸡苟（狗）、香花、蜡烛乙齐办来，提到岑里山上卖主坟墓前，定要张寅生兄将鸡苟（狗）结断，将土木转归元（原）主。若不砍断，新老土木概归黄姓管业。限定巳时，规矩钱乙千叁百文。

    泽
黄有 字 拜
    宽

注：

（1）文书中黄有泽兄弟系八受寨人，生活在清光绪年间。

219.（1926）民国十五年五月二十四日
游财盛张桥弟涉谷条

张桥弟先生见条如面，田当八、九月所收来谷贰百斤放在贵府，自今卖与廖老五，见条发谷多少，千急勿误。

民国十五年五月廿四日　游财盛　条

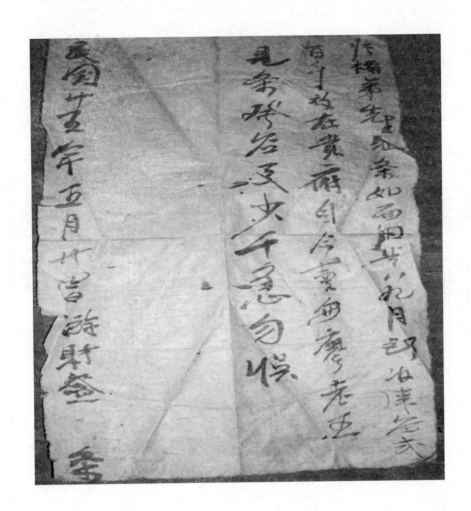

220.（1941）民国三十年十一月□日张光全购盐证

锦屏县			
启蒙联保第十保第九甲第四户			
购盐证			
户主姓名	张光全		共男女四口
每月共需食盐贰斤十三两六钱　以每人每日三钱八分计算			
由三十年十一月份起各月购盐数量（说明）三十年十一月份	三十一年二月份	三十一年五月份	三十一年八月份
三十年十二月份	三十一年三月份	三十一年六月份	三十一年九月份
三十一年元月份	三十一年四月份	三十一年七月份	三十一年十月份

（一）本证有效期间为一年。（二）本证不得转借或让与他人，违者双方处罚。（三）本证持有人应按月购买食盐，逾期不补。（四）本证于该户主迁移别保时应缴呈该原管区保长转呈本会注销，即由移住地之保长另给新证。

中华民国三十年十一月　　日　颁发

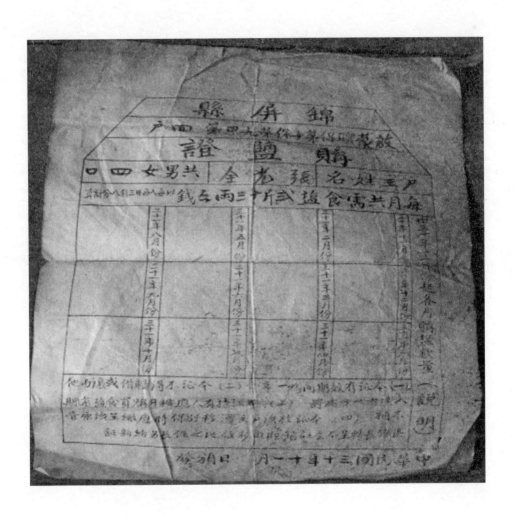

221. （1950）公元一九五〇年三月十六日张光全通行票证

　　　　乡长
　　固本　　　二位台鉴
　　　　主席
　　兹有我村中农张光全有出租之田，在你贵□，希你二位收此田谷，发信我村张光全，已收。□过生活，天下穷人一家，不收留杂。再者，恐遇消（沿）途军友及各农会民兵查验，请勿放行。此致为荷。

　　（此票三日有效）
　　组长　蒲正高（印）
　　村长　张昌万（印）
　　古、3、16（印）

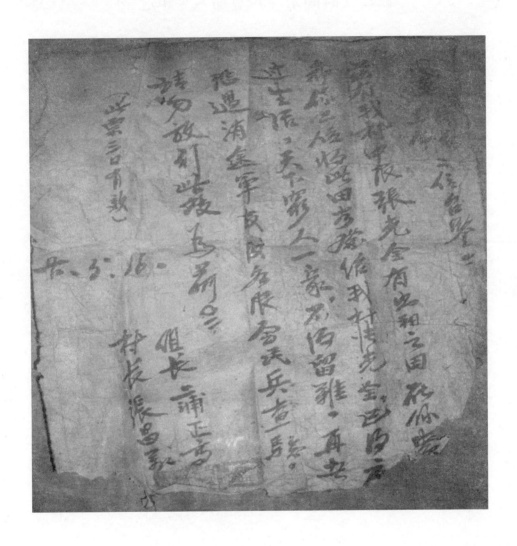

222.（时间未详）算命八字单之一

▭生

阝 丁酉 文 □子左

杀 乙巳 阝丨丨亻　　　　　□甲辰

　　　　　　　　　　　　□癸卯

　　　　　　　　　　　　□壬寅

□己卯 杀　　六岁欠　　□辛丑

□日合　　□□□　　　　□庚子

四、六岁上庚运，久庚运伤□。盗气来，不损人口也，伤财。出入动作小心。去殷汤也，存在夏台。四十八岁，月德入限，宜小心无防。五十岁，移花接木。

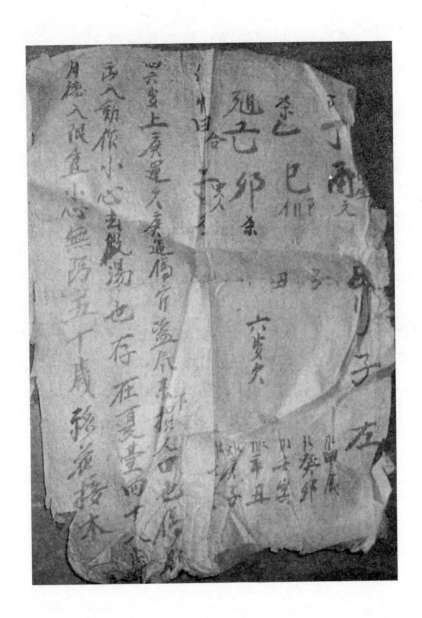

223. （时间未详）算命八字单之二

```
阝丁酉文　四廿　子　左
杀乙巳亻阝丨丨　六岁久　□甲辰　□癸卯
□己卯杀　丑　□壬寅
官甲子才　辰　□辛丑

                □庚子
                □己亥
```

　　查贵造，目今四十五岁脱丑莲，是年无防。壬午年四十六岁，交登庚运，传官之程兼犯大耗吊守度，宜祈福，送太岁，可吉叩化解□。判云：勿言小溪容易过，菁苔滑石也惊人。

476

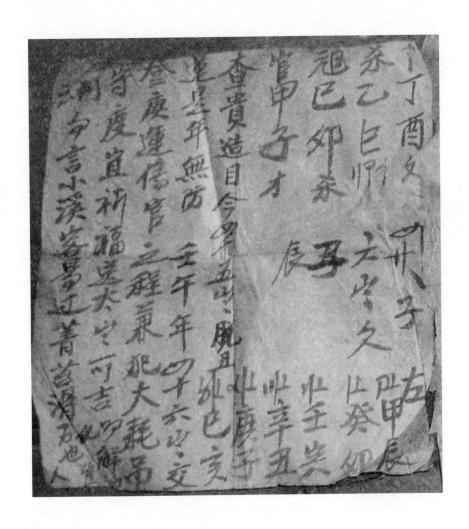

第三卷 **03**

| 张昌朝家藏卷 |

一、契约文书

224.（1801）嘉庆六年十一月二十八日张文辉、张财明叔侄等断卖屋场、地基、山坡等与王宏清、王宏开兄弟契

立断□□□人苗埂寨张财明、叔父张文辉父子等，为因妻子桃（逃）走在外，□□盘□无出，叔侄、父子谪仪（商议），典父之□业，自愿将自己叔侄屋场、地基、山坡、地土、杉木、阴阳贰择（宅）壹并在内；又并后龙坡土名鄙己□□山土杉木壹并在内，右凭大凹为界，下凭堵（者）格山为界；又将□□洞连共之山，坐落土名高笼、高受二去（处）屋场、山地土、杉木壹并在内，面分□□股，自愿请中在内，要行出卖，先问□□问到王宏清、宏开弟兄名下近前承买为业。当日凭中仪（议）定断价纹银陆拾捌两捌钱整，当日凭中亲手领回应用，并无后欠分厘。自断之后，恁从买主耕管管业，进葬，卖□□族众□□□党异言，不得□□等情□□领不另书。恐后□□□此断契□□永远管业存照为据。

内天（添）二字。

外批：与婆洞连共之山分为三大股□□

补外批：日后不清，别人争论，俱在卖主一面承当理落，不管（关）买主之事。

代笔　堂兄　张开学（押）

明 财 （押）

张起先（押）

起剪（押）

凭本寨　　吴起德（押）

杨秀旺（押）

□□□（押）

□起龙（押）

嘉庆陆年十一月廿八日　立断契　财明、文辉所是实　立

225.（1834）道光十四年十一月二十日
吴正和、吴光玉叔侄等断卖田与张起才字

　　立断卖田约人小苗光寨吴正和、侄光玉、光德、光信、光朝、光齐、光明、光华、光贵，为因用费无出，自愿将地名鄙已田一丘，约谷乙石，代（载）原粮半斤，出卖与苗埂寨张起才名下承买为业。当日议定价艮（银）贰两整，亲手收回应用。其田自卖之后，恁从买主下田耕种管业，日后卖主不得异言。今恐无凭，立此卖字存照。

　　凭中　杨光斗

　　亲笔

　　道光十四年 十 一月廿日　立

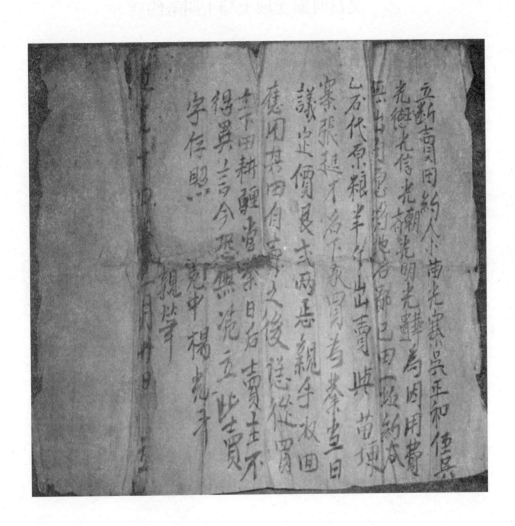

226. （1839）道光十九年十一月初十日
吴昌时断卖坡土与王明玉约

　　立断卖坡土约人本翁寨吴昌时，为因缺少银用无出，自己愿将土名归靠山土乙块，上平（凭）界，下平（凭）塝（荒）坪为界，左平（凭）乌变□凹，右平（凭）苗埂寨后龙鄙已大凹与归靠大冲为界，四至分明。在内此山分为五大股均分，自将本名乙大股出卖与鄙已王明玉名下承买为业。自将请中在内，议定价文（纹）银七钱整，亲手收回应用。其山自卖之后，恁凭买主修里（理）管业，日后不得外人争论。如有不清，俱在卖主里（理）落，不官（关）买主之事。今幸有凭，立此卖约发达永远存照。

　　　　　　张应梅

　　凭中

　　　　　　王明仲

　　昌时　亲笔

　　道光十九年十一月初十日　立

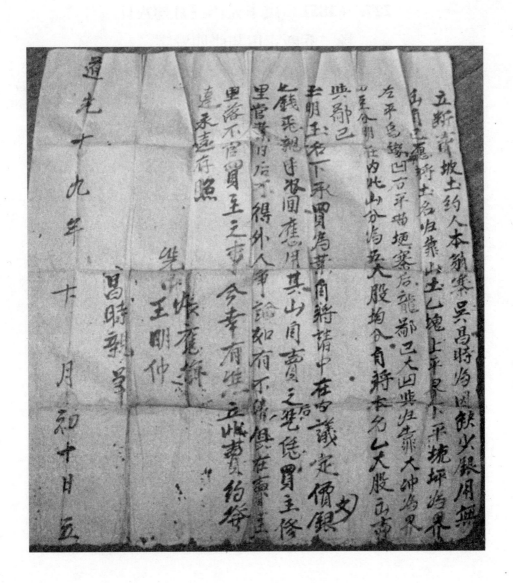

立断荒坡土约人本翁梁吴昌时为因缺少钱用无
从凑之愿将土名归靠山土乙块上平界外平塝为界
左平岛转凹石平㘭塞岩龙蓢巳大凹头㘭靠大坤为界
右平岛转凹石平㘭塞岩龙蓢巳大凹头㘭靠大坤为界
山头今朋在内此山分为五大股均念自将本名乙大股正断
兴郡巳
卖明王君下承买为业自将请中在场议定价银
乙钱毡就日银同应用其山同卖之凭凭买主隆
里管业约后乃得外人争论如有不清俱在卖主
里落不图买至之事今幸有凭立断卖约愈
远承远存照

 兴郡巳

凭中　张竜辉
　　　王明仲

昌时亲笔

道光十九年十月初十日立

227.（1851）咸丰元年三月初八日
杨二乔断卖田与张四发字

　　立断卖［田］约人龙里所杨二乔，为因缺少银用，无从得出，自愿将到得买苗埂寨王姓之秧田乙丘，计谷四石，请中出断卖与张四发名下为业。凭中议定价银四两伍钱整，亲手收足。其田自断卖之后，任从买主照约管业，卖主不得义（异）言。今恐无凭，立此断字为据。

　　外批：载粮谷斤半。内呙（挖）"杨"字。

　　凭　中　夏国相

　　代笔中　王善政

　　咸丰元年三月初八日　立

228.（1853）咸丰三年五月十六日
夏仁修断卖油山并杉木与张士发字

　　立断卖油山并土杉木约人夏仁修，为因缺少钱用，无从得出，今将先年｛得｝得买地名鄙聋山二岭乙冲，四字（至）分明，左凭冲，右凭冲，上抵小凹，下凭盘沟以田为界。出断卖与张士发名下承买为业。当日凭［中］议定断价钱捌千贰伯（佰）八十文，亲手领回应用。其杉木油山自卖之后，恁从买主畜（蓄）襟（禁）管业，卖主不得异言。恐口无凭，立此卖字发达存照。

　　　　张士乔
凭中
　　　　杨志四
代笔　王景魁
咸丰癸丑年五月十六日　立

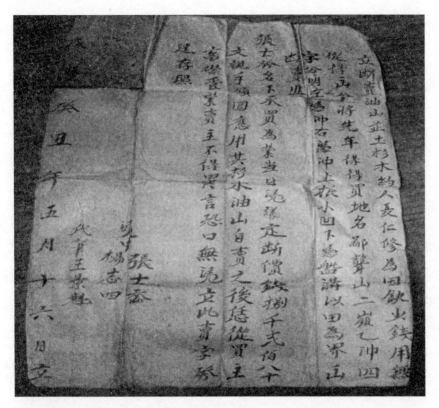

（抄件）

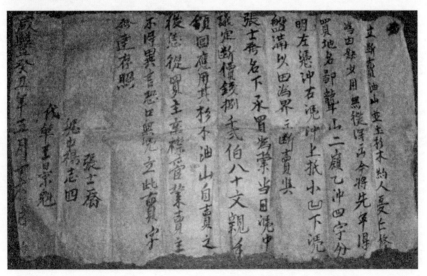

229.（1864）同治三年三月二十五日
杨永清弟兄三人断卖田与张世法字

立断卖田字人高受杨永清弟兄三人，为因缺少费用无出，自愿将地［名］归溪长田五丘，约谷拾伍石，出断卖与张世法名下承买为业。当日凭中议定断价钱三十壹千四百文整，亲手用。其田自断之后，恁从买主耕管为业。恐后无平（凭），立此断字为据。

外比（批）：随代（载）司良（粮）八斤。

　　　　光和

凭中　杨

　　　　以义

同治三年三月二十五日　亲笔　立

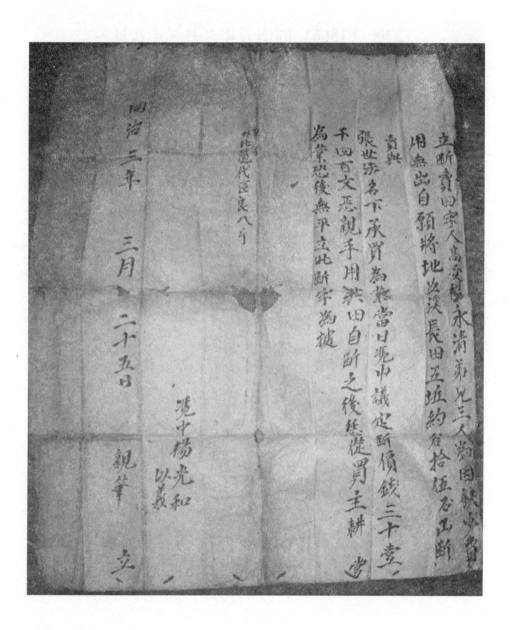

立断卖田字人高××替永清弟兄三人为田钱少费
用无出自愿将地坐溪长田五坵约谷拾伍石正断
卖与
张世法名下承买为业当日凭中议定断价钱三十壹
千四百文正亲手用讫田自断之后慈凭买主耕当
为业恐后无凭立此断字为据

卖此题代区良八斤

同治三年　三月　二十五日　　亲笔　立

凭中杨光和
以养教

230.（1866）同治五年二月二十八日
杨学泗、杨学广等弟兄断卖田与张开成字

　　立断卖田字人果项（颈）杨学泗、学成、学广，为因缺少钱用，无从得出，愿自（自愿）将到地明（名）归溪田一丘，约谷伍十斤，出与苗［埂］张开成明（名）下承买为业。当日平（凭）中义（议）定价钱六百四十八文整，清（亲）毛（手）收回应用。其田自卖之后，任平（凭）买主仲（种）为业，卖主不得义（异）言，子生（孙）永远承（存）照为据。

　　外批：田坎杉木在内。

　　清（亲）笔立

　　平（凭）中　杨秀魁

　　同治伍年二［月］廿八日　立

231.（1866）同治五年四月初六日吴大才、吴大龙叔侄等断卖荒坡与赵秀富约（附：吴老苟断卖地土与赵新有字）

　　立断约字培结寨吴大才兄弟四人、木戎寨吴大龙叔侄二人，今因缺少用会（费），自愿将到土名苗硬（埂）盘坡田以坎，荒坡一复（幅），上下凭田，左右凭冲，二比谪（商）议出卖，自己上门问到苗硬（埂）寨赵秀富名下承买为业。当日三面议定断价钱壹仟柒百八十文整，其钱领足应用。其荒坡自买（卖）之后，任从买主开拖耕种管业。恐有不清，俱在卖主理落，不与买主相干。恐口无凭，立此断约为据。

　　凭中　姜芝麒

　　代书　阳兰芳

　　同治五年四月初六日　立断

　　立断卖地土约人苗埂吴老苟之古（股）出卖与赵新有，议定价钱八百文整，亲手收足，日后不得义（异）言。恐后无凭，立此断字是实。

　　凭中　杨新发

　　代笔　张开盛

　　同治六年三月十五日　立

232. （1867）同治六年六月初八日杨以义
断卖荒坪田与张开成、张开盛二人约

立断卖坊平（荒坪）田约人高受杨以义，为因缺少费用无出，自己愿将坐落地名归期（溪）坊平（荒坪）田壹丘，今将出卖与苗垣（埂）张开成、开盛二人名下承买为业。当面议定价同（铜）钱壹仟四佰零捌拾文整，亲手领足回应用。其坊平（荒坪）自断之后，恁从钱主开坎管业，卖主不得异言。如有不清，拘（俱）在卖主理落，不关买［主］之事。今恐人信难凭，立此断卖永远发达存照为据。

内添一字。

凭中　杨世山

笔　林昌兴

同治陆年六月初八日　立

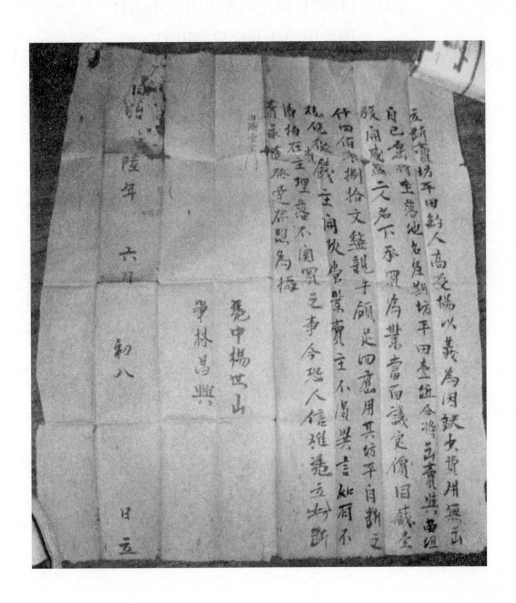

立断賣坊平田約人高受楊以義為因缺少費用無正

自己憑將生落地名住朔坊平田壹坵今將另賣與黃組

既問成盤之名不承賈為業當面議定價回藏壹

仟四佰承捌拾文銀親手領足四應用其坊平田自斷之

外倘從錢主開政堂業賣主不得異言如有不

規從發錢主開政之事今恐人信難憑立斷

倘撡在主理岩不闋罰之事今恐人信難憑立斷

賣承娘係受砠點為據

憑中楊世山

筆林昌興

陸年　六月　初八　日五

233.（1867）同治六年九月二十六日
杨秀甲与张开成拨换田字

立拨换田字人杨秀甲，为因本年得买杨钟学之田，土名 鄙 几岭茶山脚田壹丘，谷贰石，自愿凭□与张开成名下换田壹丘，土名误倦田，约谷 贰 石，恁从秀甲管业。其有鄙几岭茶山脚之田壹丘，恁从开成管业。□有粮不换，各自完纳。恐后无凭，立此换字永远为据。

外批：内添六字，涂贰字。

凭中　范佐臣

代笔　杨钟学

同治六年九月二十六日　立

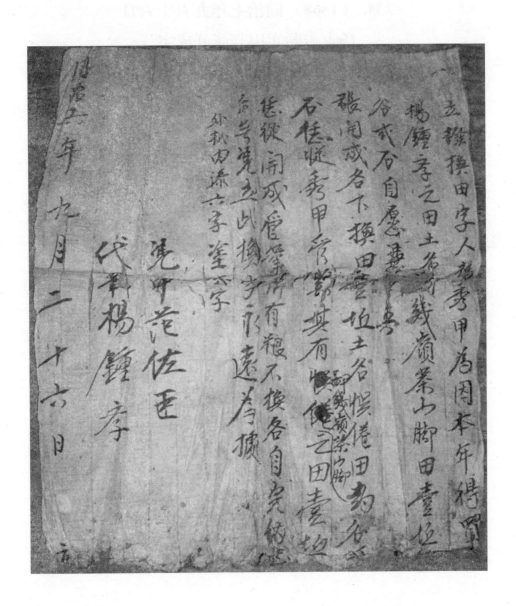

立議換田字人龍秀甲為因本年得買

楊鍾孝之田土名字幾嶺茶山腳田壹坵

谷成石自愿兩家

磋開成各不換田壹坵土名字惜僱田約食

石任惚秀甲管業其有幾嶺茶山腳之田壹坵

愿從開成愿肇所有糧不換各自完納盡

今与憑此換字永遠孝擴

外秋田添六字塗六字

憑中范佐匪

代筆楊鍾孝

234.（1868）同治七年九月十六日
杨永吉断卖田与张开成字

　　立断字约人高受寨杨永吉，为因缺少无出，自愿将地名高岑驾桥过路之田贰丘，上坎田乙丘，又下坎田乙丘，乙共四丘，约谷拾贰石，随代（载）府粮四斤，今凭中出断卖与张开成名下承买为业。当日凭中议定断价文（纹）艮（银）贰拾六两〇分整，亲手收用。其田自断之后，恁从买管业，日后不许内外弟兄人等争论。倘有不清，追（俱）在卖主理落，不干买之事。恐后无凭，立此断字发达为据。

　　代笔　　　永昌
　　　　　　　杨
　　凭中　　　光和
　　同治七年九月十六日　立

立断字约人高受寨杨承吉为因铁少

无山自愿将地名高岑驾桥边路之田贰坵上坎

田乙坵又下坎田乙坵乙共四坵约谷拾贰石随代

府粮四斤今凭中山断卖与

张开代名下承买为业当日凭中议定断价

文民贰拾陆二四〇分悉亲手次用其田自断之后德

从买营业日後不许内外弟兄人等争论倘有

不清迟迳卖主乜落不干买之事凭後与恵

立此断字奉达鸣据

代笔
凭中　杨承昌
　　　杨光和

同治七年九月十六日　立

235.（1871）同治十年三月初二日
杨以义断卖荒坪与张开成字

　　立断卖塃（荒）坪约人高受杨以义，为因家下缺少用费无出，自愿将到土名归溪塃（荒）坪山一块，凭中出断卖与张开成名下承买为业。当日凭中议定价钱七百文整，亲手□□应用。其塃（荒）坪自断之后，恁凭买主修理开垦管业，卖□□族间内外人等不得异言。如有异言，俱在卖主一面承当，不关买主之事。恐后无凭，立此断字为据。
　　内添二字。
　　凭中　杨光和
　　代笔　龙起波
　　同治十年三月初二日　立

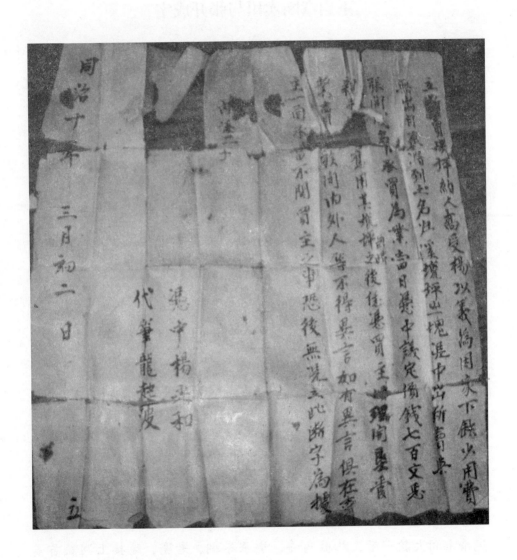

236.（1875）同治十三年十二月二十五日
王启章断卖田与张开成字

立断卖田约人王启章，为因缺费无出，自愿将到先年反乱得受三郎寨吴姓之蒋（奖）赏田⁽¹⁾，地名鄙几水头田壹间，约谷壹石半，左抵冲，右抵买主田为界，凭中出卖与□□张开成名下承买为业。凭中议定断价钱柒千叁百捌拾文整，钱约交清无欠，其钱亦不另书领字。其田自卖之后，恁从买主耕管为业，卖主内外人等不得异言。如有此情，不干买主之事，俱在卖主一面承当理落。其有钱粮照依以前同抽三郎田乙分之田均派归款完纳。恐后无凭，立此断字永远发达存照为据。

　　　　　夏国珍

凭中

　　　　　王启舒

代笔　杨钟学

同治十三年十二月廿五日　　立

注：

（1）据民间文献《三营记》载："同治七年三月初三日，贼又烧杀上洞大款一带，扎驻乌弄，烧杀岑桐、老亮，连接上洞款首姜吉盛并江口、苗埂、者格等处飞报。初十，上营堵十二盘。十一，中营派丁八百余至八受、苗埂扎堵。共江口三十八寨半为贼踞。上营瑶光队战表山界（□□寨□□人），斩获贼首文三党、四党，并杀贼数十。"苗埂地方约在 1868 年 3 月 26 日至 4 月 3 日间，曾经有"咸同兵燹"之灾祸，村人应该参与了这场战争。契约文书中的王启章和"皇清例赠六品军功"的张开成即为代表人物。

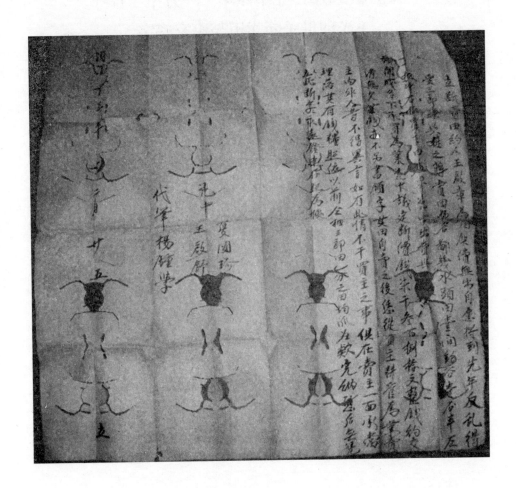

237.（1878）光绪四年十一月十二日
王光理母子断卖田与廖家盛字

立典断卖田约人苗埂寨王光理母子，为因缺少费用无出，自愿将到地名鄙几田壹丘，约谷七担，随代（载）粮叁斤拾五两，今凭中出断卖与八受寨廖家盛名下承买为业[1]。当日凭中三面议定价钱叁拾肆仟五伯（佰）八十文整，亲手领足应用。其田自卖之后，恁凭买主开坎（垦）修理管业。如有不清，俱在卖主理落，不干买主之事。恐后无凭，立此卖字永远发达为据。

叔父　王启章

　　　赵连生

凭中　夏国珍

　　　龙武恒

代笔　龙先祥

光绪四年十一月十二日　立

注：

（1）"廖家盛"右侧添字"张开盛"，左侧添字"张开理"，疑为后人添加。

至與新賣田約人當稟業主先理斗干為用央必費用無
出自領餘到北名翁意已壹陸拾壹銀拾叁刑恒五兩
今憑中山新賣與八更秦
領定憑不下承買為業當日憑中三面議定價錢叁拾辞仟
五角八十名銀親手領足費用其田自賣之後恣憑買主開闢各
理晉耒有不清與在賣主理落不干買主之事恣後無得又
此賣字永遠發達為據

　　　　　　　知父　王厥章

　　　　　　　　　趙連生

　　　　　　　憑中　夏國珍

　　　　　　　　　龍氏恒

　　　　　　代筆　龍先祥

某□田年　十一月　十二日

立

238.（1880）光绪六年十一月十五日
王启璋等断卖地与张开成契

　　立断卖地▯▭今有面分祖业□□名□己▭▭地问到张开成名下前来断卖。当日三面言定阴阳二宅一概具（俱）卖，当日断价钱贰仟壹百八十文，当日眼（引）同中证，亲手领足。其饥地山场，任从张姓子孙管业进葬，王姓叔嫂、侄子不得另生异言。若有另生异言，在于王启璋一介（概）承耽（担）。今口无凭，立断文契为据。

　　上坪（凭）田▯▭

　　光绪六年冬月十五日　立断卖文契人　王启璋　立

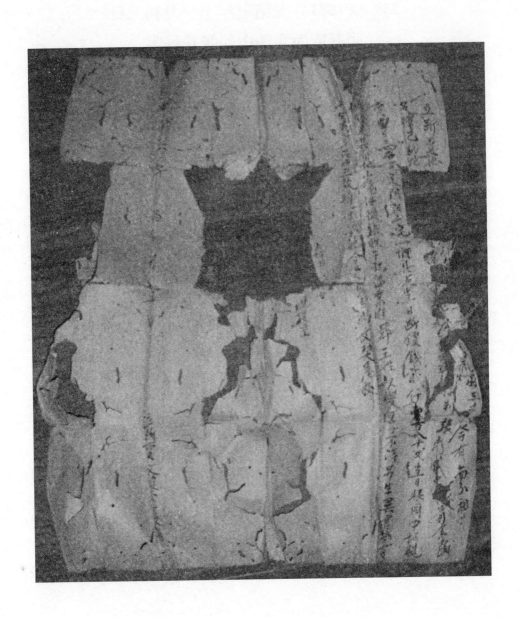

239.（1881）光绪七年十一月初二日
张开成断卖油山与张开科字

　　立断油山字人张开成，为因缺少钱用无出，自愿将到地名高岑油山壹半出卖与胞弟张开科名下承买为业。当日凭中议定断价钱七百八十文整，亲手［领］回应用。其油山自卖之后，任从买主修理管业，卖主不得异言。恐后无凭，立此卖字承（存）照为处（据）。

　　笔中　张开盛

　　光绪七年十一月初二日　立

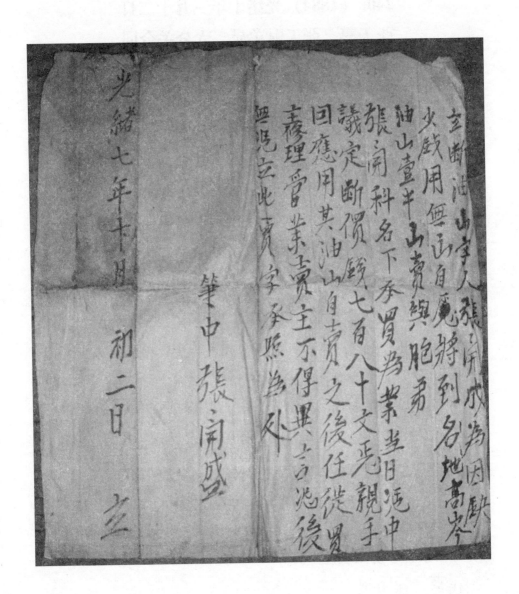

立斷油山字人張?闹成為因歇
少戲用無山自願將到名地高岑
油山壹坦山賣與與胞弟
張?闹科名下承買為業其日遲中
議定斷價錢七百八十文正親手
回應用其油山自賣之後任從買
主修理管業賣主不得異言恐後
無憑立此賣字承照為足

筆中　張闹盛

光緒七年十月　初二日　立

240.（1884）光绪十年三月十二日
张天喜、张天财弟兄二人分关合同

立分关字人张天喜、天财弟兄，与父母同心□议，因人繁重，苦乐不均，难孝本源之光，是以请凭房长亲戚在内，将祖遗田产家业已作贰股均分，天喜占壹股，天财占壹股。拈阄为定，弗得争论。其有田丘、茶山、屋宇、地基、内外银钱，各股地名开列于后，书立分关合同贰纸，各执乙纸，永远发达 存照 。

天财之田架桥田四 丘 十 石，沙□□田四丘四石，下排三丘 十八石 半，三干田二丘五石，冲田乙丘八石，上坎三角田乙丘三石，桥头禾田乙干乙石半。日后天财长大娶妻，弟兄二人拘（俱）出用费。

天财占土地坳长冲茶山乙团，又王四屋基土乙团，左凭冲边茶山，右凭夏姓之 田 ，上凭田，下 凭田为界。屋三间并 地基 共。其有左边屋□之塘，天财占中间乙干，又井水 坎 上塘乙口。

  房长 张开盛

凭

  亲家 杨钟学

代 笔   张 开理

立分合同永远发达存照（半书）

光绪十年三月十二日 立

241.（1886）光绪十二年三月初□日
张开成、龙武财等五人分田合同

立分田合同字人张开成、龙武财、杨明远、杨明珊、杨明宽五人名下，于光绪四年八月廿七日得买边〔沙〕寨杨邦治、邦模弟兄田乙分，土名高受寨脚，共计□□三十六丘，共约禾乙百五十把零贰手，代（载）府粮贰□□。

上归高受寨杨秀魁收，又代宰楼寨粮□□。此田乙分以作四股，今□□得买三股，此田契□武财贰人之名，内□五人共买。光绪五□二又买高受杨永昌之高受寨脚亚黄□，约谷五石，代（载）府粮四斤，俱是五人共买。立分□五纸乙样，各执一纸永远存照。

内添十六字。

计开五股名册。

契约杨钟学收存。

张开成占壹股，收壹号。龙武财占壹股，收贰号。杨明远占壹股，收叁号。杨明珊占壹股，收四号。杨明宽占壹股，收五号。

凭中　龙先吉

　　　□先银　笔

壹号

立分□（半书）

光绪拾贰年三月初□

516

242.（1886）光绪十二年六月十三日王有生、王光朝叔侄断卖山土杉木与杨明庆、龙武财等字

立断卖山土杉木约人迫躲村王有生、侄王光朝，为缺费用无出，自愿将先父得买母翁张杨二性（姓）之山，坐落地名归靠山乙块，上凭界，下凭荒坪角，左凭冲抵张姓之山，右凭大冲为界，四至分明。此山分为五大股，央理叔侄占乙大股，买主所占母翁龙姓、吴姓二大股。今将卖主得买母翁寨张、杨二姓之贰大股，出卖与苗埂杨明庆、龙武财、赵连生三人名下承买为业。当日凭中议定价钱叁千五百二拾文整，亲手收回应用。其山土杉木自卖之后，寸土寸木，毫无系分，恁从买主招人拖种修理蓄禁管业，卖主房族弟兄内外人等不得争论。如有不清，俱在卖主一力承当，不关买主之事。恐后无凭，立此断卖字永远子孙发达为据。

外批：内添四字。钱约两交，分文不欠。

凭中　石玉恒

光绪十二年六月十三日　子王光熙　笔　立

243.（1892）光绪十八年十月二十五日
唐名高、唐名显等兄弟断卖油山杉木与赵志元字

　　立断卖油山地土杉木约人黎坪（平）城唐名高、名显、名贤、名声、名吉、名新，为因缺少费用无出，自愿将到地名乜溪盘坡田以坎油山乙块，其山界止（址）：上下凭田，左右凭冲，四至分明。今将出卖与苗埂寨赵志元名下承买为业。当日凭中议定价钱叁仟零八十文，亲手收足，不欠分文。其山至（自）卖之后，恁从买主修理蓄禁管业，卖主房族人等不得异言。倘有不清，俱在卖主理落，不关买主之事。恐口无凭，立此断卖字为据。

　　外批：涂乙字。

　　凭中　宋文广

　　光绪十八年十月二十五日　名显　笔　立

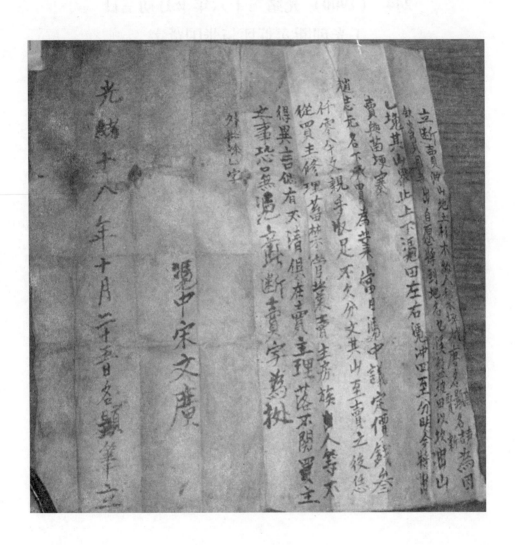

立断卖契同弟□出自愿将到地名巳溪坐落田以及□山

乙境其山界此上下灌田左右境冲□至分明今将此

卖与茜垻案賣业当日凭中議定价錢叁

仟零仒文親手取足不欠分文其山至賣立後恐

從買主修理蓄禁当業賣主冇族自人等不

得異言倘有不清俱本主賣主理落不關買主

之事恐無凭断卖字為扻

外批除口字

凭中宋文廣

光緒十八年十月二十五日各題筆立

244.（1900）光绪二十六年十月初三日
王光理断卖荒坪与张国贤字

　　立断卖芳（荒）坪字人苗埂王光理，为［因］缺少费用无出，字（自）愿将到地名物□冲芳（荒）坪乙块，出断卖与本寨张国贤名下承买为业。当日凭中□定价钱四百二十八文整，亲手收足□□。其芳（荒）坪自卖之后，恁凭买主开锄管□，日后卖主坊（房）族弟兄内外人等不得意（异）言。□有不｛亲｝清，俱在卖主理落，不关买主之□。恐后无凭，立此断卖字为据。

　　外批：内涂乙字，添乙字。

　　笔中　赵辛酉

　　光绪二十六年十月初三日　　立

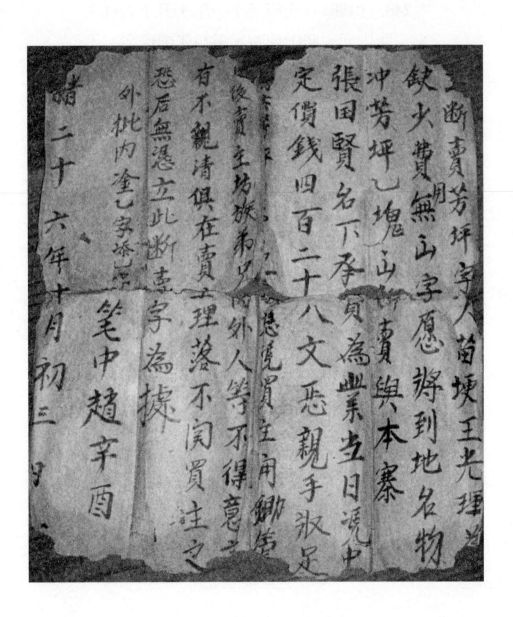

断卖芳坪字人苗埂王光理将

缺火费概无山字愿将到地名物

冲芳坪一塊山仍卖与本寨

张田賢名下承買為業当日憑中

定價錢四百二十八文悉親手攵足

後卖主坊族再无內外人等不得意

有不觀清俱在卖主理落不関買注之

恐后無憑立此断喜字為擄

外批內涂乙字添

恐後憑買主亻向卿悉

笔中趙辛酉

晴二十六年十月初三日

245.（1905）光绪三十一年十月十六日
张国元、张国朝断卖田与张国珍字

　　立断卖田字约人苗埂寨张国元、国朝二人名下，为因缺少艮（银）用无出，自己上门问到，自愿将到土名鄙几冲田大小四丘，约谷乙旦（石）半，代（载）原粮半斤，出卖与鄙几房族张国珍名下承买为业。当日凭中议定价银肆两贰钱贰分[1]八厘整，清（亲）手领足应用。杉木在内，修理开坎（垦），耕种管业，日后卖主不得异言。买主不清，俱在卖主理落，不关买主之事。恐后无凭，立此断字承（存）照为据。

　　凭中　张光禄

　　代笔　龙德兴

　　光绪叁拾[2]壹年十月十六日　立

注：

（1）契文中钤有朱文印一方。

（2）契文中钤有朱文印一方。

立断賣田字約人曹茂堂張回元……二人名下為因缺少足用無從
出備款……名卻議冲田大小四坵約谷□且丘
自毛工門期到自愿將到……
……出賣與鄰族……
愛因……
……議定價銀肆兩貳分貳叚八厘恙
清……應用杉木在所……開坎耕種管業日後賣主不得
異言買主不清俱在賣主經落不關買主之事照後無退悉
此断字要照為據

光緒□□拾壹年十月十六日　立

憑中張光祿
代筆龍德興

246.（1906）光绪三十二年六月初十日
石灿忠断卖栽手与黄有芹字

　　立断卖栽手字约人石灿忠，为因缺少银用无出，自愿将到刻阳山乙块，上凭田糙外坎，左凭小岭平（坪）子，右凭丿岩，下凭平妻（溪），出卖与党都黄有芹承买为业。当日凭中议定断价同（铜）钱五佰八十文整，亲手收回应用。其山自卖后，恁从买主修礼（理）管业，卖主不德（得）议（异）言。倘有不君（清），在□卖主礼洛（理落），不廿（干）买之是（事）。整（恐）后无凭，立此 断 字是实为据。

　　内添四字，涂二字。

　　中笔　石灿枝

　　光绪叁拾贰年六月初十日　立

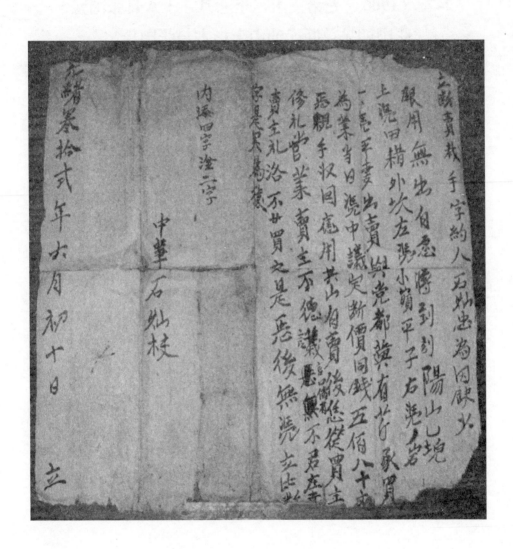

立蘇賣栽手字約人石灿忠為同俸火

眼用無出自愿賣到到陽山乙塊

上瓶田精外坎左張小頭平子右瓶久岩承買

一毫平賣出賣與党都莫有芽

為業当日瓶中議定断價同錢五佰八十文

憑親手収回應用其山有賣後從從貫主

修礼當業賣主不得議悉無不君左右

賣主礼洛不丛買之是惡後無憑立此

字是良為據

內添四字塗二字

中筆 石灿枝

右膋筆拾式年六月初十日 立

527

247. （1906）光绪三十二年□月二十八日张国元、 张国朝兄弟断卖油山土杉木与张国珍字

　　立断卖油山杉木并土在内字□苗埂寨张国元、国朝弟兄二人，为因缺费无出，自己愿将先年得买地名乌勒冲王姓之油山乙块，上凭大路，下凭田以坎油地更（埂），左凭栽岩为界，右凭冲为界，四至分明。今凭中出断卖与堂兄张国珍名下承买为业。当日凭中议定价纹银乙两捌钱捌分整[1]，亲手收足，分文不欠。其油山杉木自卖之后，恁从买主修理畜（蓄）禁管业，卖主内外人等不得异言。倘有不清，俱在卖主理落，不关买主之事。恐后无凭，立此断卖存照为据。

　　外批：此山照以老约管业。

　　凭中笔　张国正

　　光绪叁拾[2]贰年□月廿八日　　［立］

注：

（1）契文中钤有朱文印一方。

（2）契文中钤有朱文印一方。

248.（1908）光绪三十四年七月十八日张国正断卖棉花地与张国定、张国桢字

　　立断卖绵（棉）花地字人苗埂寨张国正，为因缺费无出，自愿将到地名杨梅岭绵（棉）花地乙幅，上凭买主之油硬（埂），下抵买主，左抵□路，右抵大路为界，四至分明，出卖与堂兄张国定、国桢名下承买为业。当日议定断价钱四百捌十文整，亲手收足无欠。其绵（棉）花地自卖之后，恁从买主管业，卖主不得异言。恐后无凭，立此断卖字永远为据。

　　凭中　姜有生

　　光绪叁拾肆年七月十八日　亲笔　立

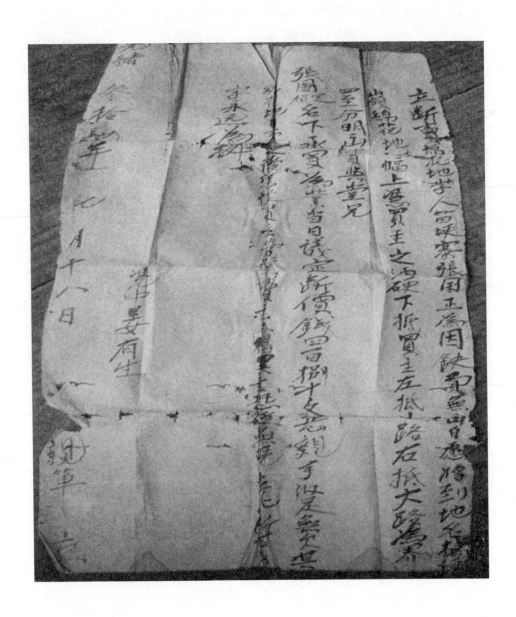

249. (1908) 光绪三十四年七月二十日
张国先断卖田与张国珍契

立断卖田字人本寨堂兄张国先，为因缺少无出，自愿将到地名鄙几冲禾田乙丘，约谷乙佰五拾筋（斤），今凭中出断卖与堂弟张国珍名下承买为业。当日凭中议定价银九两贰钱捌分整，亲手收足应用。其田自卖之后，恁从买主开坎（垦）耕种管业，日后卖主不得异言。如有不清，俱在卖主理洛（落），不关买主之事。恐后无凭，立此卖字永远发达承（存）照。

外批：田粮照衣（依）老约完纳，杉木在内。

凭中笔　张国贤

光绪叁拾肆年七月廿日　立契

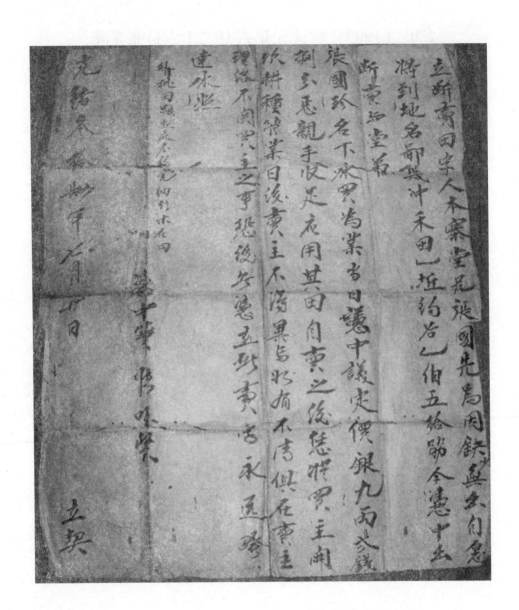

立断卖田宅人禾寨堂花延国先为因铁无本自意

将到地名郵幾沖禾田一坵约若乙佰五絡稻全惠中五

断卖与堂名

張国珍名下承买为业当日惠中議定價銀九丙叁錢

捌乡惠親手收足衣用其田自卖之後惠照買主耕

承耕種築業日後卖主不得異為水消不清供在卖主

理絡不関买主之事恐後乡惠立此卖字永远爲

達承照

幼挑日粮批呈糸絆光如斜未在內

惠中筆 作榮

元絡亥年妙平正月廿日

立契

250.（1909）宣统元年六月二十六日张光隆、张光凤弟兄断卖田与叔国珍字

立断卖亲头田字人张光隆、光凤弟兄二人，为因缺少无出，自愿将到地名老吾（屋）地几（基）油山却（脚）田叁丘，约谷肆佰伍拾筋（斤），代（载）粮贰斤，今凭中出断卖与叔爷张国珍名下承买为业。当日凭中议定价银贰拾陆两零捌厘整，亲手收足应用。其田自卖之后，恁从买主开坎（垦）耕种管业，杉木杂树在内。日后卖主不得异言。如有不清，俱在卖主理落，不关买主之事。恐后无凭，立此卖字永远发达永照为据。

外批：内添贰字。

中笔　张光禄

宣统元年六月廿六日　立契

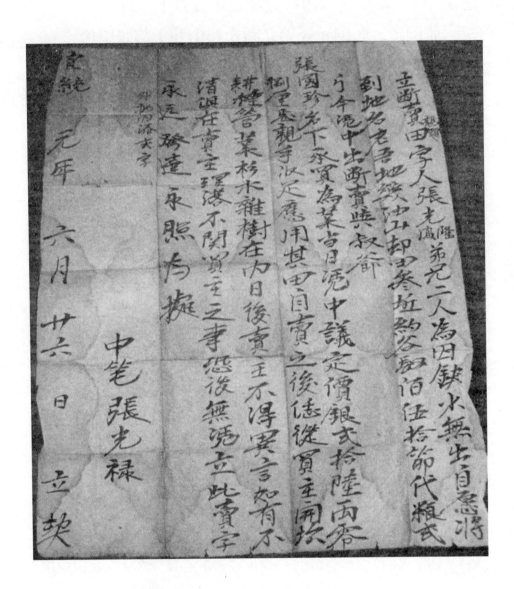

立斷賣田字人張光瓠第兄二人為因缺火無出自憑游
到地名老吾地緻沖江卻用寒坵熟谷勳佰伍拾節代瓶式
于今憑中出斷賣與叔節
張國珍名下承買為業當日憑中議定價銀式拾陸兩零
綑里盡親手汶足應用其田自賣之後德從買主開坼
其輕營業杉木雜樹在內日後賣主不得異言如有不
清詗在賣主理澌不關買主之事恐後無憑立此賣字
承遠碤遑永照為據

中筆張光祿

乾隆　元年　六月　廿六　日　立契

外批添去字

251. （1910）宣统二年五月十三日
张国正、张国元等弟兄断卖杉山并土与张国珍、
张光忠叔侄字（附：民国十年六月二十六日
张光忠卖杉木并土与张国珍字）

　　立断卖杉山并土字人张国正、国元、国朝弟兄三人，为因缺少钱用无出，自原（愿）将到地名主（祖）遗风水之山壹块，分陆大股，三人弟兄出卖一大股，四抵照老约管业。下吊水洞壹块，四抵也照老约，三人弟兄本名之股出卖。当日凭中议定出断卖与张国珍、侄张光忠二人名下承买为业。凭中议定价钱九百八十文，亲手收足应用。其山场自卖之后，恁从买主修理管业，卖主弟兄不得异言。恐口无凭，立此断字发达为据。

　　外姚（批）：内天（添）四字，头（涂）二字。

　　凭中　张国栋

　　宣统庚成（戌）二年五月十三日　杨秀洪笔　立

　　外姚（批）：先年光忠得买国正、国元、国朝之股，缺少钱用，将杉山并土，光忠凭中出卖与血叔张国珍，四抵分名（明）：上凭凹田，下凭溪，左凭方田，右凭魂山以领（岭）置（直）下小田领（岭），四字（自）分名（明）。议价钱壹千乙百〇八文，收回应用。其山自卖之后，恁凭买修理管业，日后卖主不得异言。恐口无凭，立此卖字发达为处（据）。

　　外姚（批）：国珍、光忠共买国正、国元、国朝壹公之山，光

忠凭山以领（岭）出卖血叔国珍。

凭中　先凤　先□

外批：内天（添）八字。

民国拾年辛酉六月二十六日　亲笔　立

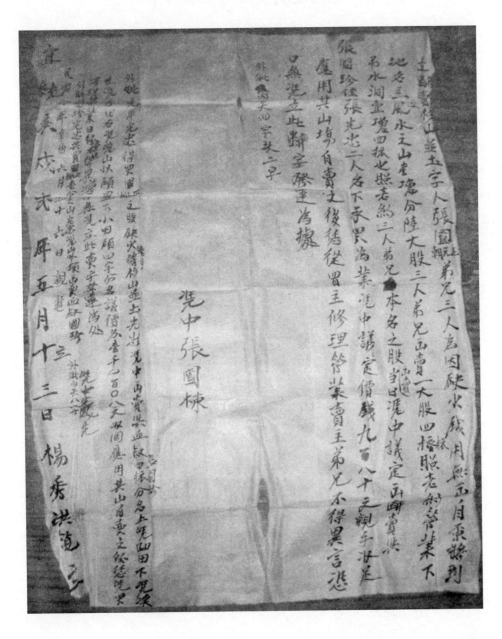

252. （1911）宣统三年三月二十四日 龙德盛断卖田与张国珍字

　　立断卖田字人苗埂寨龙德盛，为因缺费无处得出，自愿将到鄙几坡脚大禾田壹丘，约谷伍挑，粮照老约分派完纳，欲行出卖。先问房族人等，无人承受。自己请中上门出卖与鄙几村张国珍名下承买为业。当日凭中三面议定断价铜钱叁拾肆仟六百八十文整，亲手收足应用，不欠分文。其田自卖之后，恁从买主耕种收花管业，卖主内外人等不得异言。倘有不清，俱在卖向前理落，不关买主之事。恐口无凭，立此断为据。

　　外批：田坎杉杂二木在内。

　　凭中代笔　龙德元

　　宣统叁年三月廿四　立契

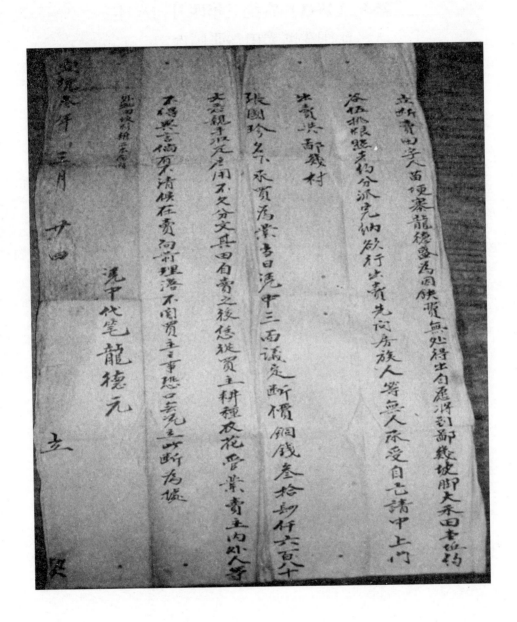

立折賣田契人苗便寨龍德盛為因缺贊無处得出自愿将到部數坡腳大承田壹坵約

洛伍扰娘聽言約分派完納欵行出賣先问房族人等無人承受自己請中上门

出賣块部錢村

張國珍名下承買為業書日凭中三面議定斷價銅錢叁拾鈔仟六百十

大小親手兑足開不欠分文其田自賣之後任從買主耕種友花盘業賣主内外人等

不得異言倘有不清俟在賣阿利理洽不関買主言事惣口凭主此断為據

宣統叁年　三月　廿四

凭中代笔龍德元

立

張國珍田墳侗研示宗成

253.（1911）宣统三年四月初八日
张国先断卖田与张国珍字

立断卖田字人堂兄张国先，为因缺少钱用无出，自愿将到共田二丘，约谷柒石，凭中出断卖与张国珍名下承买为业。当日凭中议定典断价钱伍拾陆仟八百八十文整，亲手收用。其田自卖之后，恁从买主耕种收花管业，卖主不得异言。倘有不清，俱在卖主理落，不关买主之事。恐口无凭，立此断字永远发达为据。

外批：田坎杉杂在内。

内添二字。

凭中笔　张国栋

宣统叁年四月初八日　立

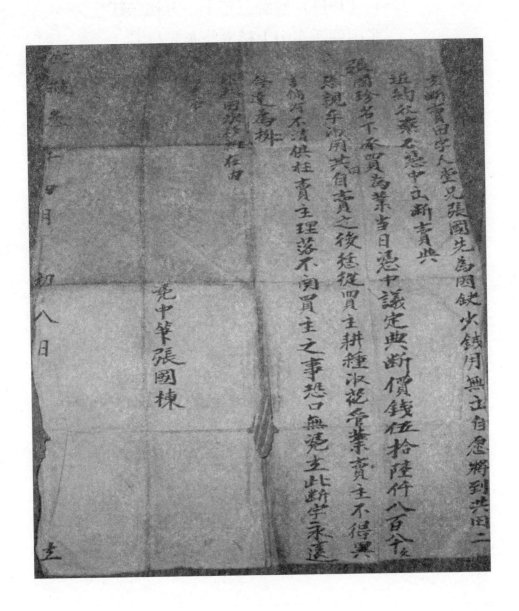

立断卖田字人堂兄张国先为因缺少钱用无处自愿将到洪田二

坵约伙众石处中立断卖典

张尚珍名下承买为业当日凭中议定典断价钱伍拾陆仟八百〇文

恐亲手浃开共自卖之后恁凭买主耕种汉起管业卖主不得异

言倘有不清俱任卖主理落不阅买主之事恐口无凭立此断字永远

命道为据

凭中笔张国栋

初八日

254. （1911）宣统三年十一月初二日
张国朝断卖山土杉木与龙先行字

　　立断卖山土杉木字人苗埂张国朝，今因家下欠少用费无出，字（自）愿将到祖父先年得买地名归靠山土一块，上凭界，下抵宰格之山，左抵童子冲，右抵姑娘山为界，四趾（至）分明。其山分为十八股，国朝所占一大股，请中上门问到本寨龙先行名下承买为业。当日凭中言定断价典钱拾六千八百文整。其钱亲手收回应用，并无下欠分文。其山土杉木字（自）卖之后，恁凭买主砍伐修理管业，卖主不得异言。恐后不清，俱在卖主理落，不关买主之事。以（已）砍未砍之木，一切出卖。恐后无凭，立此断卖字永远发达为据。

　　　　　　吴长财

　　凭中

　　　　　　龙老田

　　代笔　张国元

　　宣统辛亥三年十乙月初二日　立

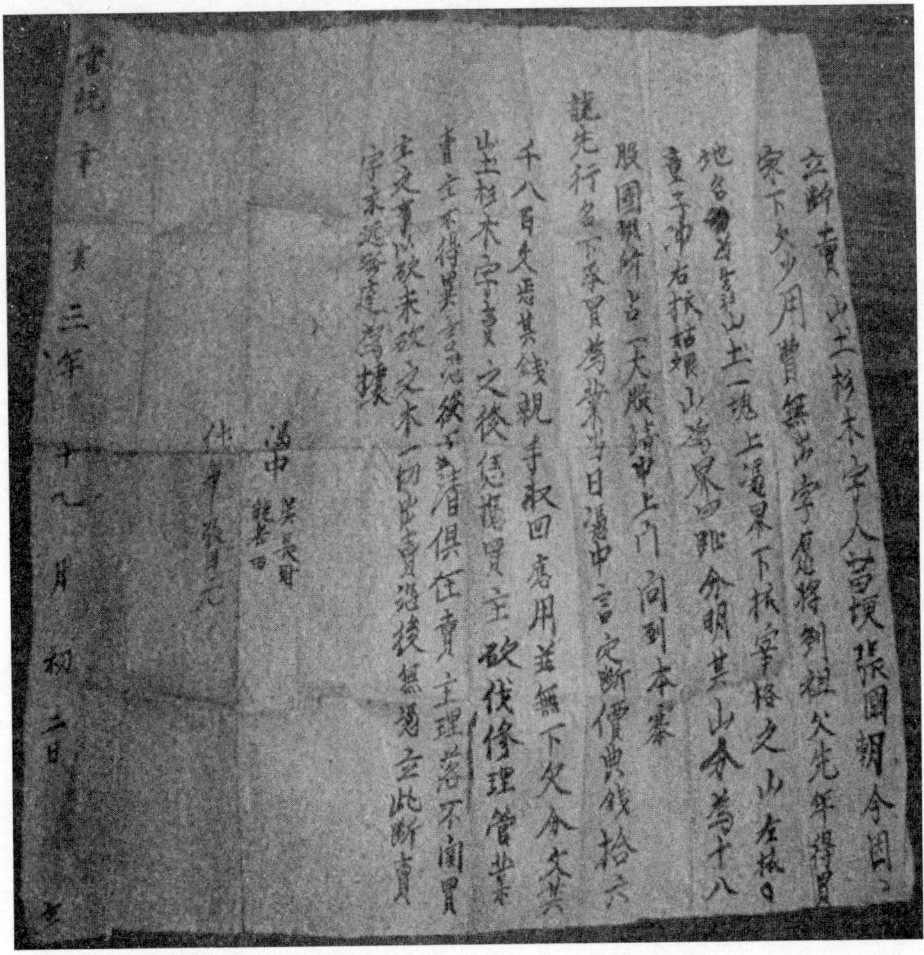

立断賣山土杉木字人高坝張國朝今因家下缺少用費無出字處將到祖父先年得買地名[illegible]山土一塊上憑界下抵[illegible]格之山左抵[illegible]童[illegible]沖右抵姑娘山為界四址分明其山分為十八股國朝所占一大股請中上门问到本寨龍先行名下承買為業当日憑中言定断價典钱拾六千八百文整其钱親手收回應用並無下欠分文其山土杉木字賣之後任憑買主砍伐修理管業賣主不得異言[illegible]後[illegible]清俱在賣主理落不関買主之事[illegible]砍未砍之木一切出賣[illegible]後無憑立此断賣字永遠存照為據

憑中 龍[illegible] 吴[illegible]

代筆 張[illegible]

宣統辛亥三年十[illegible]月初二日 立

255.（1912）民国元年五月十三日
张国栋断卖油山栽手与张国珍字

　　立断卖栽手字人张国栋，为因缺□钱用无出，自愿将到地名误悔田以坎油山，上下左右凭老埂，出卖与张国珍名下承买为业。当日议定价钱乙千零八十文，清（亲）手收用。其油山自卖之后，任从买主修理管业，卖主不得异言。恐口无凭，立此卖字为据。

　　凭中　杨秀宏

　　大汉壬子年五月十三日　清（亲）笔　立

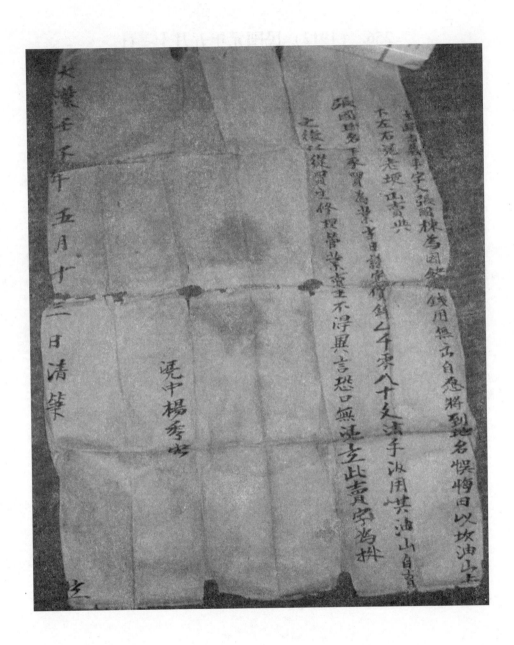

立賣契字人張阿棟為因缺
錢用無出自愿將到地名悞悔
田以坎油山上

下左右況走坝正賣與

國務另季買為業當日請憑
價錢乙千零八十文清手汉用其油山自責

之繼賣生修理營業賣主不得異言恐口無慿立此賣契字為拼

憑中楊秀術

大漢壬午年五月十三日清筆

立

256.（1912）民国元年五月十三日
张国元断卖杉山并土与张国珍、张光忠字

　　立断 卖 杉山并土字人张国元，为因 缺少钱 用无出，自愿将到地名主（祖）遗风水吊洞上下二□，照老约管业，当日 凭 中议定出断卖与张国珍、张光忠叔侄二人名下承买为业。凭中议定价钱五百六十八文整，亲手收回应用。其 山 场自卖之后，恁从买主修理管业，卖主弟兄不得异言。恐口无凭，立此断字发达为据。

　　外批：内天（添）二字。

　　凭中　张国栋

　　大汉壬子年五月十三日　　杨秀洪　笔　立

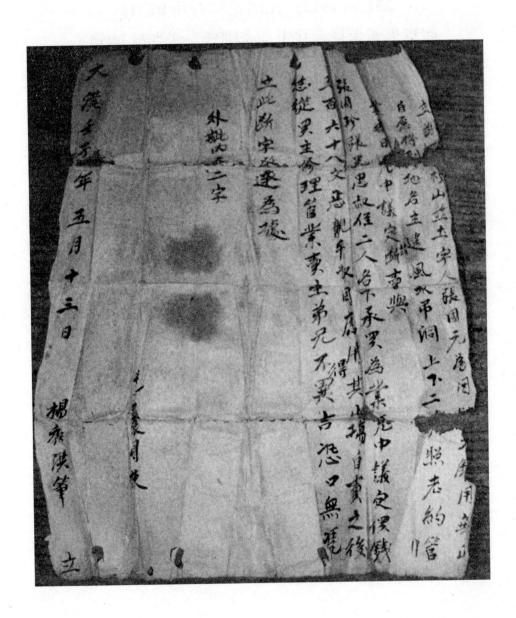

257. （1912）民国元年五月十□日
张桥生断卖杉木并土与张国珍、张光禄叔侄字

　　□杉木并土□张桥生，为因□出，自□地名□鄙山一领（岭），左右凭冲，上凭小凹，下凭盘路以□为界。出断卖与堂□张国珍、侄光禄名下承买为业。当日凭中议定价钱玖千四百八十文整，亲手收用。其山场自卖之后，任从买主修理管业，卖主不得异言。恐口无凭，立此卖字永远发达为据。

　　此山分为□光禄占一□寅年五月□买桥生之□卖与叔□仟三百○八□乙卯年五月十□侄光隆、光凤二人占乙股之山，将此山乙股卖与叔国□，议定价钱贰仟四□□八文。光禄笔批。

　　凭中　杨秀忠

　　□汉壬□□五月十□□　国栋　立

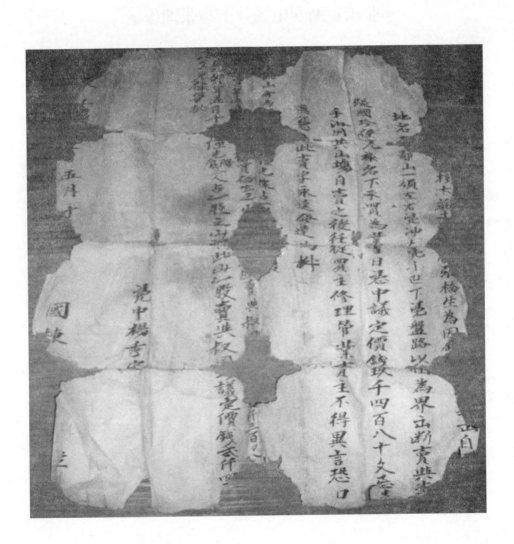

258.（1912）民国元年六月初一日
张国正断卖山场并土与张国珍字

　　立断卖山场并土约人苗埂张国正，为因缺费无出，自愿将到主（祖）遗风水吊洞上下二块，四抵照老约管业，凭中出断与堂兄张国珍名下承买为业。凭中议定价钱四百四十八文整，亲手收足无欠。其山自卖之后，恁凭买主管业，卖主不得异言。恐后无凭，立此卖字为据。

　　　　姜有生
　凭中
　　　　张光禄
　大 汉壬子年六月初一日　立

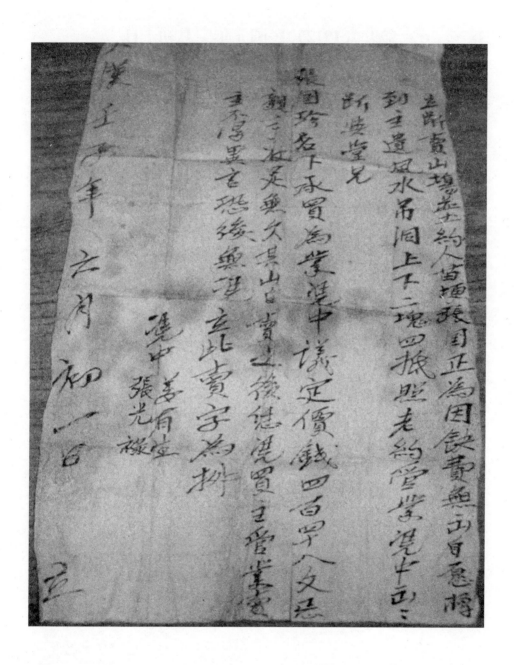

立断卖山场并土约人笛坤张国正为因钱卖无山场愿将

到土遗风水吊洞上下二块四抵照老约凭堂觉中正二

断卖堂兄

张国玲名下承买为堂觉中议定价钱四百卄八文恐

亲子侄无久其山日卖之後德凭置主管堂爱

王不得异言恐後无凭立此卖字为拷

凭中 苦有定

张光礵

皇王元年 六月初一日

王

259.（1912）民国元年□月初十日
张姜氏向张国珍借钱抵字

立祗（抵）田字约人堂嫂张姜氏，为因缺少费用无出，自愿将到误悔田作祗（抵），约谷肆桃（挑），出祗（抵）与堂叔张国珍名下。当日凭中借钱伍仟文整，美（每）仟称却（脚）谷肆拾斤。恐后无凭，立有祗（抵）字是实。

外批：内头（涂）叁字。

外批：又得钱乙千文，九折钱。

凭中　姜有生

代笔　张光禄

天运壬子年□月初十日　立

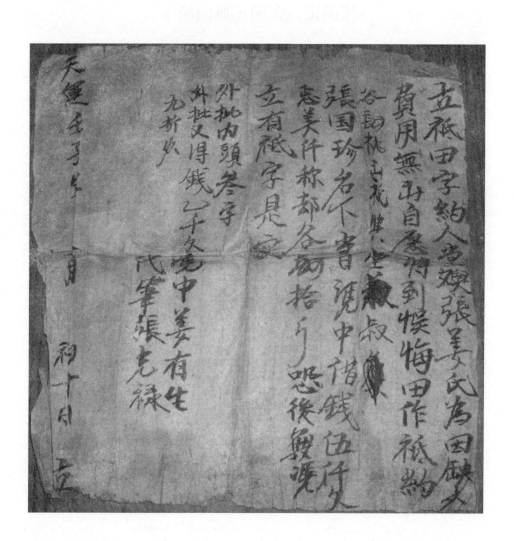

立祗田字絕人吳娛張姜氏為田缺
費用無再自愿將到候悔田作祗絕
谷動桃山花里坐落叔叔
張国珍名下書現中借錢伍仟文
憑美仟称郝各峒捨行恐後無憑
立有祗字是實

外批内頭叄字
奸批又得錢乙十文憑
九折少 中姜有生

代筆張光禄

天無壬子年 和十月 立

260.（1913）民国二年二月二十一日
张国正、张国元典山场字

　　立典山场字人苗埂寨张国［正］、国元，为因弟国朝犯法无救[1]，在鳌市安葬用费之钱叁仟肆伯（佰）八十文，无钱开销。弟兄二人将他所占之山，地名归靠山场杉木壹块，此山分为拾捌股，国朝占壹股，出典与鳌市姚志诚名下实典为业。当日凭中议定照用费价钱叁仟肆伯（佰）八十文整。其山自典之后，恁从钱主管业，典主不得异言。恐口无凭，立此典字是实。

　　　　　　张天寿
　　天理人心　龙德元　代笔
　　　　　　龙德发
　　中华民国癸丑年二月廿一日　立

注：

　　（1）本契约中张国朝所犯何法不得而知，推测与辛亥革命时黎平北路互卫总局事件相关。买主"姚志诚"为清平款款首，曾为黎平府东北路团防总局首任总董文斗"姜登泮"求情。

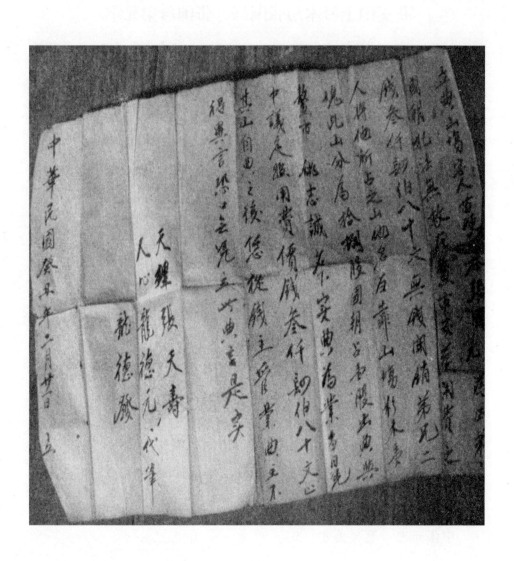

261.（1913）民国二年三月二十八日龙先行
断卖山土杉木与张国兴、张国珍弟兄字

立断卖山土杉木字人党都龙先行，为因缺少费用无出，自愿将到以（往）年得买苗埂张国朝祖遗之杉山土名归靠山一块，四抵不开，今于本年邀同共山主分派，此山土十八投（股）均分，先行所占一大股，土名罗家地右边犁头嘴山一块，上凭界，下抵岭脚，左右抵冲，四趾（至）分明。今将请中问到张国兴、国珍弟兄二人名下承买为业。当日凭中言定卖价典钱五千玖百八十文整，其钱亲手收回应用，并无欠下分文。其山土杉木自卖之后，恁凭买主休（修）理砍伐管业，卖主不得异言。恐有不清，俱在卖主尚（上）前理落，不关买主之事。恐后无凭，立此断卖字发达为据。

外批：忝（添）一字。

凭中　张国元　张光禄

亲笔　龙先行

中华民国癸丑年阴历三月二十八日　立

民国己未年七月贰拾伍日，先年二人得买龙先行之山并土，张国兴出卖与堂弟国珍管业，价钱 叁 千六百八十文。

中张光忠　笔吴美才　立

262.（1913）民国二年四月二十日
张光禄卖田并山与张国珍字

　　立断卖田字约人血侄张光禄，为因缺少费用无出，自己愿将公靠土地凹却（脚）田乙丘，约谷叁石，代（载）粮乙斤，出卖与血叔张国珍名下承买为业。当日凭中议定价钱贰拾仟零六百八十文整，亲手收用。其田自之后，任从买主耕种管业，卖主不得异言。恐后无凭，立此断卖字永远发达为据。

　　外批：田以坎并土杉木油树在内，四祇（抵）：上凭大路，下凭田，左凭冲岩□为界，右凭栽岩为界，四字（至）分明。恐后无凭，立有四祇（抵）为据。

　　外批：内添贰字。

　　　　　　张国正

　　凭中

　　　　　　张光隆

　　清（亲）笔　张光禄

　　大汉癸丑年四月廿日　立契

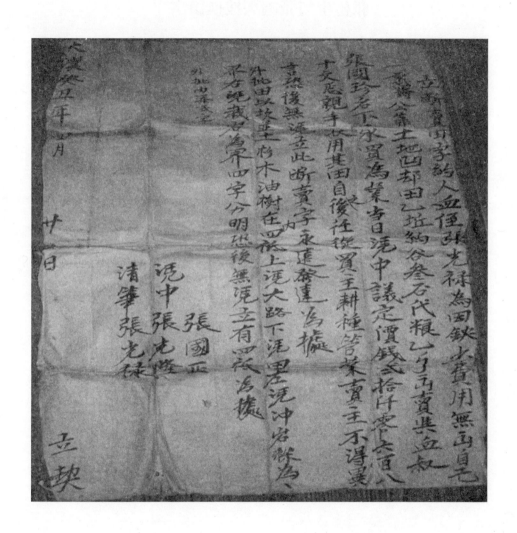

立断卖田字约人卽孙光禄为因钱少费用无出自己

一耑合业土地四邱田乙坵約合叁石代粮乙斗□賣與血叔

張國珍名上承買為業当日凭中議定價錢□拾仟零六百八

十文足親手收用其田自□任從買主耕種管業賣主不得異

言恐後無凭立此断賣字永遠發達為據

外地田兴坟坐一杉木油樹在四旅上連大路下浢里屋凭冲岩骱為

承方凭栽□栢常四字分明恐後無凭立有四旅為據

清筆張光禄

凭中張光隆

張國正

大道叁五年□月

廿日

立契

外加山界合之

263.（1913）民国二年六月初六日
张桥生与张国兴拨换田字⁽¹⁾

立拨换田字人桥生名下，今将党都大路边田乙丘，约谷乙石半，换到国兴鄙已领（岭）黄土田乙丘，约谷乙石半，换与桥生名下管业。恐后无凭，立此换字永远发达为据。

外批：代（载）粮乙斤。

中笔　张国栋

大汉癸丑年六月初六日　　立

注：

（1）该文书的另一件藏于苗埂张明彬家。参见本书第二卷。

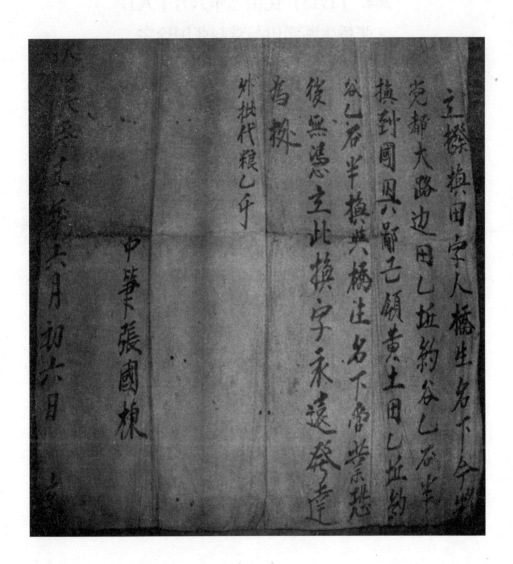

立契换田字人桥生名下今将
宪都大路边田乙坵约谷乙石半
换到同與六郎孟领黄土田乙坵约
谷乙石半换與六桥进名下管业凭
後无凭立此换字永远存连
为據
外批代粮乙千
中筆卜張國棟
張參生筆六月初六日

264.（1913）民国二年六月十八日
张桥生断卖田与堂叔张国珍字

　　立断卖田字人堂侄张桥生，为因缺少钱用无出，自愿将到地名鄙己领（岭）黄土田乙丘，约谷乙石半，凭中出卖与堂叔张国珍名下承买为业。当日凭中议定价钱柒仟六百八十文整，亲手收用。其田自卖知（之）后，恁从买主耕种管业，卖主不得异言。倘有不清，俱在卖主理落，不关买主知（之）［事］。恐口无凭，立此卖字永远发达为据。

　　凭中　张国定

　　大汉癸丑年六月十八日　国栋　笔　立

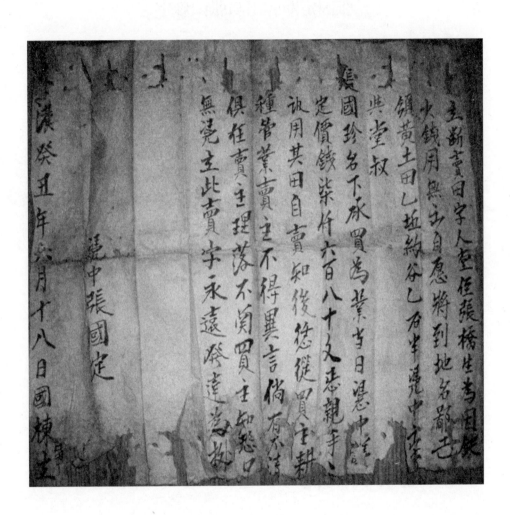

主断卖田字人堂侄张桥生为目厥
火钱用与土自愿将到地名鄱乙
领黄土田乙坵约谷乙石半凂中立
兴堂叔
凂国珍名下承买为业当日凂中说
定价钱柒伯八十又悉亲手、
诚用其田自卖知后悉从买主耕
种管业卖主不得异言倘有不清
俱在卖主理落不关买主知悉口
无凂主此卖字永远癸达为执
凂中张国定
汉癸丑年六月十八日国栋生

265.（1913）民国二年十月二十九日
张国定断卖田与张国珍字

　　立断卖田字约人鄙几包（胞）兄张国定，为因先前祖父得买[高] 受之田，此田分为伍大股，张国定、国珍占壹大股，壹股分为贰小股，将 本 名乙小股请中出断卖与包（胞）弟张国珍名下承买为业。当 日 凭 中三面议定典断价钱壹拾 捌 仟零壹百捌拾文整，亲手领足应用。其田自卖之后，恁从包（胞）□下田耕种管业，卖主不得异言。恐有不清，俱在卖主理落，不关买主之事。恐后无凭，立有断字发达为据。

　　外批：照老字完粮。

　　　　　　吴国安

凭中　　张国兴

　　　　　　罗耀明

　　　　　　龙德法

子笔　　张光禄

中华民国癸丑年十月廿九日　　立契

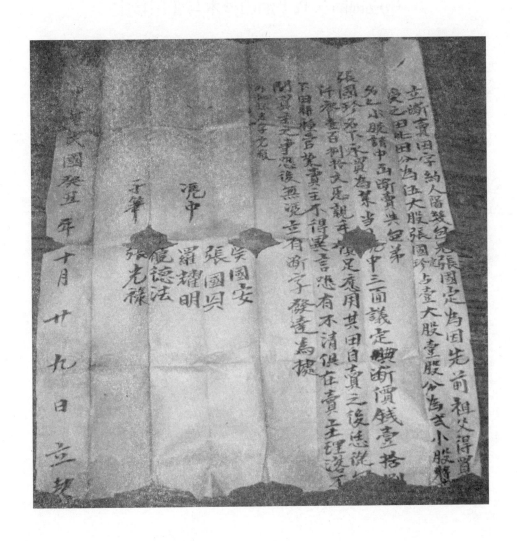

立断卖田字约人陽幾包光超張國定為因先前祖父得置
受之田能田分為任大股張國珍与壹大股壹股分為武小股幾
多之小股請中马断卖為業当日中三面議定興斷價钱壹拾
張國珍名下永賈為業親手模足應用其田自賣之後恁從
許弁壹百拾文忿賣主不得異言恁有不清俱在賣主理遵
下田朝極官莫賣主不得異言恁後無凭立有断字發遠為據
閑賣主之事恁後無凭立有断字發遠為據
小心記名字无假

凭中

吳國安
張國贝
羅耀明
龐德法

主筆
張光禄

光緒大國癸五年十月廿九日立起

266. （1914）民国三年
杨应锦断卖栽手油山杉木与张国珍字——

立断卖栽手油山杉木▭扣黑寨杨应锦，为因缺费□□无出，自己愿将老屋□长田坎上油山乙团，上凭界，下凭田，右凭买主之山，左凭应寿之田上小冲，四字（至）分明，出断卖与旧（舅）父张国珍名下承买为业。当日凭中议定断价钱叁仟壹佰〇八文整，亲手收足，分文不欠。其油山杉木自卖之后，恁从买主修理畜（蓄）禁管业，卖主内外人等不得异言。倘有不清，俱在卖主理落，不关买主之事。恐后无凭，立此断字存照为据。

外批：途（涂）乙字，天（添）乙字。

凭中　张国定

中华民国三▭　亲笔　立

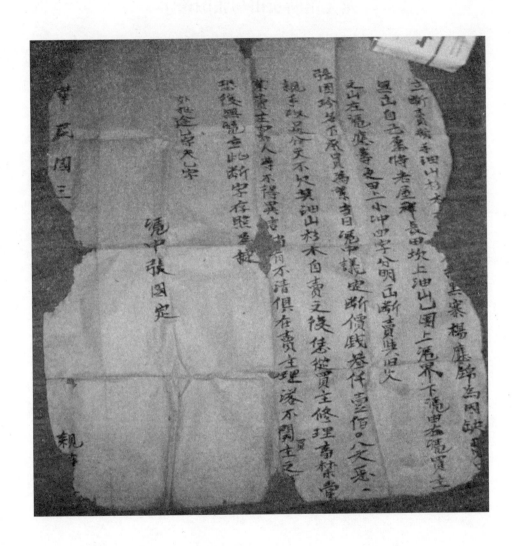

立断卖契人某楊廉歸為阙欠……
興山自立契将老屋辟長田坎上泄山壹團上泄界下泄田至泄賣與……
之山在泄應帶之田上小坤四字分明盡行斷賣與……
張團珍若干原具為賣者目憑中議定斷價錢若干壹佰……
親手收足令不欠莫泄山杉木自賣之後係賣主修理……
某賣主家人等不得異言當時不清俱在賣主理落不關……
恐後無憑立此斷字存照為……

外批途山杉木……

憑中張團定

某氏周三

親筆

267.（1915）民国四年十月初八日
龙先铪断卖田与张国珍字

立断卖田字约人苗埂寨龙先铪，为因缺费无出，自愿将到地名鄙己冲小禾田壹丘，约谷壹百斤，义（议）定价钱捌仟贰百八十文整，亲手领足，不欠分文。其有粮照老约完纳。田坎杉杂在内，今出断卖与鄙己张国珍名下承买为业。如有不清，俱在卖主理落，不关买主之事。恐后无凭，立此断卖字永远发达为据。

张国兴

凭中

龙德兴

民国乙卯年十月初八日　亲笔　立

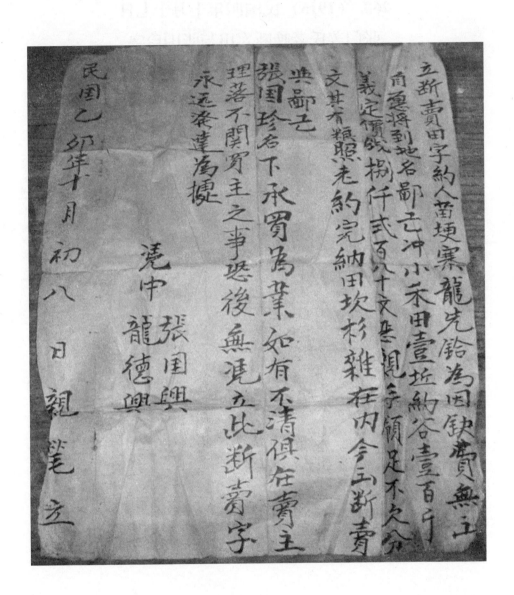

立断卖田字约人茜埂寨龙先铨为因缺费贾无出
前愿将到地名鄙亢冲小禾田壹坵约谷壹百斤
义定价钱捌仟式百八十文凭亲手领足不欠分
文其有粮照老约完纳田坎杉杂在内今立断卖
与鄙亢
张围珍名下承买为业如有不清俱在卖主
理著不关买主之事恐后无凭立此断卖字
永远发达为据

瓷中　龙德兴

张围兴

569

268.（1915）民国四年十月十七日
张门姜氏老晚断卖田与张国珍字

　　立断卖田字约人苗埂张门姜氏老晚，为因缺费无出，自愿将到地名宰郎杨梅树田乙丘，约谷叁石，粮照老约均派完纳，欲行出卖。先问亲房人等，无人承受。凭中出卖与堂叔张国珍名下承买为业，凭中三面议定断价钱贰拾四仟乙百八十文整，亲手收足，并无下欠。其田自卖之后，恁从买主开坎（垦）耕种管业，卖主不得异言。恐后无凭，立此卖字永远为据。

　　凭中　代笔　张国正
　　中华民国乙卯年十月十七日　立

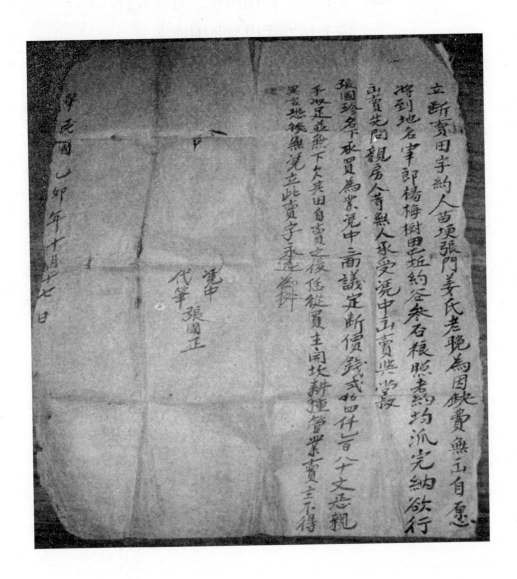

立断賣田字約人苗垻張門姜氏老晚為因缺費無正自愿

將到地名宰郎楊梅樹坔坵約全參石糧照老約均派完納欲行

出賣先問親房人等無人承受憑中出賣與學叔

張國珍名下承買為業憑中二面議定斷價錢式拾四仟旨分文悉親

手收足並無下欠其田自賣之後悉從買主開坎耕種管業賣主不得

異言地錢無憑立此賣字存照

憑中
代筆張國正

嘉慶二十四年乙卯年十月廿七日

269.（1915）民国四年□月初八日
龙先铪断卖田与张国珍字

　　立断卖田字人〓龙先铪，为缺费无出，自愿〓鄙已先年得买夏姓之田大小贰丘，约谷叁半石，代（载）粮壹斤半，其有田坎杉杂在内，义（议）定价钱贰拾柒仟伍百八十整，今凭中出断卖与鄙已张国珍名下承买收花管业。如有不清，俱在卖主理落，不关买主之事。恐后无凭，立此断字永远为据。

　　凭中　蒲新仁

　　大汉民国四年□月初八日　亲笔　立

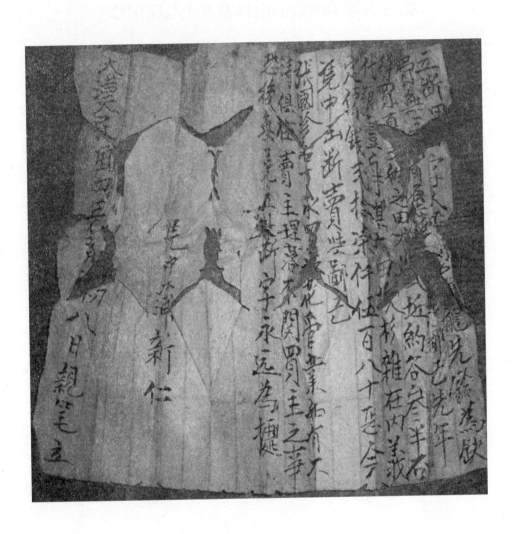

270. （1915）民国四年十一月二十六日张杨氏、
张老引母子断卖油山杉木并土与张国珍字

立断卖油山杉木并土在内张母杨氏、老引母子，为因缺少钱用无出，自愿将到地名聋鄙油山乙块，上凭坳，左下凭垠（埂）为界，右下凭沟为界，左凭冲，右凭买主之山为界，四字（至）分明，凭中出卖与堂叔张国珍名下承买为业。当日凭中议定价钱拾肆千二百八十文整，亲手收足。其山场自卖之后，恁从买主修理管业，卖主不得异〔言〕。恐后无凭，立此卖字永远发达为据。

外批：内除阴地一穴，任二人所共。

外批：内添二字。

中笔　张国栋

民国乙卯年十一月廿六日　　〔立〕

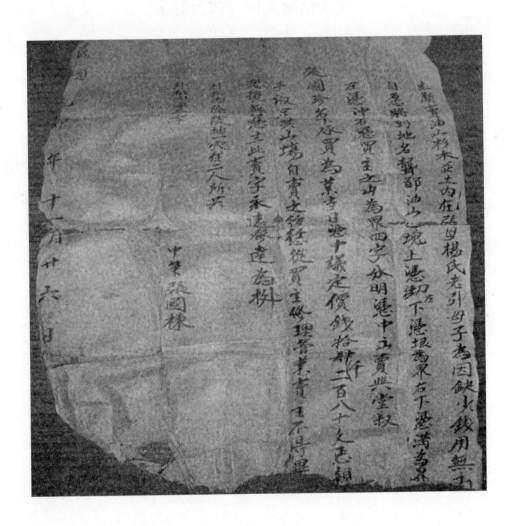

271.（1915）民国四年十一月二十八日
龙先铪断卖田与张天财字

　　立断卖田字人苗埂寨龙先铪，为因缺费无出，自愿将到地名鄙己冲田大小连田贰丘，约谷陆石，其有田坎荒坪、地基在内，义（议）定｛价｝断价钱伍拾仟零八百八十文整，今出断与张天财名下承买为业。如有不清，俱在卖主理落，不关买主之事。恐后无凭，立此断字永远〔为〕据。

　　外批：粮照老约均派完纳。

　　　　张国兴

凭中

　　　　龙德兴

大汉民国四年十乙月廿八日　亲笔　立

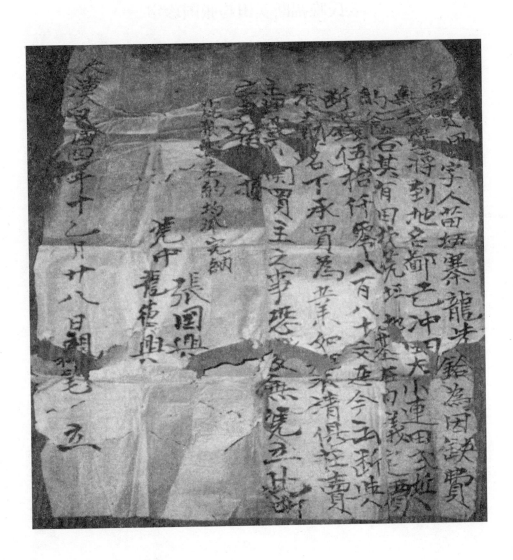

272.（1916）民国四年十二月初十日
姜氏晚福断卖田与张国珍字

　　立断卖田字约人苗埂姜氏晚福，为因缺费无出，自愿将到先月所卖宰郎杨梅树田，又将坎下小田乙丘，约谷九十斤，粮照老约完纳，欲行出卖。先问亲族，无人承受。请中上门出断卖与堂叔张国珍名下承买为业。凭中议定断价钱七仟二百八十文整，亲手收足，并不下欠分文。其田自卖之后，任从买主管业，卖主不得异言。恐后无凭，立此卖字为据。

　　凭中　　光禄

　　　　　张

　　代笔　　国正

　　民国乙卯年十二月初十日　立

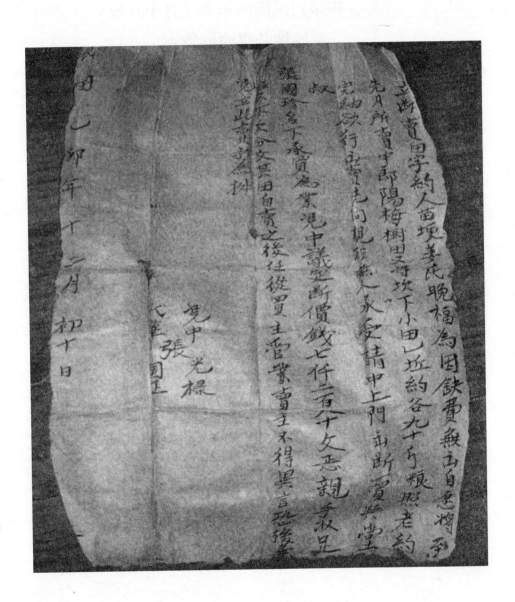

273. （1916）民国四年十二月十八日
夏姓地基揭约批条

批：先年得买夏姓地基老约未结（揭），以后结（揭）出系是故纸。

民国乙卯年十二 月 十八日 亲笔 立

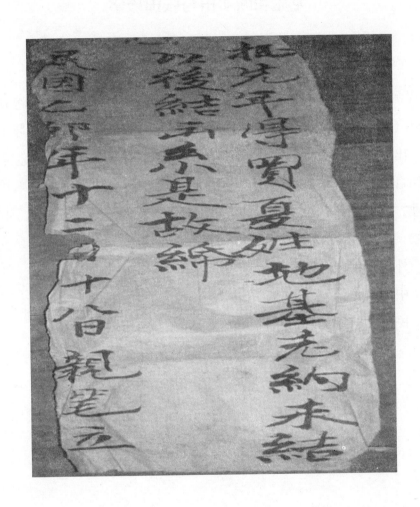

祖先年得買夏牲地基先納未結
環後結五禾是故綿

民国二十年十二月十八白親筆五

274.（1917）民国六年三月初八日
龙先和断卖田与张国珍字

　　立断卖田字人苗埂寨龙先和，为因缺少用费无出，自愿将到地名风（枫）树却（脚）禾田乙丘，约谷壹佰捌拾斤，外坎小坪子在内，出卖与俾己张国珍名下承买为业。当日凭中议定断价钱乙十六千四百文整，亲手收足应用。其田字（自）卖之后，任凭买主耕种管业，卖主不得议（异）言。倘有不清，俱在卖主理落，不管（关）买主之事。恐口无凭，立有断字发达为据。

　　外批：粮照合同为据。

　　中笔　龙德元

　　民国丁巳年三月初八日　立

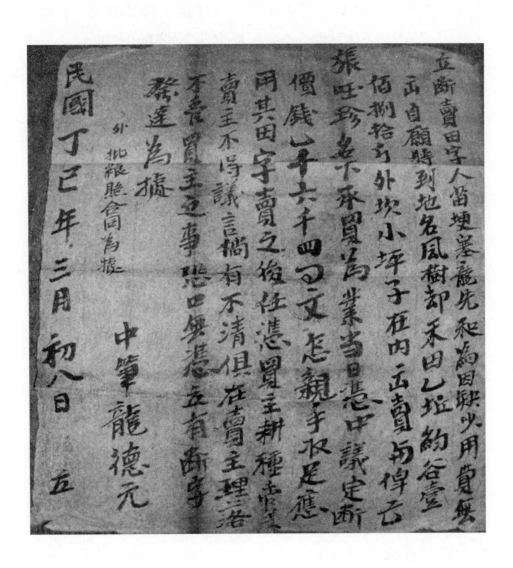

立断卖田字人留坡塞龙先祖为因缺火用卖无

正自愿将到地名凤树却禾田乙垟约谷壹

佰捌拾斤外坎小坪子在内正卖与倬云

张旺珍名下承买为业当日凭中议定断

价钱一千六千四口文惢亲手收足应

用其田字卖之後任凭买主耕种...

卖主不得议言倘有不清俱在卖主理落

不与买主之事悉口无凭五有断字

發達為據

外批粮照合同为据

中華龍德元

民國丁巳年三月初八日

五

275.（1917）民国六年十一月初八日吴献之、范承爵等招到张老玉、杨老友等佃种山场字

　　立招字人者格寨吴献之、杨茂青、杨为高等；培亮寨范承爵、承义；格翁寨[1]范锦香等；为因乌靠鄙习山木植砍尽，招人栽种。界止（址）：上凭界，下凭乌靠溪，左凭大沟，右凭大领（岭），四抵分明。众山友合议，今招到苗埂鄙已寨张老玉，者格寨杨老友、老珍三人等，言定本年上山栽种，决于五年之内栽完，佃到界字之内不得荒抚（芜）。合众人等心平意愿，并无压逼情节，亦无翻悔异言。口说无凭，立此招字为据是实。

　　外批：木植栽成长大，日后坎（砍）伐作为贰大股均分，土主占一大股，栽手{股}占一大股，后日（日后）出买（卖），先问土主，照土认栽。

　　此山土股分为十二股，吴献之、杨茂青占三股，范锦香占一股，范承爵、承义等占八股。

　　　　　　姜□桐

凭中

　　　　杨显周

笔　范承爵

〓（半书）

民国六年十乙月初八日　立

584

注：

（1）格翁寨，即今锦屏县河口乡格翁村，苗语称为"该瓮"，因寨脚有一个瓮形水塘而得名。

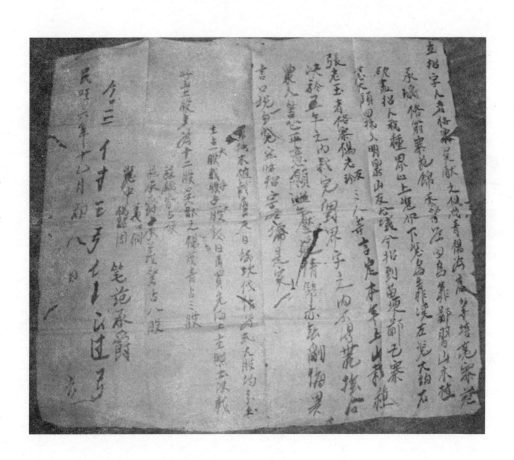

276. （1918）民国六年十二月十三日张国栋、侄张桥生断卖山场与张国珍字

　　立断卖山场字人张国栋、侄桥生，为因缺少钱用无出，自愿将到地名归靠山，上凭界，下抵坊平（荒坪），左凭买主之山为界，右凭冲为界，四字（至）分明，凭中出断卖与堂弟张国珍名下承买为业。当日凭中议定价钱拾肆千四百八十文整，亲手收用。其山场自卖之后，恁从买主修理管业，卖主不得异言。恐后无凭，立此卖字永［远］发达为据。

　　外批：内添二字，涂乙字。

　　　　　张光忠

凭中

　　　　　杨再辉

民国丁巳年十二月十三日　亲笔　立

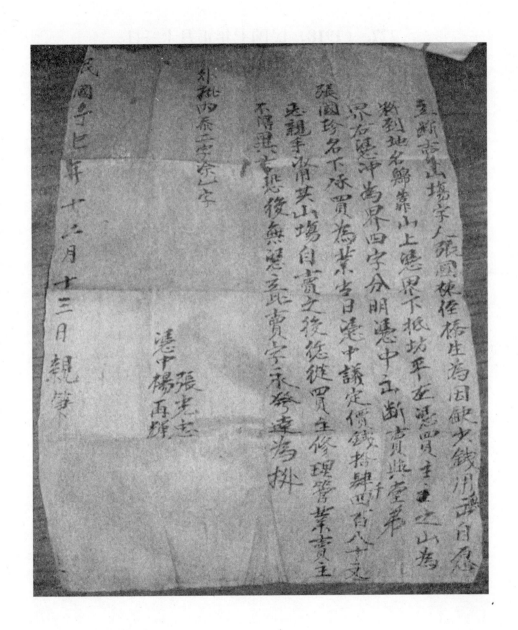

立断卖坟山塝字人张国侠住侨生为因硬少钱用立将自己
断卖山塝字人张国侠徒侨生为因硬少钱用立将自己
将到地名归靠山上凭界下抵坊平左凭四买主之山为
界右凭冲尚为界四字分明凭中面断卖与堂弟
张国珍名下承买为业当日凭中议定价钱拾肆佰八十文
英亲手领其山塝自卖之后恁从买主修理管业卖主
不得异言恐后无凭立此卖字永荐远为�

凭中杨再辉
张光志

刘批四条二字奈山字

民国卅七年十二月十三日亲笔

277. （1918）民国七年正月十三日
姜凤先断卖栽手与张国珍字

　　立断卖栽手字人姜凤先，为因缺少费用无出，自愿将到归靠土地凹小田外坎山贰幅，上祇（抵）小田，下祇（抵）栽岩应寿之山为界，左右凭冲；又左边壹幅，上凭栽岩，下祇（抵）栽岩应寿之山为界，左右凭栽岩为界，四字（至）分明。今将出断卖与姑爷张国珍名下承买为业。当日凭中议定断价钱壹千八百文整，亲手收足应用。其山自卖之后，任从买主修理管业，卖主日后不得异言。恐后吾（无）凭，立此卖字发达承（存）照为据。

　　外批：内头（涂）二字，添四字。

　　凭中　　杨再辉

　　代笔　　张光禄

　　民国戊午年正月十三日　　立契

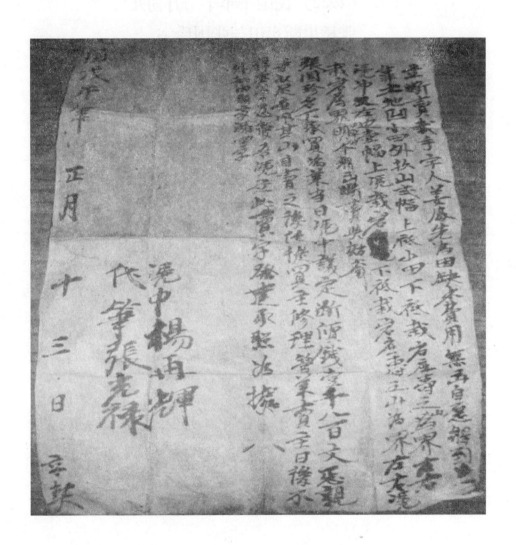

278. （1922）民国十年十二月初九日
张桥生断卖田与张国珍字

立断卖田字人堂侄张桥生，为因缺少钱用无出，自愿将到地名鄙己大秧田，共拾贰担，出卖四担与堂叔张国珍名下承买为业。当日凭中议定价钱捌拾千令（零）四百八十［文］整，亲手收用。其田自卖之后，恁从买主修理管业，卖主不得异言。恐口无凭，立此卖字为据。

外批：添乙字，粮照老约完纳。

凭中　张光忠

民国辛酉十年十二月初九日　国栋笔　立

立斷賣田字人堂侄張橋生為因缺大錢用無正自思料

到地名節三天秧田共揹式担五賣四担與堂叔

張國珍名下承買為業當日憑中議定價錢捌拾千令四百八十

正親手領用真田自賣之後憑從買主修理管業賣主

不得異人言懇口無憑立此賣字為據

外批還洋大蚼煤老鈞兑納

憑中張光忠

民國丙十年十二月初九日國棟筆

立

279.（1922）民国十年十二月二十八日张光忠、张光凤断卖杉山并土与张国珍字

立断卖杉山并土字约人鄙几张光忠、光凤弟兄二人，为因缺费无出，自愿将到地名场锁大便却（脚）杉山乙幅，其山场界字（址）照老约管业。今凭中房断卖与血叔张国珍名下承买为业，议定价钱陆千二百八十文，亲手领竹（足），分文不欠。此山分为四大股，出卖二股与血叔。其山自卖之后，恁从买主修理管业，卖主不得异言。倘有不清，俱在卖主理落，不关买主之事。恐后无凭，立此断自（字）发达为据。

外批：内天（添）三字。

凭中　张光禄

中华民国辛酉年十二月二十八日　光忠笔　立

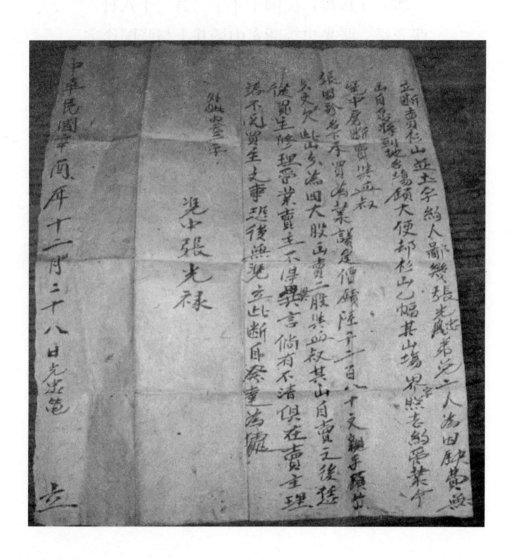

立断卖仁山并土字约人郡几张光凤世弟兄二人为田欧费典业介
今自愿将祖名场顾大便即杉山乙幅其山场界照老约要业介
凭中尾断卖共四叔
张国於名亲承买为业议定价顾陆十二百八十文翻手顾苗
出山多为回大股画卖二股共四叔其山自卖之後凭
从觅生修理管业卖主不得异言倘有不清俱在卖主理
语不况买主支事恐後无凭立此断卖章为凭

外附老业字一宗

凭中张光禄

280.（1922）民国十年十二月二十八日
张光禄、张光忠等断卖山场并土与张国珍字

立断卖山场并土字约人血侄张光禄、光忠、光隆、光凤弟兄四人，为因缺少钱用无出，自愿将到地名归靠杉山壹幅，所分占之股，上凭界，下祗（抵）犁头嘴，左祗（抵）冲买主所分占之山，右祗（抵）冲国兴所分占之山，四字（至）分明。今凭中出断卖与血叔张国珍名下承买为业。当日凭中议定价钱拾陆仟捌百八十文整，亲手收足应用。其山自卖之后，恁凭买主修理管业，卖主弟兄不得异言。倘有不清，俱在卖主理落，不与买主相干。今恐人信难凭，立此断卖字永远发达存照为据。

外批：内天（添）"主"字。

凭中　姜凤先

代笔　张光禄

民国辛酉拾年十二月廿八日　立契

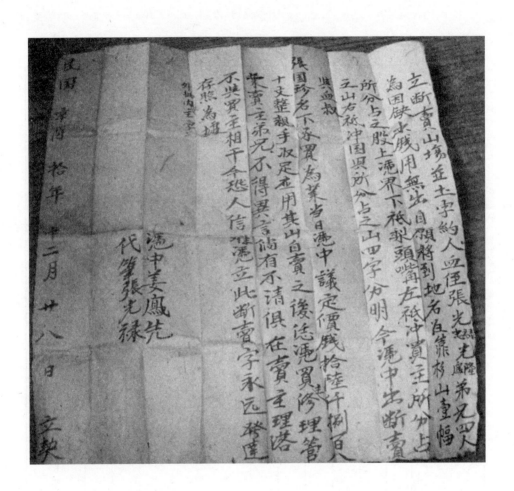

立断卖山场並土字約人血便張光熖光隆弟兄四人
為因缺水賊用無出自願將到地名在簾杉山壹幅
所分与立股上憑界下祗梨頭嘴左祗冲賣主所分占
云山方祗冲国界所分占之山四字分明今憑中出断賣
與血叔
張国珍名下承買為業当日憑中議定價錢拾陸千捌百文
十文整親手取足盃用其山自賣之後任憑買修理管
来賣主弟兄不得異言倘有不清俱在賣主理落
不與買主相干令恐人信難憑立此断賣字永远榮遅
存照為據

憑中姜鳳先
代筆張先禄

民國㟧拾年十二月廿八日立契

281.（1921）民国十年十二月□日张士发新买契[1]

新 买 契											中华民国
买主姓名	不动产种类	坐落	面积	四至	卖价	应纳税额	原契几张	立契年月日	卖主	中人	
张士发	山场	乌格冲	壹型	东至 南至 西至 北至 详载原契	壹千零捌十文	肆仙玖星	壹张	咸丰四年正月二十一日	王有贵	吴昌明	拾年　拾贰月　日

注:

（1）本契纸右边半书"锦字第玖百陆叁号完税□□□仙玖星"并钤有三方骑缝章。左边有半书"锦字第玖百陆叁号完税□□□仙玖星"，并钤两方骑缝章。

596

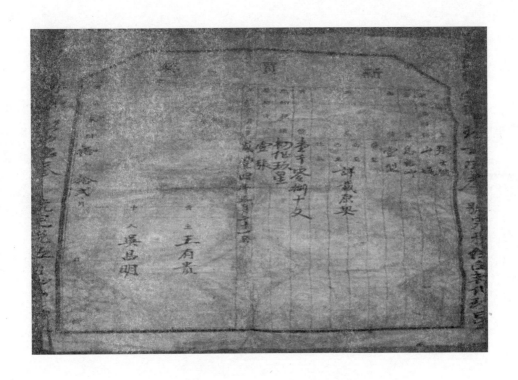

282. （1922）民国十一年四月初六日
张乔生断卖田与张国珍字

　　立断卖田字人苗埂张乔生，为因缺少费用无出，自愿将到地名郿己门口大秧乙丘，此田合共乙拾贰担，去岁腊月先卖四担，今又将叁担出卖与买主堂叔张国珍名下承买为业。凭中议定断价钱陆拾仟零贰百八十文整，亲手收足无欠。其田自卖之后，恁从买主开坎（垦）耕种管业，卖主不得异言。倘有不清，俱在卖主理落，不关买主之事。恐后无凭，立有断卖字永远为据。

　　外批：其有田粮照派完纳。

　　凭中　张光忠

　　民国十一年壬戌四月初六日　国正笔　立

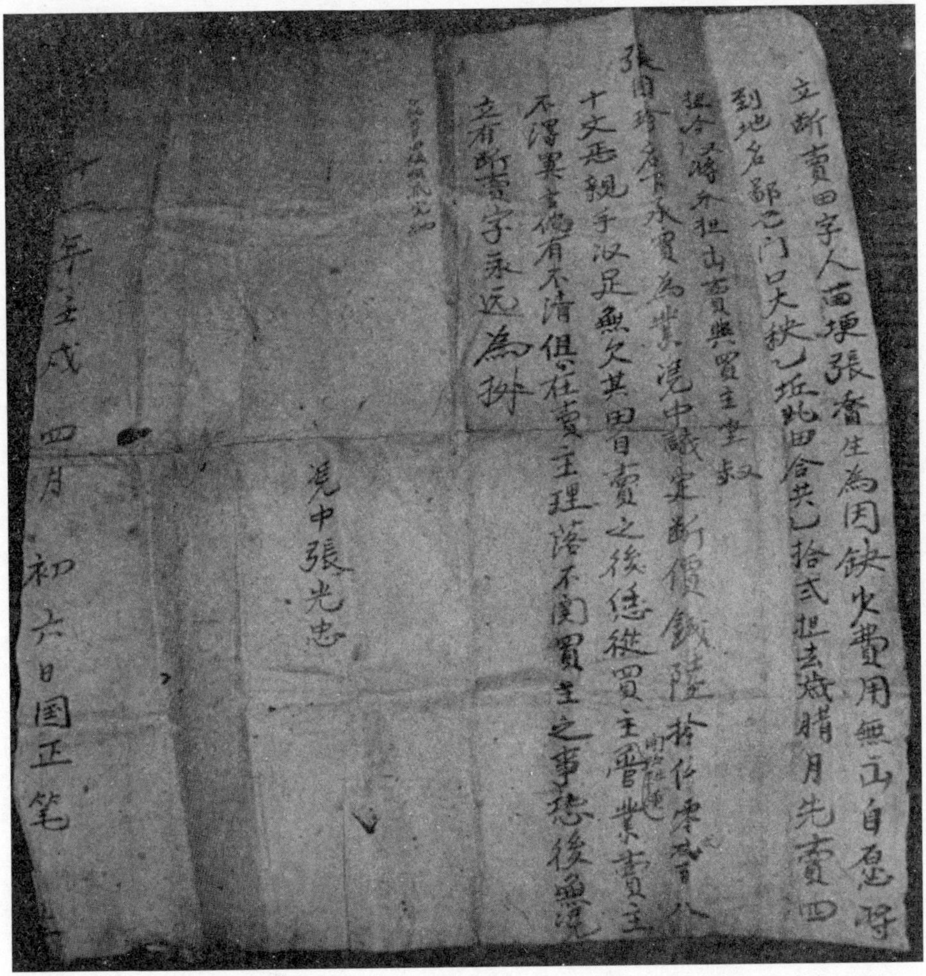

立断賣田字人苗埂張審生為因缺少費用無出自愿將
到地名鄧老门口大秧丘此田合共拾弍担去歲腊月先賣四
担今將弍担出賣與買主李叔
張国珍名下承買為業凭中議定断價錢陸拾伍零玖百八
十文正親手收足無欠其田自賣之後憑從買主管業賣主
不得異言倘有不清俱在賣主理落不関買主之事恐後無凭
立有断賣字永远為據

凭中張光忠

年壬戌四月初六日国正笔

283. （1922）民国十一年四月初六日
张乔生断卖山场杉木并土与张国珍字

立断卖山场杉木并土字人苗埂张乔生，为因缺费无出，自愿将到地名岑礼风水以（里）边凹田坎下山乙块，其界限：上凭凹田，下凭溪，左凭塝（荒）田角，右凭岭破（坡）下溪为界，四至分明。此山分为八股，本名占乙股，出卖与堂叔张国珍名下承买为业。凭中议定价钱贰千〇八文整，亲手收足无欠。其山土自卖之后，恁从买主修理管业，卖主不得异言。若有不清，俱在卖主理落，不关买主之事。恐后无凭，立有断卖字永远发达为据。

凭中　代笔　张国正

民国十一年壬戌四月初六日　立

立断卖山场杉木並一字人西坪张乔生为因缺费无山自愿游到地名岁礼风水以边一
当坑下山一坝其界限□一见田下凂溪左凂坊田角右凂顶破下溪为界四至□明此山场热
胺手与田卖因坚西卖与堂叔
张围珍名下子卖知契洪 诚庭价钱千□八文愿亲手交无欠其山土百卖之後 德雄置
主诚理管其卖主不信另卖者有不清俱在卖主理落不关买主之事恐後无凂立有断

乾隆□十一年壬戌四月初六日立

凭中张围珍
代笔张围珍

卖少年正答正亲笔

284.（1922）民国十一年四月二十九日杨应见、杨应盛兄弟断卖田与张光荣字

　　立断卖田字约人亚黄杨应见、应盛弟兄二人，为因缺少钱用无出，自愿将到地名归溪田壹丘，约谷肆石，凭中出断卖与鄙己张光荣名下承买为业。当日凭中议定断价钱伍拾千○捌百八十文整，亲手收足应用。其田自卖之后，恁从买主开坎（垦）管业，卖主弟兄不得异言。倘有不清，俱在卖主理落，不与买主相［干］。恐后无凭，立此断卖字永远发达存照为据。

　　外批：元（原）粮照老约完纳。

　　再批：内天（添）"手"字。

　　凭中　堂兄杨应高

　　代笔　张光禄

　　中华民国壬戌拾壹年四月廿九日　　立契

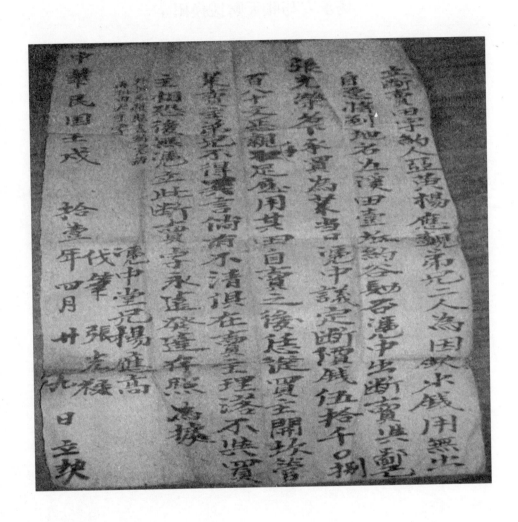

285. （1923）民国十二年六月十六日
杨承安与张天财拨换田字

　　立兑换田字人叩黑寨杨承安，今将乌勒冲先年得买张天恩、天宝弟兄二人之田三丘，约谷五伯（佰）斤，代（载）粮贰斤；婢己冲过路坎上田壹丘，约谷乙石；误非田、四方召田，先年得买姜氏晚福之田乙丘，约谷八石，买乙半；屋背田叁丘，约谷贰石，此四处共计约谷拾贰石，兑换苗埂张天财地名高坡枫树边之田大小四丘，归溪对面小田乙丘，共计约谷拾贰石。此系将金换宝，并无勒逼等 情，二比心平意愿，田坎杉杂在内。今欲有凭，书立兑换契据贰纸，各执壹纸，永远管业为据。

　　凭中笔　李子科

　　永远为据（半书）

　　民国拾贰年癸亥六月拾六日巳时　立

286. （1924）民国十三年三月二十三日
张桥生母子断卖田与张国珍字

　　立断卖田字人堂侄张桥生母子，为因缺少□□无出，自愿将到地名俾己秧田大小三丘，约谷捌石，卖清与堂叔张国珍名下承买为业。当日凭中议定大洋拾贰元怎（整），亲手收用。其田自卖之后，恁从买主耕种管业，卖主不得异言。恐口无凭，立此卖字永远发达为据。

　　外批：粮三斤。

　　外批：内添乙字。

　　　　张光忠

凭中

　　　　黄道成

民国拾三年甲子三月廿三日　　国栋笔　立

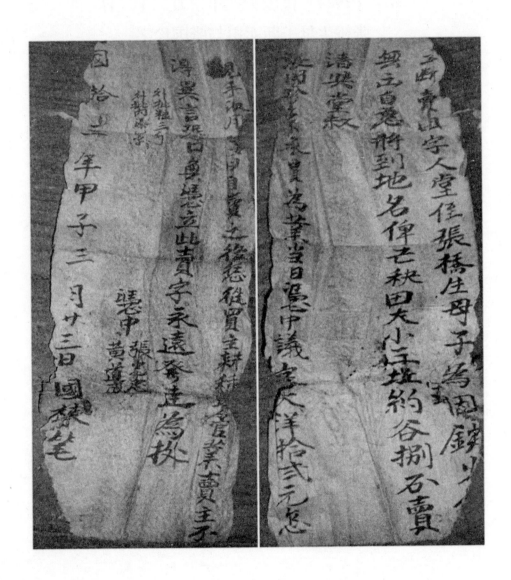

287.（1924）民国十三年三月二十三日
张桥生母子断卖田与张国珍字

　　立断卖田字人堂侄张桥生母子，为因缺少钱用无出，自愿将到
地名大秧田乙丘，约谷拾贰石，卖清与堂叔张国珍名下承买为业。
当日凭中议定壹佰仟〇四百八十文整，亲手收用。其田自卖之后，
恁从买主耕种开坎（垦）管业，卖主不得异言。恐口无凭，立此卖
字永远发达为据。

　　凭中　张光忠

　　民国拾三年甲子三月廿三日　国栋笔　立

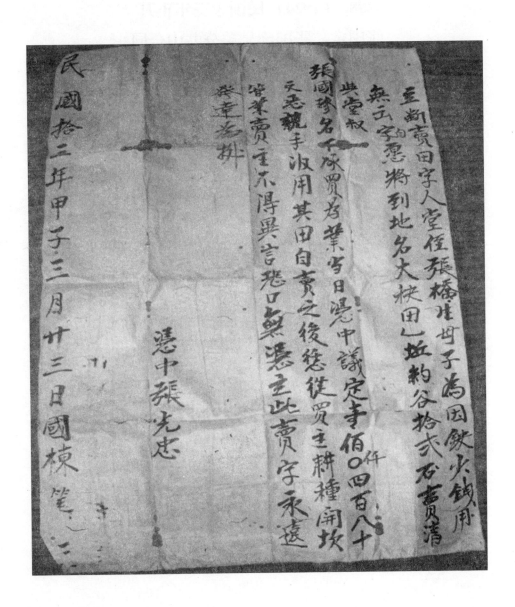

立断卖田字人堂侄張橋堆母子為因缺火錢用
無云字恐將到地名大狹田一垅約谷拾式石賣清
典堂叔
張國珍名下承買為業當日憑中議定事佰○四百八十仟
元悉親手収用其田自賣之後憑從買主耕種開坟
管業賣主永不得異言憑口無憑立此賣字永遠
癸達為拼

憑中張先忠

民國拾二年甲子三月廿三日國棟笔

288. （1924）民国十三年正月
张国定、张国珍兄弟分共山合同

　　立分合同字人张国定、国珍，得买扣黑杨钟学之共山壹所，此山分为拾陆股，国定、国珍得买壹股，壹股分为捌小股，国定占四股，国珍占叁股，姜凤先占壹股，股数派明。老约得买上凭大界，下凭大溪，左凭正溪破（坡）上叁间田以凹为界，右凭土地凹破（坡）上正良（梁）为界，四祇（抵）分明。日后子孙永远照衣（依）合同管业，不得争多以少。立有合同贰纸，各收壹纸管业为据。

　　外批：内［添］四字。

　　笔　张光禄

　　民国甲子年正月吉日立分合同（半书）

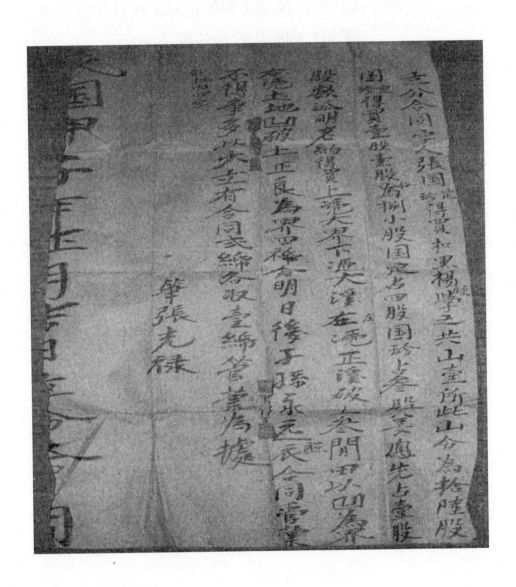

289.（1925）民国十四年正月十八日
蒲新仁向张国珍借钱抵字

　　立祇（抵）字人乌有村蒲新仁，为因缺少用度无出，自己登门问到俾己村张国珍名下，承借元钱贰封，照月加三行利，不得有误。如有误者，自己愿将乌有座（坐）屋贝（背）后杉木油山并土在内。其山界止（址）：上凭大界，下［凭］盘路，左凭冲，右凭岭，四字（至）分名（明）。此山分为三大股，本名所占壹大股作祇（抵），日后不得异言。今欲有凭，立此祇（抵）字为据。

　　凭中　龙德兴

　　民国乙丑年正月十八日　亲笔　立

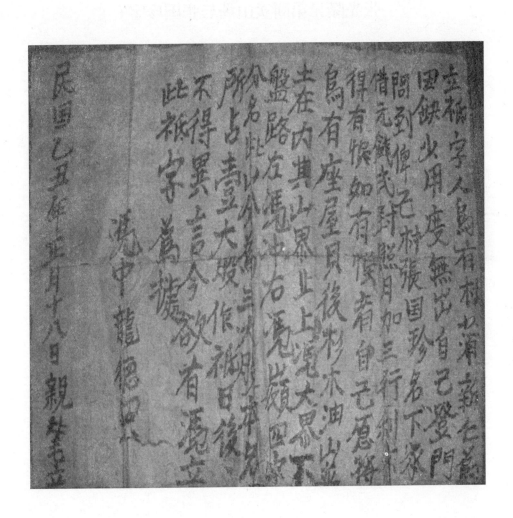

立祖字人烏有村□蘭新仁藏
田鈌必用度無出自己發門
問到偉乙村張國珍名下家
借元錢□時照月加三行利
得有悮如有悮者自己愿擔
烏有座屋貝後杉木油山並
土在內其山界止上冤大界下
盤路左憑山右憑嶺頂□
仐名此山今為立本兄
所占壹大叚作祖日後、
不得異言今欲
此祖字為據　有憑立
　　　憑中龍倜現
民國乙丑年正月十八日親筆立

290.（1925）民国十四年五月十八日张光凤、张光隆兄弟断卖山场与张国珍字

立卖山场字人张光凤、光隆弟兄二人，自愿将到先得买扣黑杨钟学大共山壹所，父亲得买四小股，弟兄四人各占壹小股。今凭中出卖贰小股与族叔张国珍名下承买为业。当［日］恁（凭）中出卖，议定价钱光洋捌元零捌毫整，亲手领回应用。其四抵照合同老字为界。恐后无凭，立此卖字永远为据。

中笔　张光禄

民国乙丑年五月十八日　立

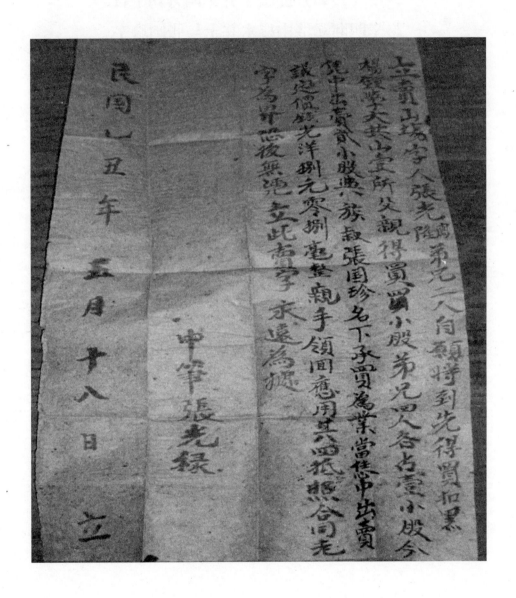

291. （1926）民国十五年四月初十日
赵学明断卖油山杉木并土与张国珍字

　　立断卖油山杉木并土在内字约人苗埂寨赵学明，为因缺少钱用无出，自愿将到地名盘破（坡）田以坎油［山］乙团，上下凭田，左凭凹下豪（壕），右凭凹下冲为界，四至分明。今凭中出断卖与鄙己张国珍名［下］承买为业。当日凭中议定价钱叁拾六千六百文整，亲手领回应用。其山自卖之后，任凭买主修理管业，卖主人等不得异言。恐口无凭，立有断卖字是实为据。

　　　　张国正
　凭中
　　　　黄道成
　民国拾五丙寅年四月初十日　亲笔　立

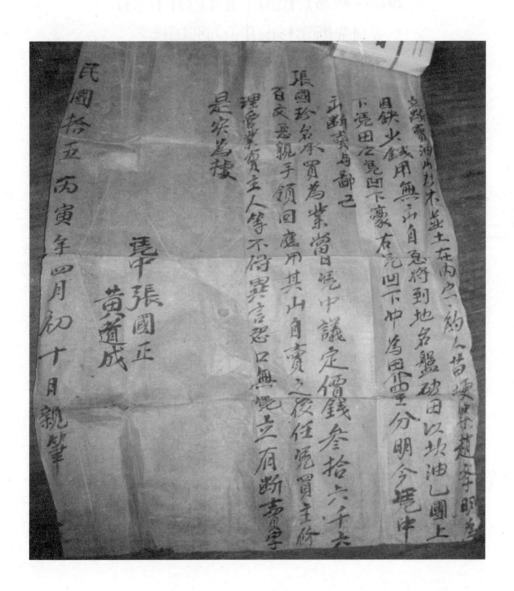

立断卖油山杉木並土在内户约今四更界趙李明要
因缺少钱用无出自急将到地名盤破田以坎油山團上
下凭田至凭凹下寮右凭凹下冲為田靈分明今馮中
武断卖与齡已
張國珍名承買為業當日凭中議定價钱叁拾六千六
百文恶親手領回應所其山自卖之後任凭買主修
理管業卖主人等不得異言恐口無凭立有断卖字
是实為据

憑中 張國正
黄道成

292. (1926) 民国十五年四月十二日
姜凤先断卖杉山并土与张国珍字

立断卖杉山并土字人姜凤先，得买杨钟学大共山，分为八小股，本人得买一小股，凭中出与姑父张国珍名下承买为业。当日凭中议定价洋叁元捌角整，亲手收回应用。共山自卖之后，任凭买主修理管业，卖主不得返（反）悔异言。其四抵照合同管业。今立卖字永远发达为据。

中笔　张光禄

民国丙寅年四月十二日　立

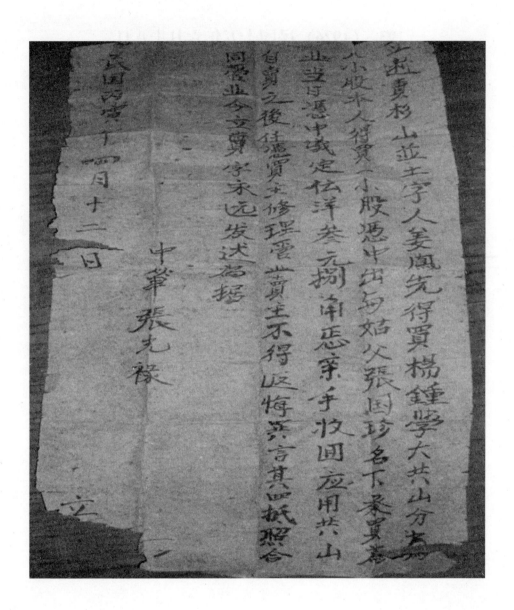

出卖杉山并土字人姜阔先得买杨钟学大共山分为

小股本人得买一小股凭中扣每姑父张国珍名下系买卷

山当自凭中议定仏洋叁元捌甪恶第手收回应用共山

自卖之後往德买业修理云尝卖主不得反悔其言其四抵照谷

回管业分立卖字永远发达高招

中華　張光祿

民國廿二年四月十二日

293.（1926）民国十五年六月十八日
张国珍向杨秀寿借钱字

立借钱字人鄙已村张国珍，为因缺少钱用无出，自己登门借到雄黄寨杨秀寿名下，实借元钱柒十五千文整，亲手岭（领）足应用。其钱自借之后，言定每年每封秋收之日，称脚谷十斤，斤两不得有误。如有误者，自愿将到地名归溪田上下三丘，约谷拾三担作祇（抵）。恐后无凭，立有借字寔（是）实。

外批：内添"用"字。

凭中　罗秀怀

侄（执）笔　张光禄

民国拾伍丙寅年六月十八日　立

立借钱字人鄙乇村张国珍为因缺
火钱无出自乞登门借到雄黄寨
杨秀寿名下实借元钱柒十五千交恶亲
手巖足应用其钱自借之後言定年年
每封秋收之日称脚谷十千两不得、
有悮如有悮者自愿将到地名坐溪田
上下三坵的谷拾三埕依祇恐后无凭立
有借字寔寔

外挑内添用字

　　　　　凭中罗秀怀
　　　　　碿笔张光禄

民国拾伍丙寅年六月十八日　立

294. （1926）民国十五年七月初四日
张国栋向张国珍借钱限字

立限字人张国栋，限到国珍 钱 叁拾伍千文整，限至八月初十，不得有误。如有误者，自愿将到宰郎之田谷乙半作抵。恐口无凭，立此限字为据。

凭中　杨必荣

民国拾伍年七月初四　清（亲）笔　立

立限字人張國樑限到國璋名下
叁拾伍千文𢘅限至八月初十
不得有悞如有悞着自愿
將到字式之田谷七斗作抵
恐口無凭立此限字為據
憑中 楊△△
民國拾伍年七月初四 清筆立

295.（1926）民国十五年十一月初八日
龙德茂向龙志光借钱字

　　立借字人苗埂寨龙德茂，为因缺少钱用无出，自愿上门问到本寨血侄龙志光名下，实〔借〕元钱捌拾封整，亲手收回应用。自己愿将乱葬祖台田乙丘、外坎田二丘、台子田过来乙连三丘，约〔谷〕拾伍石作抵，照月加四行利，不得有误。如有误者，恐口无凭，立有借字是实为据。

　　代笔　罗秀理

　　凭中　杨文刚

　　民国拾五年丙寅十乙月初八日　立

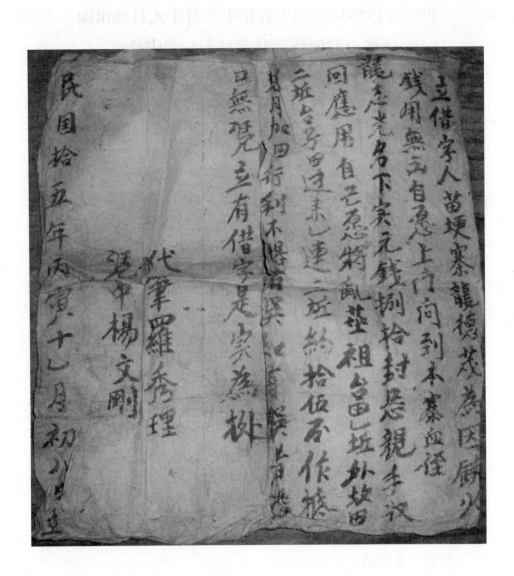

立借字人苗硬寨龍德茂為因獻火錢用無出自愿上门向列本寨应徑龍德茂名下实元錢捌拾封愿親手收回应屈自芒愿将飘墓祖山出班外坎田二班台号田迁未连二班纳拾伍石作賒想月加四行到不悮渝溪地吴伍朗日無憑立有借字是宴為捴

代筆羅秀理
兄中楊文朗

296.（1926）民国十五年十一月十八日杨甫国、杨维忠叔侄断卖栽手杉木与张国珍字

立断卖栽手杉木字人者格寨杨甫国、杨维忠叔侄二人，因先年佃栽培亮寨范承爵、范承义，格翁范锦香，本寨吴献之、杨茂青、杨为高等之山，地名乌靠鄙习山壹块，今以（已）招栽圆满，土占壹半，栽占壹半，鄙习屋地基坎下，其界至：上凭盘路过屋基在内，下抵溪，左凭冲，右凭岭凭栽岩为界，四至分明。此山分为贰截，上截土栽分为八股，栽手占四股，二人出卖贰股；下截土栽分为四股，二人占栽手占贰股。所栽之木，上下四抵之内，栽手一切卖尽。凭中上门出卖与鄙己村张国珍名下承买为业。当日凭中议定价钱贰拾捌千八百文整，即时钱契两交，分厘不欠。其栽手杉木自卖之后，任从买主修理管业，卖主内外房族人等不得生端异言。倘有不清，俱在卖主理落，不关买主之事。恐口无凭，书立卖字壹纸付与买主永远执照管业为据。

外批：其有招栽合同存在光忠之手执照。

外批：内添四字。

凭中　姑父杨秀元

代笔　龙德元

民国十五丙寅年十一月十八日　请笔　立卖

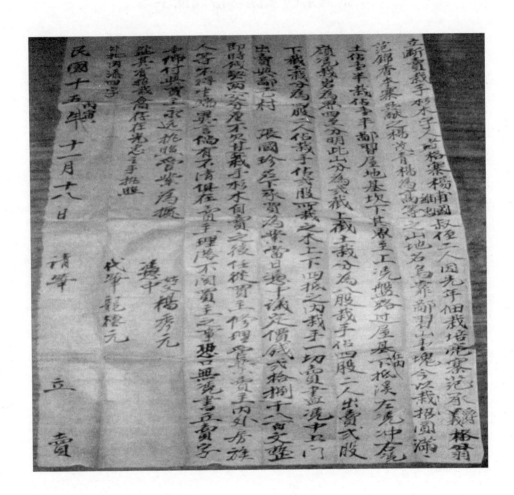

297.（1927）民国十五年十二月二十五日
张三弟向张国珍借钱抵字

　　立祇（抵）字人苗埂张三弟，为因缺少七良（吃粮）无出，自己登门借到俾己村张国珍名下承借谷子五拾斤，四月照价，不得有误。如有误者，自己愿将美千钱精却（脚）十二斤，自愿将座（坐）无（屋）作祇（抵），不得异言。立 有 此字为据。

　　凭中笔　　王忠发

　　民国丙寅年十二月二十五日　　立

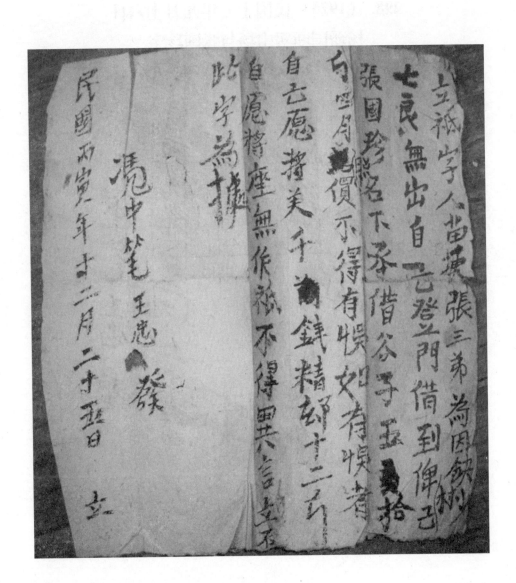

立祇山字人当坝张三弟为因铁树

七良无出自云登立门借到佛子

张园珍名下承借谷子玉拾

价不得有悮如有悮者

自云愿搭美千两钱精郡十二元

自愿档座无作秕不得异言文不

此字为拷

冯申笔 王忠发

民国丙寅年十二月二十五日 立

298. （1928）民国十七年九月十六日
杨璠国断卖山场与张国珍字

　　立断卖山场宰格寨杨璠国，为因缺少钱用无出，自愿［将］得买堂叔杨为义之山归靠七牛连三角山，一切在内。此山分为八两，本名得买为义五钱。今将五钱照字元器（原契）出卖与瑶（苗）埂张国珍名下承买为业。其山戒字（界至）：上凭买主之山，下凭溪，左抵本名之山，右抵大溪，四字（至）分明。今凭中三面议定价铜元拾千零捌十文整，亲手收回应用。其山自卖之后，恁从买主修理 蓄禁 管业，卖主叔侄弟兄并 无 议（异）言。买主不清，俱在卖主理□主之事。恐后□□此卖字永远发达为据是□。

　　凭中　杨老宽

　　外批：比其山分为四两，杨茂青占一两，杨为彬占一两，杨为桢占一两，杨为义、杨为理占［一］两。

　　民国拾柒戊辰年九月十六日　亲笔　立

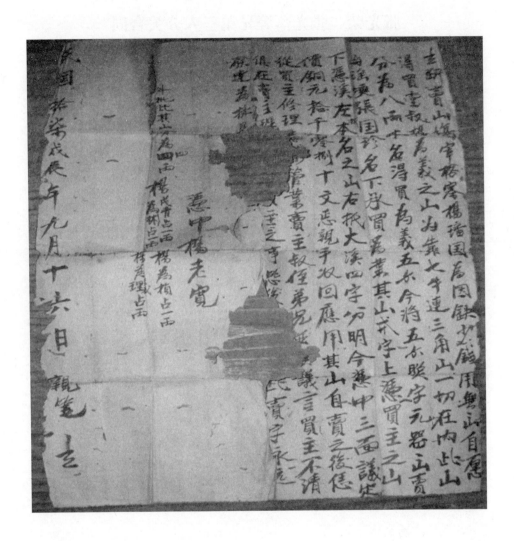

立断青山嵓宰格寒楊瑶圆为因钱粮与凤山自愿
得买壹叔坡为義之山为叔七牛连三角山一切在内此山
分为八而十名得买为義五亦今将五亦联字元器山卖
下应漢左本名之山右拔大溪四字分明今慈中三面議定
价銅元拾千零捌十文正親手收回应用其山自卖之後悉
下慈漢左本名之山右拔大溪四字分明今慈中三面議定
從賣主修理
其賣字永无一
议言买主不清

惠中楊老寬

楊為桷占一两
楊為栢占一两
林為理占一两

批其比其六为四两

299.（1935）民国二十四年七月二十六日
张光荣、张光落等兄弟三人分关合同

　　▢请凭▢▢

　　▢▢分管合同字人张光荣、光落、光亮弟兄三人名下，为因父故管各业，为亲友将父▢所遗之业并房屋已为三股均分。▢土田乙▢日后▢▢吴（无）异言。其▢兄荣分占归溪▢俾己▢禾田谷子田乙▢六丘，冲以田下坎禾田乙丘，▢田上下三▢，外出长子▢口田二丘，王家门口禾田一丘，又▢禾田三丘▢，外出养膳▢秧田冲，大禾田二丘，养母生养死葬。▢有房屋▢功归福保。▢有山场▢父亲▢弟兄同所占，今请凭亲友、庚父、族兄分占▢共等，日后砍发（伐）拾股，光荣占四股，光落、光亮占六股。

　　凭中　庚父杨秀全　张光▢

　　　　　姜凤先　张▢▢

　　　　　杨照海　▢▢▢

　　　　　杨发琳　张▢▢

　　　　　龙志君　张光隆

　　　　　杨文今

　　代笔　张光▢

　　福保

　　立分合同二纸（半书）

　　民国乙亥二十四年七月二十六日　立

300.（1937）民国二十六年正月十一日
张光荣、张光落兄弟分管产业合同

　　立约分管合同字人弟兄张光荣、光落，二人商议，因光亮王（亡）故，命运不顺，又将分派之业二人均分。光落卖去乱葬祖上下田三丘，约谷九石，结亲用费门问田乙丘，约谷七石，补存光荣管业。又阄单分派光荣落力一嘴上下三丘，约谷五石。光落阄单落同（桐）油恼（堖）上下三丘，约谷五石。又出元田上下二丘，约谷三石。禾花出与爱香生放，田价议定大洋十二元，日后出食培（陪）嫁，不得异言。今欲有凭，立此合同二纸，各管乙纸，发达为据。

　　　　　　杨照海
　凭中
　　　　　　张昌辉
　笔　　　张光禄
　民国丁丑年正月十一日

301.（1939）民国二十八年三月十二日
杨文魁等兄弟与张姓兄弟收条

　　立收条字人苗埂杨文魁、文相、文通弟兄名下，今收到父亲所买盘坡田油山杉木，乙切木数坎（砍）清，下予（余）之杉木张姓弟兄管业，二比不得异言。立此收条为据。

　　凭中　杨照海

　　民国己卯年三月十二日　立

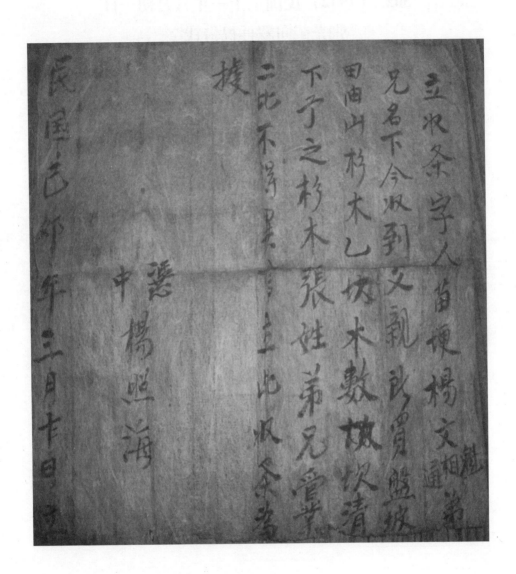

立收条字人自便杨文通相借

兄名下今收到父亲卖盘坡

田由山杉木乙坝木数横坎清

下了之杉木张姓萧兄卖业

二此不异其主此收入各者

按

　凭

　中　杨照海

民国已卯年三月十四日立

302. （1942）民国三十一年六月初一日
张光荣向罗再祝借钱字

　　立借字人俾己村张光荣，为因缺少钱用，无所出处，自己亲至（自）上门借到雄黄罗再祝名下，实借钞洋壹百元整，亲手领足应用，言定每年称却（脚）谷贰百斤，不得短少有误。如有误者，白（自）愿将到元田贰丘作抵。恐有日后难凭，立此借字是实为据。

　　凭中　张光前

　　民国壬午年六月初一日　张光荣亲笔　立

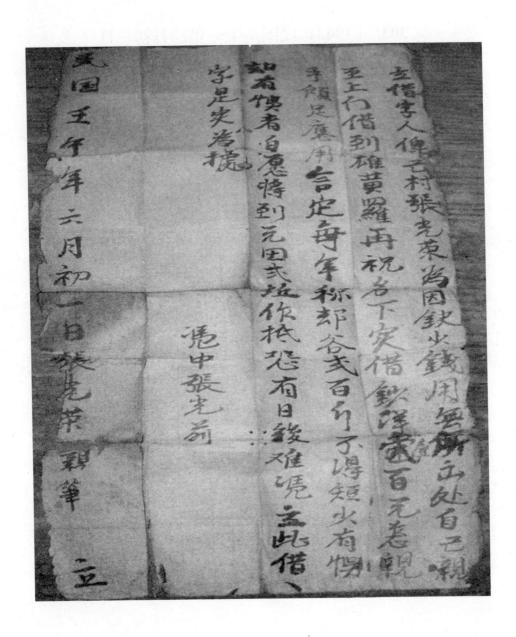

立借字人傅玄村張光榮為因欽少錢用無所从處自己親
主上行借到雄黃羅再祝名下实借钦淨贰百元巷觀
手頗足應用言定每年稱邻谷式百斤了得短少有悞
知有懷者自愿悍到元田式坵作抵恐有日後難凭立此借、
字是史為擾
凭中張光荷
民国壬午年六月初一日張光榮觀筆　立

303.（1942）民国三十一年□月初一日
赵学明向张光荣借钱字

　　立借字人九桃赵学明，为因缺少用费无出，自己上门问到张 光 荣名下，实代（贷）借过市洋 贰 百元整，言定▭脚谷贰□斤，不得短□ 有 误。如有误▭到里勤大▭谷二拾四石作抵。恐口无凭，立此借字是实为据。

　　凭中　张光全

　　民国壬午年□月初一　亲笔　立

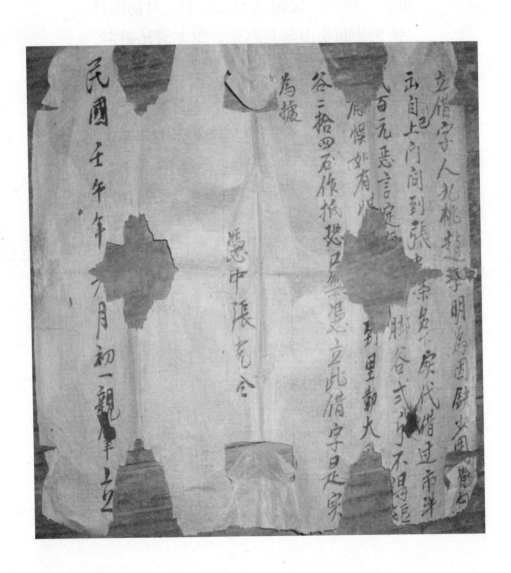

立借字人北桃韮孳明為因乏用當石

正自上門向到張某榮兒家代借过市洋

八百元惑言定仔一脚谷弍次不得起

仅惧如有收到里頓大

谷三拾四石作抵恐口無凭立此借字且家

為据

憑中張竞合

民國壬午年六月初一親筆立

304. （1943）民国三十二年十二月初四日
张光荣断卖田与龙志光、龙志清兄弟字

　　立断卖田字人俾己村张光荣，为因缺少钱用无出，字原（自愿）将到岑理央（秧）田大小三丘，约谷拾贰石，本名出卖壹伴（半）与苗埂寨龙志光、志清弟兄二人名下承买为业。当日凭中议定价大洋贰拾四元〇捌却（角）贰仙整，亲手收足应用。其田至（自）卖之后，任凭买主耕种管业，卖不得议（异）言。倘有不亲（清），俱在卖主理洛（落），不干买主之是（事）。恐口无凭，立有卖字是寔（实）为据。

　　内添壹字。

　　凭中　杨照海

　　民国癸未年十二月初四日　张光荣亲笔　立

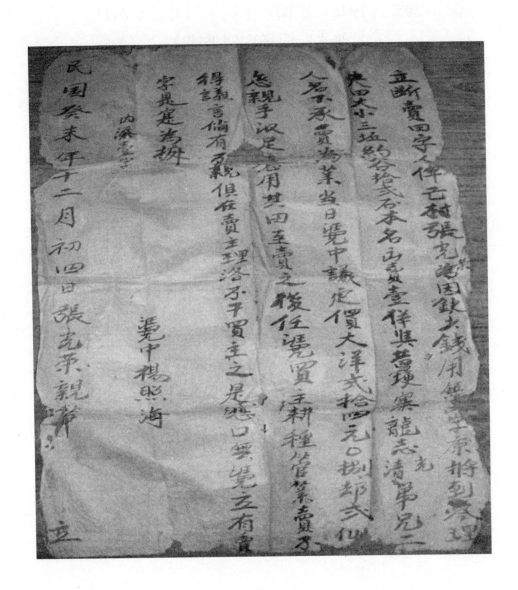

立断卖田字人伊亡树张克忠诚因钱无用凭……将到庆理

央田大小三坵……约谷拾贰石本名山号□壹样典……□块寨龙志清第兄二

人各承卖为业当日凭中议定价大洋贰拾肆元○捌□贰□

恐亲手汉足……用其四至卖之 後任凭买……字耕种管业卖万

得议言倘有叔俱在卖主理洛不干买主之是……口……凭立有卖

字是凭为据

凭中杨照海

内涵壹字

305. （1945）民国三十四年二月二十四日
张光□向杨广钊借钱字

　　立借字人苗埂寨张光□，为因缺少洋用，无所处出，至（自）己上门问到归更寨杨广钊名下，成（承）应（认）借过钞洋六仟元怎（整），亲手收足应用。至（自）愿将到地名宰限（郎）田乙丘作低（抵），约谷四石，美（每）月当习（息）大 宗 壹五，不得为（违）误。若有误者，上更（埂）收花管业，借主不得义（异）言。若有不亲（清），具（俱）在借主俚乐（理落），不关钱主之是（事）。恐后吾（无）凭，立有借至（字）是寔（实）为据。
　　外批：内添五字。
　　凭中　蒲正先
　　民国卅四年乙酉 ｛年｝ 二月廿四日　亲笔　立

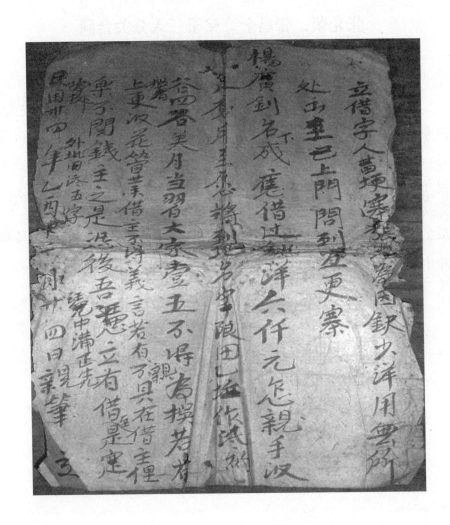

306.（1946）民国三十五年十月十一日
张光荣、张昌全等父子三人分关合同

　　立分关合同字人俾己村张光荣父，子昌品、昌全，父子三人，因家下缺□众（重）大，父子三人同心合意，当凭地方族人四门亲友，将父亲所占祖遗之业，并房屋、地基、山场壹切照父子三人三大股均□，各管□业，日后父子｛不｝并无意（异）言。昌品、昌全又占老屋地基壹幅。昌品占□□坎秧田、棚子田、滥田，乌勒冲中间壹丘，壹共七丘。□耕￢业，三面永远发达存照为据。

　　　　　　光忠

当凭族人　叔光乐

　　　　　　光全

　　　　　　昌万

　　　　杨承现

　　　　　承万

　　　　　承学

　　　　杨登登

　　　　　　相

　　　　姜奉先

　　　　龙先宏

　　　　蒲新盛

　　　　蒲正高

民国卅五年丙戌十月十乙日　父亲光荣笔　立

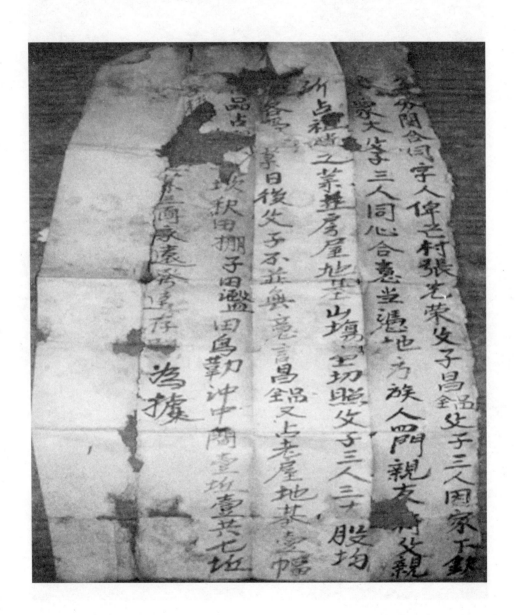

307.（1947）民国三十六年十一月二十八日
张光荣向罗秀球借钱字

　　立借字约人俾己村张光荣，为因缺少钱用无出，自己请中上门问到流洞寨罗秀球名下，实借过大洋拾元，每月大佳（加）壹收息，息到，不得违误。如有误者，将到地名俾己元田壹丘，约［谷］四石作泩（抵），本洋本年归还清楚。恐后无凭，立此借字是实为据。

　　外批：田（添）壹字。

　　又批：大洋归还大洋，不得异言。

　　凭中　张光陆

　　民国叁拾六年十一月廿八日　亲笔　立

立借字的人伸已村张光荣為因飲少錢用無出自

　　向問到流洞寨

　　張秀球名下實借進大洋拾元每月大佳壹汉毫色

到不得違誤如有誤差将到地名碑君田壹坵約四石

為浸本年五还还请楚恐後无還立此借字是實

　　　　　　　　　　　　　　　　　　　憑中張光陸

　　　旁孫

　　批田壹坵艾地大洋五还大洋不淂异言

民國冬拾六年十一月艾日亲筆

　　　　　　立

308.（1948）民国三十七年四月初九日张光荣
断卖田与张昌魁字

　　立典断字人鄙己村张光荣，为因缺少费用无出，自愿将到地名坐芳边早谷田贰丘，约谷叁担，今凭中出断卖与本寨堂侄张昌魁名下承买为业。当日凭中三面议定价钱贰拾八元六却（角）八怎（整），亲手领足应用。其田自卖之后，恁凭买主开坎（垦）修理管业。如有不清，俱在卖主理落，不干买主之事。恐后无凭，立此卖字永远发达为据。

　　凭中　张光忠

　　民国三十七年戊子四月初九日　张光荣（张光荣印）亲笔　立

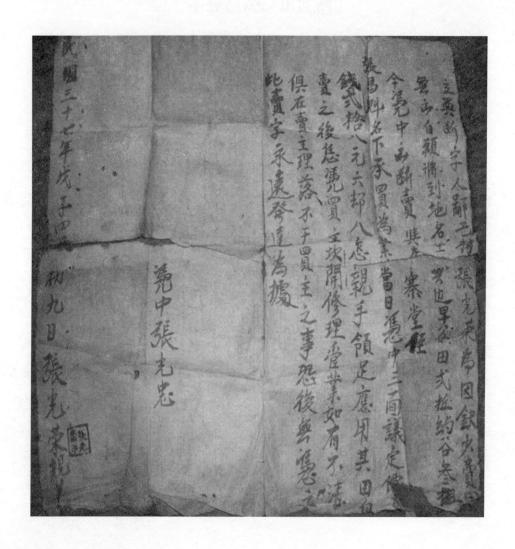

立英断字人瞷己梼張光荣素有因欽少費同
買亦自顾譚到地名芒买地皇泉田式桃约谷叁梱
奥亦自顾譚賣與在寨堂經
今冩光中西断賣當日冩中三面議定曲
襄昌料名下承買冩業
錢式拾八元六毛八毫親手領足應用其田任
賣之後慇憑買主坎開修堂業如有不清
俱在賣主理落不干買主之事愿後無冩之
此賣買字永遠登運冩據

冩中張光忠

309.（1976）公元一九七六年四月初一日张华生产队和弯塘生产队分单合同

立分清合同苗埂大队张华生产队和八寿大队弯塘生产队，自一九七六年四月初一日将花祖坟路外坎山一团，上评（凭）路，下评（凭）河，左评（凭）吊洞溪到河，右评（凭）包脑（垴）左边田角下致（至）河止。此山土分为七股，吴国仁得买张国栋弟兄贰股，张国珍得买族兄张国兴、国元、国朝叁股，本名占一股，共四股，张国定占一股，张姓共占五股，吴姓占贰股，合计七股。经双方立定清单合同贰纸，今后土股按合同分据，双方不得翻悔异言，照此分单合同为据。

吴传辉

立合同□□发达□照（半书）

公元一九七六年四月初一日　吴礼毅　亲笔

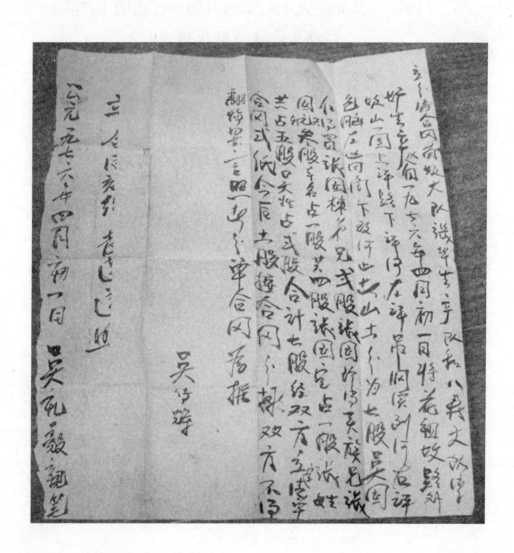

310.（时间未详）清代吴氏三兄弟分关合同

□□照□□寨□□田乙丘□□，约谷□石；高□田二丘，约谷□□；谨小冲头田乙丘，约□□。又其茶山高□油山乙块，□□达油山乙块。又谨□□□乙块，分洛（落）王榜管业。又敖（坳）上□□头园乙团，岑偷园乙块，□□坎乙□□油地杉木三人同共，□□分关三子（纸），各执壹子（纸），永远发达存照。

代笔　吴光仕

□正　黄耀祖

　　　光魁

杨

　　　光恒

凭中　吴玉福

　　□□□

　　　相全

族内　吴相松

　　　□学

　　　□成

□□（半书）

□□六年□□月□□日　立

311. （时间未详）龙德茂断卖田与张氏族人字⁽¹⁾

　　立断卖田字约人苗埂寨龙德茂，为因缺少用费无出，自愿将到地名乌有冲田三丘，约谷四百斤，义（议）定价钱贰拾四千二百八十文整，亲手领足，不欠分文。其有粮照老约完纳，田坎杉杂木在内，今凭中出断卖与鄙己━━

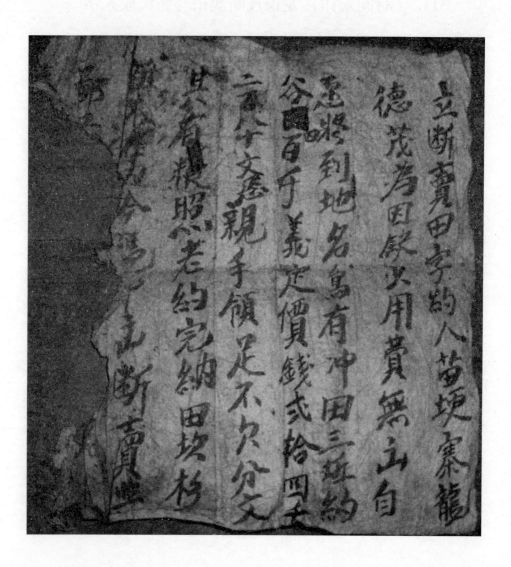

立断卖田字约人苗埂寨龙
德茂为因缺少用卖无山自
愿将到地名鸟有冲田三坵约
谷□百斤义定价钱式拾四至
二八十文凭亲手领足不欠分文
其有粮照以老约完纳田坵杉
□□□□□□□□□山断卖与
郎□□□

二、账单账簿

312.（时间未详）清末苗垾地区练田统计单

□丰□□三□寨吴凤祖之六十一石，代（载）粮乙斗。

应琳归靠田贰干，贰石。

天喜屋背，少子田乙丘，四石。

应见归靠上排三丘，贰石。

福□盖□□

天财在□□

天喜在伊屋背乙丘，[□] 石。坟下秧田乙丘，五石。

应启鄙儿□□□石。

应周□□

明庆归□□

钟学扣黑大田叁干，拾石。

共计练田陆拾壹石，共有十四丘。

粮□□注□□

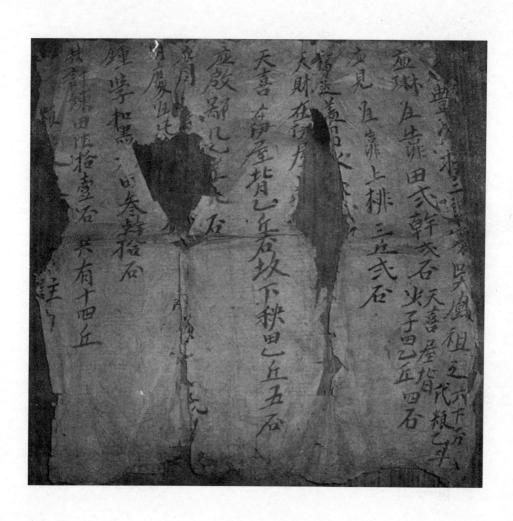

313. （1924）民国十三年张国珍家账目单

甲子年二月初二日，国定借土地会之 谷 □□十五斤[1]。

同日，光凤借土地会之谷二百 斤 。

□日，光凤借土地惠（会）钱二千三 百 六十文整。

甲□年东（冬）月，算清老晚下欠土地会 之 三百斤。

国珍收来谷二百三十八斤。

注：

（1）在此行下端有小字"乙共归六百三十五斤"。

314. （1931）民国二十年七月十七日张光荣验土枪执照

```
　　　　　　　　　　照执枪验
```

贵州锦屏县政府

为

验发枪照事。照得保卫团法规定，凡属地方区、乡镇公所及人民所制各种枪枝，用以自卫者，均须由县府查验烙用火印，发给执照。兹验得本县第五区韶霭乡张光荣土枪壹枝，除已烙印外，合行发给执照，须至执照者。

中华民国　二十年七月十七日　（印）

县长兼总监万宗震[1]

注：

（1）此处钤有朱红印章一方。另，右侧骑缝字"锦字第□□□号"，钤有骑缝朱红印章一方。万宗震，贵州铜仁人，王家烈妻族，1930—1932年任锦屏县长。1935年蒋介石控制贵州，其在贵州省府秘书长任上被撤。

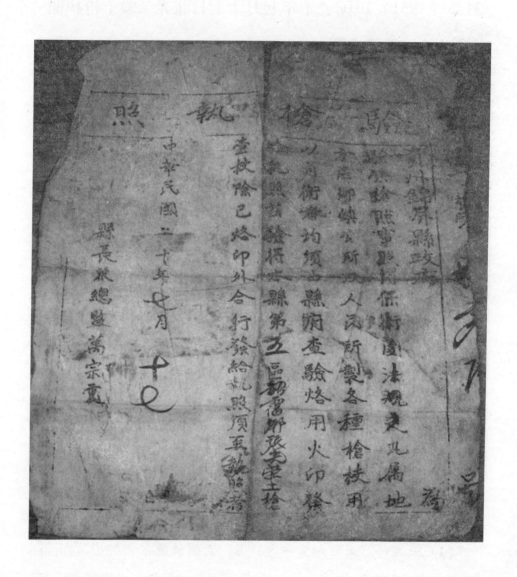

315.（1922）民国十一年十一月张国珍家账目单

民国壬申年十一月计父所卖各处木植：

洞脚卖钱九拾千三百四十文。

归靠卖钱八拾八千八百文。

蜀（独）田卖钱三拾千。

父还各处账项，卖各□局用归计：

还罗秀恒去钱三拾五千。

还典土地凹脚田，去钱四拾千。

还本名去钱二拾千。

买洋烟、叶烟、肉、盐，共去钱六拾[1]。

买老稻拾七斤。

注：

（1）共去钱六拾："拾"字下疑脱一"千"字，仍其旧。

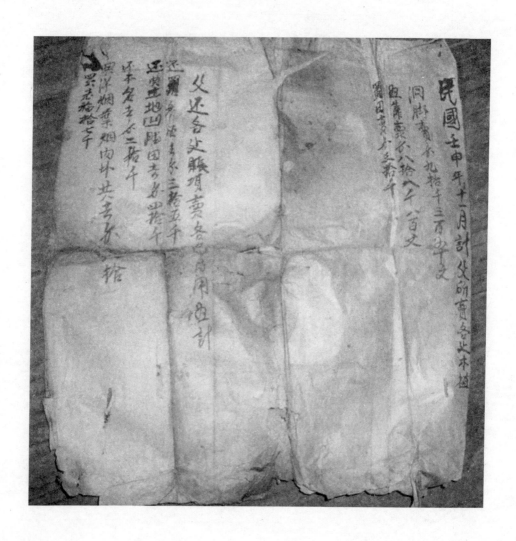

第四卷 04

| 张明榜家藏卷 |

316. （1890）光绪六年五月二十三日杨胜刚、
张倚兴等四姓断卖山场地土与杨老庆、龙五才等字

立断卖山场地土约人木翁寨杨胜刚、胜方、胜□，张倚兴、倚国、侄子松，龙世兴、吴大隆四姓，为因缺少钱用，自愿将鸣靠山乙团，上凭界，下凭芳（荒）田角，左冲凭张姓之山，右凭大冲，四字（至）分明。此山分为五股，四姓凭中出卖四股与苗埂寨杨老庆、龙五才、赵连生叁人名下承买为业。当日凭中议定断价铜钱贰十千五百八十文整，亲手领足。恁凭买主修理管业，卖主不得易（异）言。恐后无凭，立此卖约为据。

内添五字。

凭中　龙世俊

光绪六年五月二十三日　张倚成笔　立

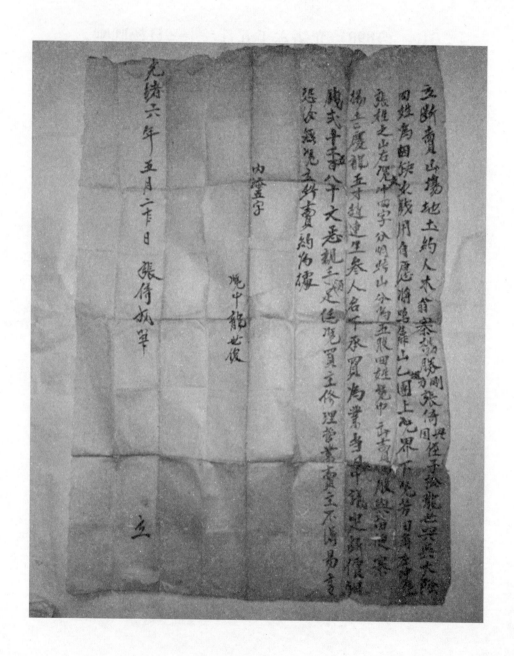

立断卖山场地土约人木翁寨张胜朗张胜 因缺少使费用亲手出卖龙志兴名下一大陂四姓为因缺少使费用愿将兑岑山乙团上凡界下凡芳日置坐中应 凭中出字分明於山分为五股四姓览中西喜贾股典亲自买 系祖遗产业当中凭地凑价钱 张楚之山右凭中西字分明於山分为五股四姓览中 扬言庆龙五寸赵连里叁人名下承买为业当中凭地凑价钱 歳式斗半八斗文悉亲卖顾愿自凭买主修理营业卖主不得异言 恐后无凭立断卖约为据

光绪六年五月二十日 张得猛笔

内添壹字

凭中龙世俊

立

317.（1909）宣统元年□月初二日
杨光魁断卖山杉木字[1]

　　▭断卖山杉木字▭杨光魁，为因▭▭粮不足，自己愿将▭▭杉木乙团，[上]凭抵华周油山，下抵小盘路，左凭抵华安杉木，以栽岩为界，右凭抵□周油山；又外边小冲华周油山脚杉木乙团，大小杉木二拾根，左边抵德丙杉木，右抵老化弟兄▭华周油山，下抵老化□□二人山为界，四至▭族人等无人▭中出断卖与▭寨[杨]应琳名下承买□□。当日凭中议定[断]□□银贰两捌钱贰分八厘[整，亲手自足]应用，并□不下欠分厘。其山杉木自卖之后，恁凭买主修理管业，卖主不得异言。倘有不清，俱在卖主理落，不关买[主]之事。恐后无凭，立此卖字永远存照为据。

　　外批：杉木大小▭，土归元主。

　　[凭]中　　　成□

　　　　　杨

　　[代]笔　　纯远

　　[宣统]元年□月初贰日

注：

（1）联系前文，结合买主杨应琳生活在清末民初，此元年应为宣统元年（1909）。

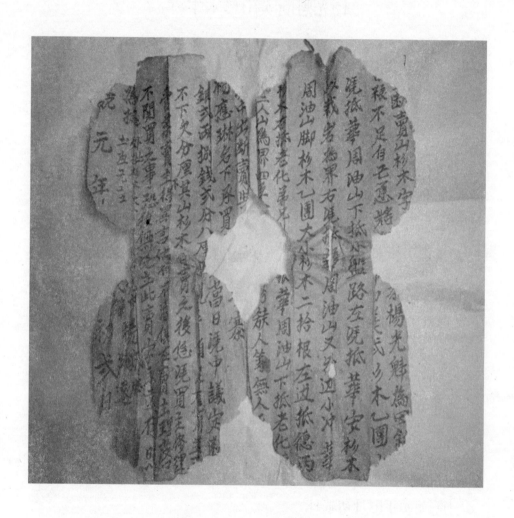

318.（1921）民国十年三月初一日张老□、张老岩断卖山场并栽手与堂侄张国珍字

立断卖山场并土栽手字人张老□、老岩二人，为因缺少钱用无出，自愿将到地名汉阳沟坎却（脚）之山，照衣（依）合同，所占之股出断卖与堂侄张国珍名下承买为业。当日凭中议定断价钱六百八十文整，亲手收回应用。其山自卖之后，任从买主管业，卖主不得异言。恐后吾（无）凭，立此断卖字发达存照为据。

凭中　吴秀□

张老岩　亲笔

中华民国十年辛酉三月初一日　立

319.（1921）民国十年五月二十二日
黄有芹断卖栽手与张国珍字

　　立断卖栽手字约党都黄有芹，先年得买石姓害阳盘沟外坎栽手壹团，上凭盘沟，下凭溪，左凭小领（岭），右凭买主为界，四字（至）分明，有芹为因缺少钱用无所据（出），请中□□问到土主名下承应栽手乙半，卖与张国珍名下承买为业。当日凭中议定断价钱玖仟陆佰捌拾文整，亲手收足应用。其山自卖之后，恁从买主修理管业，卖主日后不得异言。恐后无凭，立此卖字□□承（存）照为据。

　　内添乙字。

　　凭中　石灿忠

　　民国十年辛酉五月二十二日　子道成笔　立

立断卖杉手字约党都黄有芳先年得买石姓宫隔盘满

如坎就年卖园上蔸盘满下蔸溪左蔸小领今免买主自营界四

字分明有芳为因缺少钱用无所契请中到上其蔸

下承鹰栽手半卖与

张

国珍名下承买为业当日凭中议定断价钱玖仟陆佰捌拾

文并亲手收足应用其山自卖之後任从买主修理管业责

主日後不得异言滋後恐无凭立此卖字

不照之而报

320．（1921）民国十年六月十五日
姜晚福断卖山场并土与张国珍字

　　立断卖山场并土在内字人张门姜氏晚福，为因缺少钱用无出，自愿将到地名汉阳沟外坎山乙块，其山界止（址）：上凭沟，下凭溪，左凭岭，右凭溪，四字（至）分明。此山分为拾叁股，本名占二股。又花祖坟山乙所，其山界止（址）：上凭凹 田 ，下 □田抵溪，左凭塝（荒）田，右凭田，四字（至）分明。此山分为六股，本名占乙股。凭中出卖与堂弟张国珍名下承买为业，当日凭中议定价钱伍千二百八十文整，亲手收用。其山场自卖之后，恁从买主修理管业，卖主内外人等不得异言。倘有不清，俱在卖主理落，不关买 ［主］知（之）事。恐口无凭，立此卖字发达为据。

　　　　　张国正
　　中笔　石灿宗
　　　　　张国栋
民国拾年辛酉六月十五日　　立

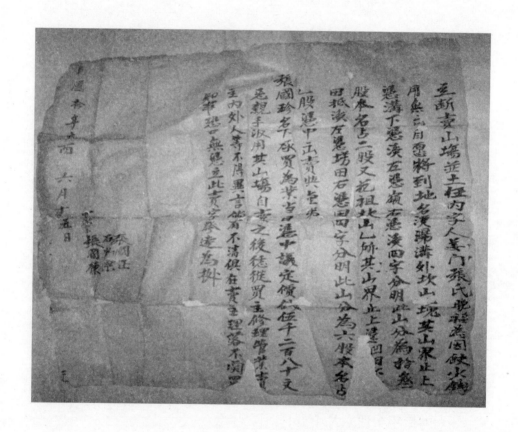

立断卖山场并土坪内字人姜门张氏晚祥满因缺火钱
用无从出自愿将到地名凑瑞滩外坎止上
凭满下凭滩右凭滩四字分明此山分为拾股
股本名为二股又花祖此山所其山界止上连四目已
田抵滩右凭场田右凭四字分明此山分为六股本名占
一股凭中正贵兴堂兄
张国珍名下承买为业当日凭中议定价公伍千二百八十文
是亲手汝用其山场自卖之後递继买主修理管业
主内外人等不得异言能有不清俱在卖主理落不关四
即草恐口无凭立此卖字契远为据

在丙□年六月十五日

张国正
张门堂
张国珍笔

321.（1922）民国十一年闰五月十六日
龙先铪断荬山场地土与张天财字

　　立断荬山场地土约人苗埂寨龙先铪，为因缺费无出，自愿将到地名归靠山场乙块，上凭界，下凭溪，左凭小冲，右凭大冲，四至分明。此山分为伍两，本名占乙两六钱六分伍，今将出卖与鄙几村张天财名下承买为业。当日议定价钱叁拾贰仟九百八十文整，亲手收足，分文不欠。其山自卖之后，恁从买主管业，卖主内外人等不得异言。倘有不清，俱在卖主理落，不关［买］主之事。恐后无凭，立此断字永远为据。

　　凭中　堂侄龙德高

　　亲笔立

　　民国壬戌年后五月十六日　立

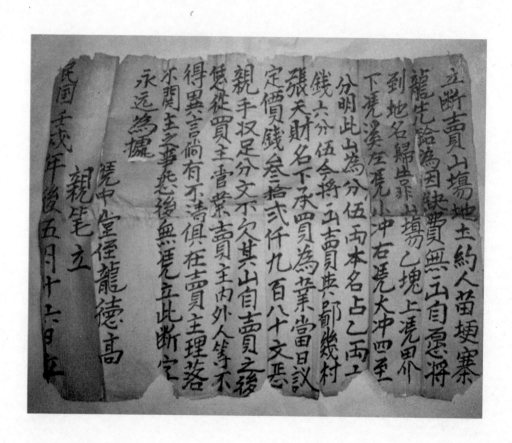

立断卖山场地土约人苗埂寨龙先铃为因缺费无□五自愿将到地名归出靠凭山冲右凭大冲四至下凭溪左凭小冲右塊上凭田仳分明此山为分伍两本名占乙两工钱六分伍今将一五古贝为业当日议张天财名下承四贝为业当日议定价钱叁拾弍仟九百八十文恶亲手攻足分文不欠其山自卖贝之後慿従买主管业卖贝主内外人等不得異言倘有不清俱在卖主理落尔開主之事恐後無慿立此断定永远为據

慿中堂侄龍德高　親笔立

民国壬戌年後五月十六日立

322.（1922）民国十一年十月二十四日
龙先铪断卖山场地土与张国珍字

　　立断卖山场地土字人苗埂寨龙先铪，今因要钱用度，无处所出，自愿将到先年得买地名归靠吴家山壹块，其四抵： 上凭 顶界，下凭荒坪，左凭冲抵买主之山，右凭大冲直上土地坳为界，四抵分明。此山分为五两山，王姓占壹两，吴姓占四两，龙武才、杨明庆、赵连生三人共买吴家四两，先铪私下得买王姓壹两。此山分为五两，所占父亲面下之半，本名私买连占父亲共归壹两六钱六分六厘六毫六丝，今将本名之股出卖与鄙己张国珍名下承买为业。当日凭中议定价钱贰拾九千零八十文整，当时钱约两交，领足不欠。其山场地土杉木自卖之后，任从买主修理管业，卖主内外人等不得异言。倘有不清，俱在卖主向上前理落，不关买主之事。恐后无凭，□□卖字壹纸付与买主子孙永远执照管业发达为 据 。

　　凭中　　德高

　　　　　龙

　　代笔　　德元

　　民国十一年壬戌十月廿四日　　立卖

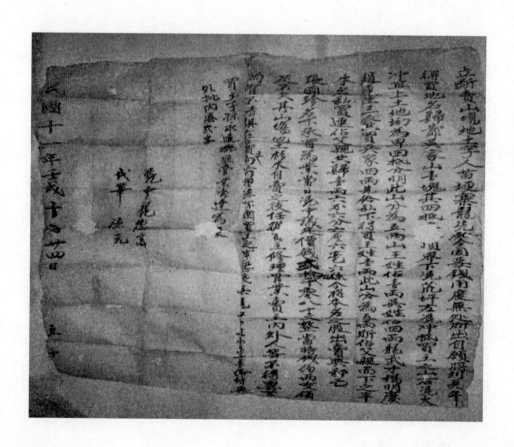

323.（1930）民国十九年四月二十八日杨为祯、
杨为彬弟兄断卖山场与张国珍字

　　立断卖山场宰格寨杨为祯、为彬，为因缺少钱用无出，自愿将
到地名归靠七牛山三角山一切在内，此山分为八两，弟兄所占二 两
出卖与瑶（苗）埂张国珍名下承买为业。其山戒（界）字（止）：
上凭买主之山，下凭溪，左抵冲，右抵大溪，四字（至）分明。今
凭中三面议定价肆拾壹千捌佰百文整，亲手收回应用。其山自卖之
后，恁从买主修理畜（蓄）禁管业，卖主弟兄并无议（异）言。买
主不清，俱在卖主理落，不官（关）买主之事。恐后无凭，立此卖
字永远发达为据是实。

　　凭中　杨老宽

　　代笔　杨 保 国

　　民国拾玖庚午年四月廿八日　立

立断卖山场韦榕寨杨为梼槁园钦少戋用妻□佃愿将□□
到地名为靠七牛山三甬山一切在内此山分爱八两弟兄所
占二□王与旬瑤埂張國珍名下承买产中其山式字凭
憑买主之山下憑溪左抵冲右抵大溪四字分明今凭中
三面议定僧弊拾壹千树佰文恶亲手与同憑用其山凭
卖之後憑從买主修理畜業朽崔畫买主自當第兄近辈
議言买主不清俱在卖主理落不官买主之事恐後戋
憑立此卖字永远孫達存挑是实

憑中杨老觉
代筆杨播国

民国拾玖庚午年四月廿八日立

324.（1936）民国二十五年三月初二日
姜凤先断卖栽手与张光荣字

　　立断卖山栽手字人本寨姜凤先，为缺少钱用无［出］，自愿将地名归靠吴家山栽乙幅，上柢（抵）老山却（脚），下柢（抵）盘路，左凭正冲，右凭光禄栽手为界，四字（至）分明，今凭中出断卖与本寨张光荣名下承买为业。当日凭中议定断价钱壹拾六仟〇八十文整，亲手领不欠。其山栽自卖之后，任从买主修理管业，卖主内外人等不得异言。恐后无凭，立此卖字发达为据。

　　外批：内添叁字。

　　凭中　王宗培

　　民国廿五年三月初二日　杨照海笔　立

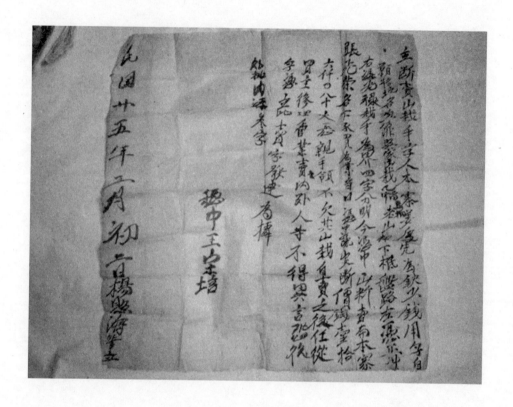

325. （1945）民国三十四年七月张昌全毕业证书[1]

毕业证书

学生张昌全，系贵州省锦屏县人，现年壹肆岁，在本校初级部修业期满，成绩及格，准予毕业。

此证。

锦屏县启蒙乡

（印） 校长（印）

雄黄保国民学校

中华民国 三十四年七月·日（印）

注：

（1）本证右侧有骑缝字"□□□第拾壹号"。

326. （1946）民国三十五年十□月十一日张光荣、
张昌全等父子分关合同

立分关合同字人俾己村张光荣父、子昌全、昌品父子三人，因家下缺少众大，父子三人同心合意，当凭地方族人四门亲友，将父亲所占祖遗之业并房屋地基山场，壹切照父子三人三大股均分，各管各业，日后父子并无议（异）言。昌全、昌品占老地基壹幅。昌全占长田中间田黄土田外坎小田乌勒冲下乙丘，合共五；又占思方田，地名宰郎庆水田贰丘。各耕种合同之业，三面永远发达存照为据。

当凭族人叔 　　光忠
　　　　　　　光乐
　　　　　　　光全
　　　　　　　昌万

当凭地方亲友 　　　现
　　　　　　　杨承宗
　　　　　　　　万
　　　　　　　杨登相
　　　　　　　姜奉先
　　　　　　　龙先宏
　　　　　　　蒲新盛
　　　　　　　蒲正高

合同三纸（半书）

民国卅五年丙戌十□□十乙日　凭笔张昌辉　立

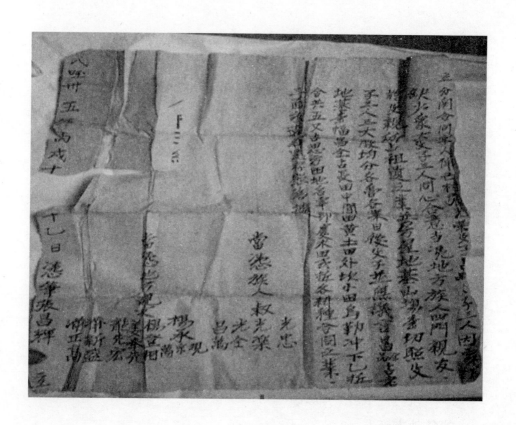

327.（1947）民国三十六年正月十六日
张昌辉、张昌全弟兄栽杉木合同

立合同二纸（半书）

立哉（栽）杉木合同字约人张昌辉、昌全弟兄二人，共哉（栽）杉木大小四团，大田外坎草刀领（岭）乙团昌全所管，今后山主二股均分，其四抵：上抵荒平（坪），下抵猴子捲荒平（坪），左抵大领（岭），右抵中田切切路，四抵分明。照合同为据。

民国三十六年正月十六日　立

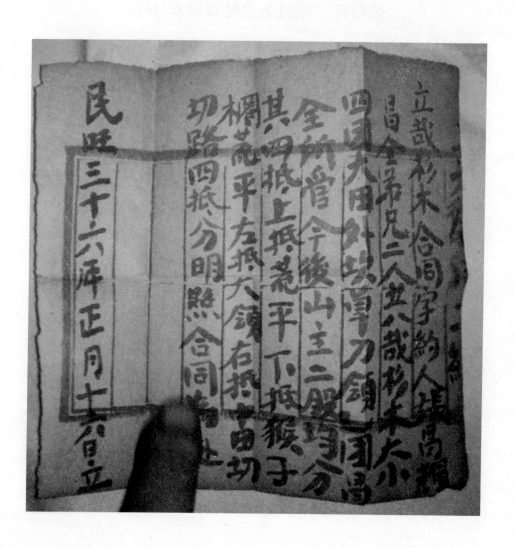

立[哉]杉木合同字約人張昌□

昌全錦屏兄二人全八[哉]杉木大小

四园大田外坎[壹]刀鍂垌昌分

四园大田外坎山主□□墳均分

全所曾[个]後山主□□

其四抵上抵[荒]平下抵[獺]子

[欄廿荒]平左抵大鍂右[热]中由切

切路四抵分明[照]合同□

328. （1947）民国三十六年四月二十八日
杨照海断卖田与张昌铨字

立断卖田字约人俾把寨[1]杨照海，为因缺少银用无出，自愿将到地名眼高田走路田上下二丘，共约谷拾乙担，今凭中出断卖与俾己村张昌铨名下承买为业，当日凭中议定断价大洋伍拾伍元零八仙整，亲手收足应用。其田至（自）卖之后，恁凭买主耕种管业，卖主日后不得翻悔异言。倘有不清，俱在卖主理落，不关买主之事。恐后无凭，立有卖字承照为处（据）。

外批：内添□□□。

外批：粮根（跟）田走。

中笔　杨照堂

民国叁拾陆年丁亥岁四月廿八日　立

注：

（1）俾把寨，即今锦屏县固本乡东庄村俾把自然寨，苗语地名，意为位于山脚田坝的寨子，距离苗埂约 13 公里。

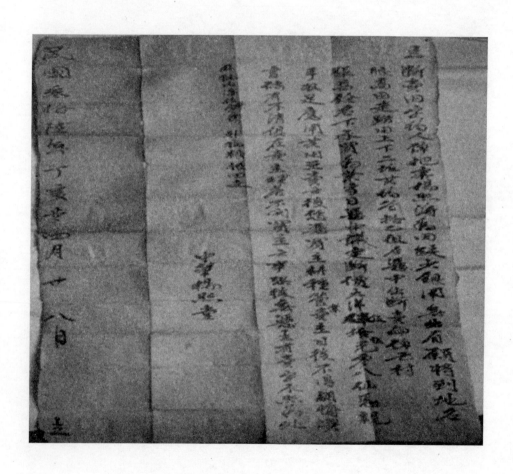

329.（1947）民国三十六年六月二十日
杨照海断卖田与张昌全字

　　立断卖田字约人本寨杨照海，为因缺少银用无出，自愿将到地名红埂田乙排三丘，约谷十石；又将井控鹅田大小四丘，约谷六石，出卖张昌全名下承买为业，当日凭中议定断价大洋捌拾八元整，亲手收足应用。其田字（自）卖之后，任凭买主耕种管业，卖主不得异言。倘有不清，俱在卖主理落，不干买主之事。恐口无凭，立此断字是实为据。

　　内添一字。

　　凭中　杨秀辉

　　民国三十六年六月廿日　亲笔　立

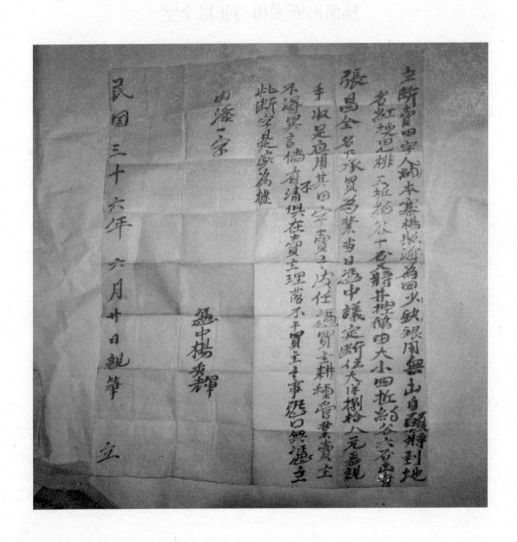

330.（1947）民国三十六年六月二十一日张昌全迁徙证[1]

贵州省锦屏县迁徙证

案据本乡镇第五保第九甲第七户（印）居民张昌全，声请于卅六年六月廿三日，全户迁往贵州省锦屏县固本乡（镇）居住，除将原领本县之户籍证注销外，合给迁徙证为凭，此证。附迁徙人口状况表

姓名	性别	年龄	籍贯	职业	备考
张昌全	男	拾肆	锦屏	农	

锦屏县启蒙　乡
　　　　镇　长罗秀章（印）

中华民国卅六年六月廿一日（印）

发给

注：

（1）本证右侧有骑缝字"迁字第零零伍吗"。

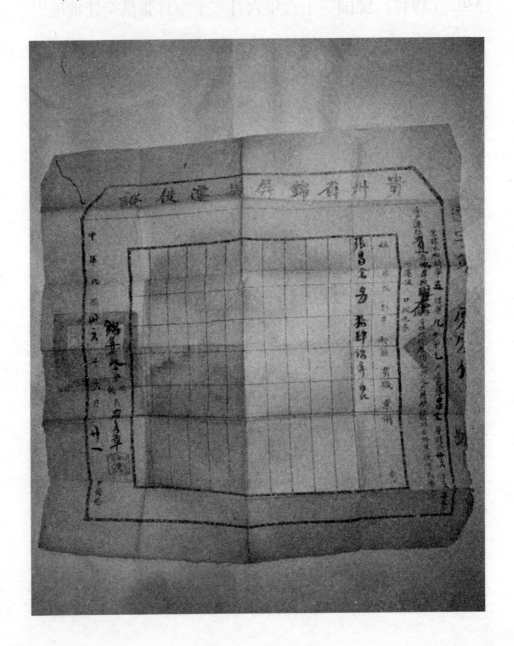

331. （1950—?）公元一九五零年代吴家山场分账清单

计开吴家山场次分账清单

此山分为五两，砍伐之木二八成分，土占二成，劳力占八成，上节（截）土栽共得人民币伍拾元〇八角九分。

劳力占人［民］币、土栽占人［民］币伍拾元〇八角九分，栽占二十五元四角四分，土占二十五元四角四分。

下截土栽占人［民］币五十八元壹角七分，土占二十九元〇八分，栽占二十九元〇八分。

上下土股共占人［民］币五十四元八角二分。

张光荣弟兄占土乙两六钱六分六力（厘）六毛（毫），该钱十八元二角三钱收。

杨承昌叔侄土乙两七钱七分七力（厘）七毛（毫），该钱十九元五角收。

杨旺金、杨旺信、杨旺兴弟兄占四钱四分四力（厘）四毛（毫），该钱四元八角六分收。

杨旺仁弟兄占土四钱四分四力（厘）四毛（毫），该钱四元八角六分收。

龙志光占土六钱六分六力（厘）六毛（毫），该钱七元二角六分收。□□代收。

每月土该钱一元〇九角陆分四力（厘）。

每钱土该钱乙元〇九分六毛（毫）。

计开共山分账清单，此次共卖去木三十根。

此山一五成分，山主占一五成，劳力占八五成，土栽共得人［民］币二十七元一角八分。

除栽一根，占人［民］币拾四角五分三力（厘），□□代收。

土占人［民］币二十六元七角二分七力（厘）。

此山之土分三两六钱。

每两土占人［民］币一元四角二分。

每钱土占人［民］币一角四分二毛（毫）。

杨德仁弟兄占土二两三钱，该钱十七元〇六分收。

杨承品叔侄占土□钱□分，该钱四元三角，四元二角七分收。

杨钟学占土二钱三分五力（厘），该钱乙元七角乙分。承□弟兄收一半，德元收一半，德仁代收。

张国定、国桢共占土二钱二分五力（厘），该钱一元七角乙分收。

杨明三占土二钱六分七力（厘），该钱一元九角四分，承宗弟兄收。

光荣弟兄占栽钱二十五元四角四分收。

承品叔侄占栽钱二十九元〇零八分收。

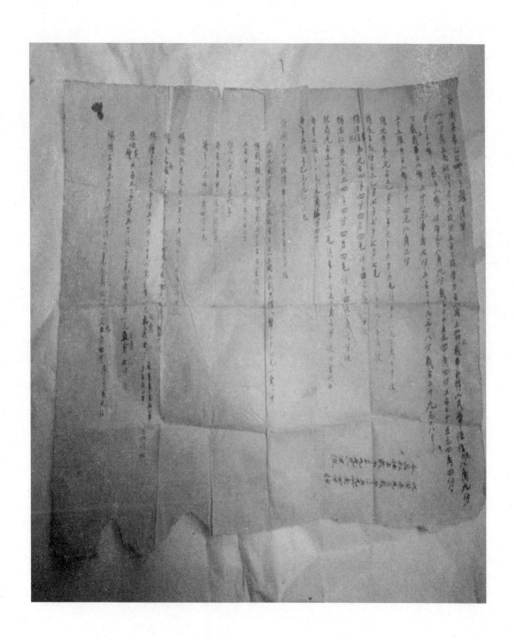

第五卷 **05**

| 张继高家藏卷 |

332. （1838）道光十八年三月初六日
杨思明断卖田与张老先字

立断卖田约人高受杨思明，为因缺少费用，自愿地名鄙己田，大小六丘，约谷壹拾捌旦（石），方平（荒坪）四过，出卖与苗埂张老先名下承买为业，当面凭中议定断价色银叁拾四两柒钱整，亲手收用。其田自断之后，恁从买主耕种官（管）业，卖主内外人等不得异言。如有不清，狗（俱）在卖主理落，不关买主之是（事）。恐后无凭，立此断卖自（字）为据。

外：内天（添）一字。

代（载）粮四十三文。

凭中　夏人修

代笔　杨士珍

道光十八年三月初六日　立

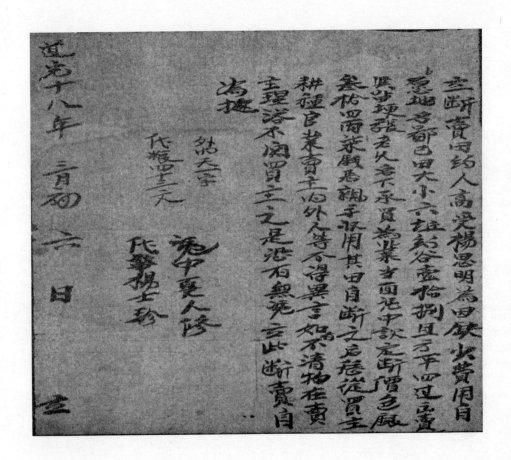

立断卖田约人高爱杨恩明为因缺少费用目

恩地名都巴田大小六坵共谷壹拾捌且方平四过...

凭中砍张老人亲手承买为业当面范中议定断偿色尾

叁佑四两荣厥恩親手取用其田自断之后任从买主

耕種已業賣主內外人等不得異言如不清物在賣

主現恣不関買主之是恐石無凭立此断卖自

凭据

外址天字
氏板渲三元
凭中夏人修

氏黎扬士珍

道光十八年　三月初六日　立

333.（1905）光绪三十一年二月十六日
姜朝干、姜朝清弟兄招到姜朝标、姜朝炳等佃种山场合同

　　立招种山字人苗乜寨姜朝干、朝清弟兄，今招到本族姜朝标、姜朝炳、姜怀乔、姜怀政、姜朝槐、姜朝魁六户佃栽种，地名占了田以坎下七两山壹团，上凭界，下凭田，左凭洋烟冲，右下节（截）凭城墙山，右上节（截）凭岩桊岭破（坡）下到城墙山破（坡）上到界顶尖峰，四至分名（明）。今议定土栽分为二股，土主占壹股，栽手占壹股，自立招佃合同后，不得拖延迟种。恐口无凭，立此招佃合同为据。

　　　　王本善
　凭中
　　　　姜怀聘
　代笔　姜朝辉
　光绪三十一年二月十六日
　合同贰纸各执壹纸（半书）

立招種山字人苗乜寨姜朝幹、姜朝清弟兄今招到

本族姜朝標姜帥政姜朝槐六戶佃裁地名

占丁田以坎下七兩山壹團上憑田界下憑田左

憑洋烟冲右一下節憑城墙山右上節憑若榴菁

破下到城墙山破上到界頂尖峰四至分名会議

是上裁分為二股土主占壹股裁手占壹股

目立招佃合同後不得拖延遲種恐口要憑

立此招佃合同為據

憑中姜懷聘　　　　王氏善

代筆姜朝輝

光緒三十一年□月十六日

334.（1919）民国八年七月二十二日
王光招断卖田与王光清字

　　立断卖田字约人岭湾村王光招，为因缺少钱用无出，自愿将到地名迫躬井水田壹丘，约谷壹石半，今凭中出卖与二兄王光清名下承买为业。当日凭中议定断价钱伍仟文整，亲手领足应用。其田自卖之后，恁从买主管业，卖主不得异言。倘有不清，俱在卖主理落，不关买主之事。恐后无凭，立此断卖字永远发达存照为据。

　　外批：此田每年上粮钱捌文。

　　凭中　龙先佑

　　代笔　游伯斌

　　中华民国己未八年七月廿二日　立

立断卖田字约人岭湾村王光招为因缺少钱
用无出自愿将到地名逼躬井水田壹坵约
谷壹石半今凭中出卖与二兄
王光清名下承买为业当日凭中议定断价钱
伍仟文恶亲手领足应用其田自卖之后恐从
买主管业卖主不得异言倘有不清俱在
卖主理落不关买主之事恐后无凭立此断
卖字永远存照为据

外批此田每年上粮钱捌文

凭中龙光阶
代笔游佰硙

710

335. （1932）民国二十一年正月十六日
姜朝干、姜显章等招张昌辉、姜凤先佃种山场合同

立招种字人瑶里寨[1]姜朝干[2]、姜显章、显祯、显瑞等，今招苗埂寨张昌辉、姜凤先二人佃种，地名迫朗山，上凭界，下凭河，左凭大田燕沟头冲抵本姓之山，右凭小榜田以坎岭破（坡）上至界为界，四至分明。此山凭中言定，从当年起陆续栽种圆满，成林后土栽分为二股，土主占一股，佃栽占一股。自立招佃合同后，不得拖延迟种。恐口无凭，立此招佃合同为据。

外批：此山内中田外坎一团，上凭田，下凭溪，左右凭本姓之山，是李姓之山。又中田以坎一团，上凭田，下凭田，左右凭□□之山，是王姓之山。

姜朝□

凭中

胡祖富

亲笔　朝干

合同二纸各执一纸（半书）

民国二十一年正月十六日　立

注：

（1）瑶里寨，即今锦屏县固本乡瑶里村，旧称"苗乜"，苗语称"摆学""给里""皆堵"，为苗语地名，有田边人家之意。相传是青山界四十八苗寨的发祥地之意，姜姓族人居多，距离苗埂约10

公里。

（2）姜朝干（1886—1962），清末秀才，民国时担任锦屏县参议会议员、瑶光区区长等职，为乌下江流域大地主之一。

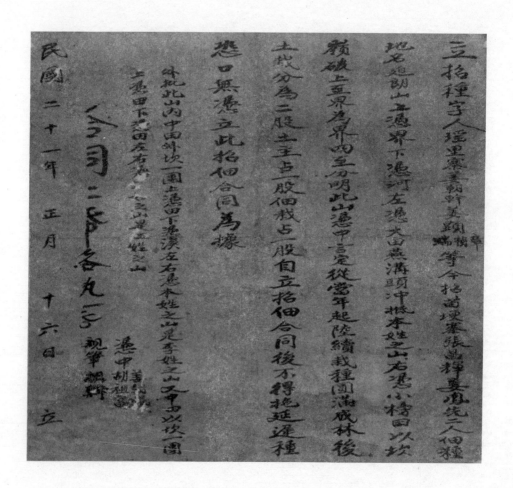

336.（1935）民国二十四年八月十六日
龙德炳、吴朝焕等分单合同字

立分单合同字人岭弯村龙德炳，小瑶光寨吴朝焕、朝科、朝□、朝钧、朝明、求弟、开文等，为迫朗下榜之田乙榜九丘，贰拾石，内除中榜长田乙丘伍石在外，其有捌丘拾五石，先年吴姓出卖玖石与岭弯龙姓收管业多年至今，二比虑远不便，同心请凭地方首人钧（均）分，各管各业。其龙姓分占榜头台子田乙丘，又台子田以下第五丘以下数丘，一共玖石。其吴姓人等分占台子田外坎连田贰丘，以下长田外坎田乙丘，合共叁丘陆石，所有吴朝杰、朝彬叔侄等。此田为二比先人买卖不明，请凭地方首人排解不下，吴姓与龙姓之卖主杀牲明（鸣）神，吴姓自愿无股无系，二比同心立合同分单二纸，各执乙纸。从今向后，二姓不得异言。恐后无凭，立此合同为据。

内添乙字。

　　　　廖华兴

凭中　张光忠

　　　　游元沼

二比同心立合同二纸各执乙纸（半书）

民国乙亥年八月十六日　游元沼代笔　立

立分单合同字人巍村罗德纳小玹光寨民朝
朝钧朝明求弟等当迎朝下榜之田乙榜杞坵贰拾石内除
榜长田乙坵五石在外其有捌坵捨五石为年老姓远辈秋
石南顾骂龍雑収管業多年至今二民愿远不便同心請凴
地方首人釣分合當管業其龍釣分佔榜夫名子田二坵
又台子田以六筆五坵数以下坵一共现石其吳卅人等分
佔台子四外坵連田贰坵以下長田外坵田乙紛登共叁坵
所有吳朝枋叔任学此田為二坵先人買賣不明說坵方
苗人桃解不下吳姓恭龍姓之妻玉母明神吳姓自愿各股
無係二比同心立合同分单二香各桃乙師從今向後二勲毋得
異言恐後无凭立此合同為據内添乙字

廖筆書
凴中張光忠
胎元启

民国八岁年十一月十六日張元启代笔立

337.（1935）民国二十四年十月十六日吴朝杰、吴廷标叔侄等断卖田与张光宗、姜凤先字

　　立断卖田丘字人小遥（瑶）光寨吴朝杰、朝琳、朝科兄弟，侄廷标、廷富兄弟，廷明、廷显、廷义兄弟族侄人等，为因家下缺少钱用，无处寻出，自愿将到坐落地名培朗下榜之长田壹丘，约谷五石，问及房族人等，无人承受。自愿请中登门出卖与培朗张光宗、姜凤先二人名下承买为业，当日凭中议定价钱大洋壹拾壹元贰却（角）八整，亲手收足愿（应）用，分文不次（欠）。其田自卖之后，恁凭买主耕种管业，卖主不得异言。倘有来历不清，俱在卖主向前理落，不关买主之事。恐后无凭，立此断抄卖田丘有字为据，永远发达存照。

　　外批：内添三字。

　　外批：下榜之田谷贰拾石，壹共代（载）量（粮）五拾文整，照与谷石约办。

　　凭中　王宗培

　　代笔　蒋元财

　　立田谷□合同（半书）

　　中华民国廿四乙亥年十月十六日　立

立断卖田埂字人小逢光寨吴朝淋堂兄义元　为因家
下缺少不用无处寻出自所将地名培朗下榜埂田
壹坵谷五石同及房族人皆无人承受自愿请中庭门出卖与
培朗张光宗美厚先名下承买为业当日凭中议定价钱
大洋壹拾壹元武毫八恶亲手领足颜用分之不又其田自卖
之后任凭买主翻种管业卖主不得异言倘有亲愿方清
钡茯任凭卖主向前理落不关买主之事恐后无凭
立此断抄卖田埂字为据永远发达存照

外拟石添崇字

外批下榜三田合气捂石毫英代壹五拾文毫捂谷不钧办

凭中王宗培代笔病元财

中华民国廿四乙亥年十月十六日立

716

338.（1941）民国三十年九月十五日
王宗培断卖山场并土阴阳与张昌辉、姜奉先字

　　立断卖山场并土阴阳字约人苗埂寨王宗培，为因缺少用费无出，字（自）愿将到地名迫朗大田外砍（坎）山壹幅，上下凭田，左凭姜姓之山，右凭冲，四至分明，今凭中出断卖与迫朗村张昌辉、姜奉先二人名下承买为业。当日凭中议定断价洋伍百肆拾元整，亲手领回应用。其山土阴阳自卖之后，任从买主修理管业，卖主内外人等不得异言。恐口无凭，立此断卖字永远存照为据。

　　外批：内添四字，点二字，笔批。

　　凭中笔　赵学明

　　民国三十年九月十五日　立

立断卖場並土陰陽字約人苗埂寨王字場為因缺少用費

無无字願將到地名迤郎大田外破山以隔上下迤因左姜姓二

山右迤沖四字分明今迤中正断賣句迤朗村

張昌下

姜奉允二人名下承買為業當日迤中議定断價洋伍

百肆拾元廷親手領回立用其山土陰陽目賣之後任從

買主修理產業賣主内外人等不得異言怨口無遏立此断

賣字永遠存照為據

引批迤場字处二字弃批

民國三十年九月十五日立

憑中筆趙孝明

718

339.（1953）公元一九五三年七月十五日
罗老四断卖地基园坪与张昌辉字

　　立断卖地基园坪字人瑶理寨罗老四，新分得园坪乙幅，坪产二十斤，上凭胡姓坎脚，下凭姜姓之地基，左凭大路，右凭墙，四祇（抵）分明，为看亲事缺少用费无出，自愿将到新分得园坪出卖与本寨张昌辉承买为业。双方当日凭中议定断价人民币壹拾伍万八百整，亲手收足应用。其有园坪自卖之后，恁从买主起造管业，卖主日后内外人寺（等）不得异言。倘有不清，居（俱）在卖主理落，不关买主之事。恐后无凭，立此断字永远发达存照为据。

　　内添三字。

　　凭中　杨胜品

　　代笔　胡祖富

　　公元一九五三年七月十五日　立

立断卖地基园坪字人瑶理寨罗老四新分得园坪一幅

坪产二十个上胡姓坟脚下凭坎大路

右凭墙四祐分明为着亲戚火用卖照山角愿将到新分

得园坪出卖与本寨张昌辉弟买为业双方当日凭中

议定断价人民幣壹拾伍万八百恶亲手收足用其有

园坪自卖之后慿从买主起造管业卖主日后内外子

孙不得异言倘有不清屡在卖主理落不关买主之事

恐后无凭立此断字永远发达存照为据

内添三字

凭中　杨胜吕

伐笔　胡祖富

公元一九五三年七月十五日

立

720

后　记

　　《贵州锦屏张氏家族文书校释》一书历经各方的支持和帮助，终于要付梓了。在此有必要将成书的过程做个简要交代并一起奉献给读者朋友们。

　　小时候，往往在炎炎夏日，祖母会将她珍藏在衣桶里的黑色木匣子取出来，然后小心翼翼地打开这个被她称为"宝盒"的匣子，将包裹在白色塑料袋中被她称作"老字"的"破烂纸"拿出来，将其一一展开铺平，放在堂屋靠窗前的地板上晾晒。阳光斜照在那些微微泛黄的纸片上，洒落的光辉与纸上的毛笔大字一明一暗间显得怡然自若。祖母时常伛偻着身子凝望着这堆"破烂纸"，我则在旁边顽皮地将地上的纸片拿起来，念出上面自己认识的字。祖母在旁边不停地嘱咐："莫扯坏了，这些老字是老人家留下来的遗念，一定要保管好，等你长大了，我百年归宗之后就传给你保管。"当时我只是感觉十分新奇，但也充满了期许。

　　上大学后，阴差阳错地进入历史系学习。因要交关于家乡历史文化的作业时才在网上查到这些"破烂纸"被称为锦屏文书，确实是享誉世界的文化瑰宝。大约是 2010 年的寒假，大雪纷飞，天寒地冻，我在家百无聊赖，便请祖母将家藏文书拿出来给我阅读。越读越觉得其中饱含深意，遂将其逐一拍照并录入文字，整理成一本名为《家藏锦屏文书汇编稿》的小册子。2011 年夏，幸得黔南民族师范学院孟学华教授等先生的帮助和勉励，以《族群边缘地带的锦屏文书调查与研究——以锦屏县苗埂村落为考察对象》为题申报贵州省教育厅人文社会科学研究项目并获准立项，并于当年暑假将张氏家族三户的私藏文书进行收集、整理与研究，由此正式开启了我对这批家族文书的整理研究工作。课题也于两年后结题，还形成了《苗埂·锦屏文书汇编稿（4 卷）》的结项成果。参加工作以后，我利用节假日回村期间又陆续收集了两户家族文书，这便是这本《贵州锦屏张氏家族文书校释》的资料来源。

此后，书稿因各种原因一直被束之高阁。直至 2021 年 10 月，在贵阳孔学堂举办的"敦煌文书、徽州文书整理与研究百年经验总结"暨"清水江文书与乡土中国社会"国际学术研讨会上，我与本书另一位主编安尊华教授谈及家族文书问题时，一致认为文书珍贵，并达成点校共识，将此正式提上出版日程。本书得以顺利出版，离不开贵州师范大学学术著作出版经费的大力支持，也离不开文书持有人张明锡先生、张明彬先生、张昌朝先生、张明榜先生、张继高先生慷慨献出家族"珍宝"。需要特别感谢的是锦屏文书研究权威专家王宗勋先生多年来的勉励与教诲，在本书的资料收集、整理汇编过程中也凝聚了他辛勤的付出。感谢地方文化学者杨秀廷先生、石玉锡先生为本书中苗语、侗语地名解读提供了许多帮助。同时，光明日报出版社的张金良主任为本书的编辑出版付出了艰辛的劳动，在此，谨一并致以诚挚的谢忱！

最后还应该说明的是，由于我们才疏学浅，文书虽经反复录校，但是书稿难免存在许多不足和缺点，尚祈方家及广大读者批评指正。

壬寅年中秋张继渊谨识于苗埂老宅